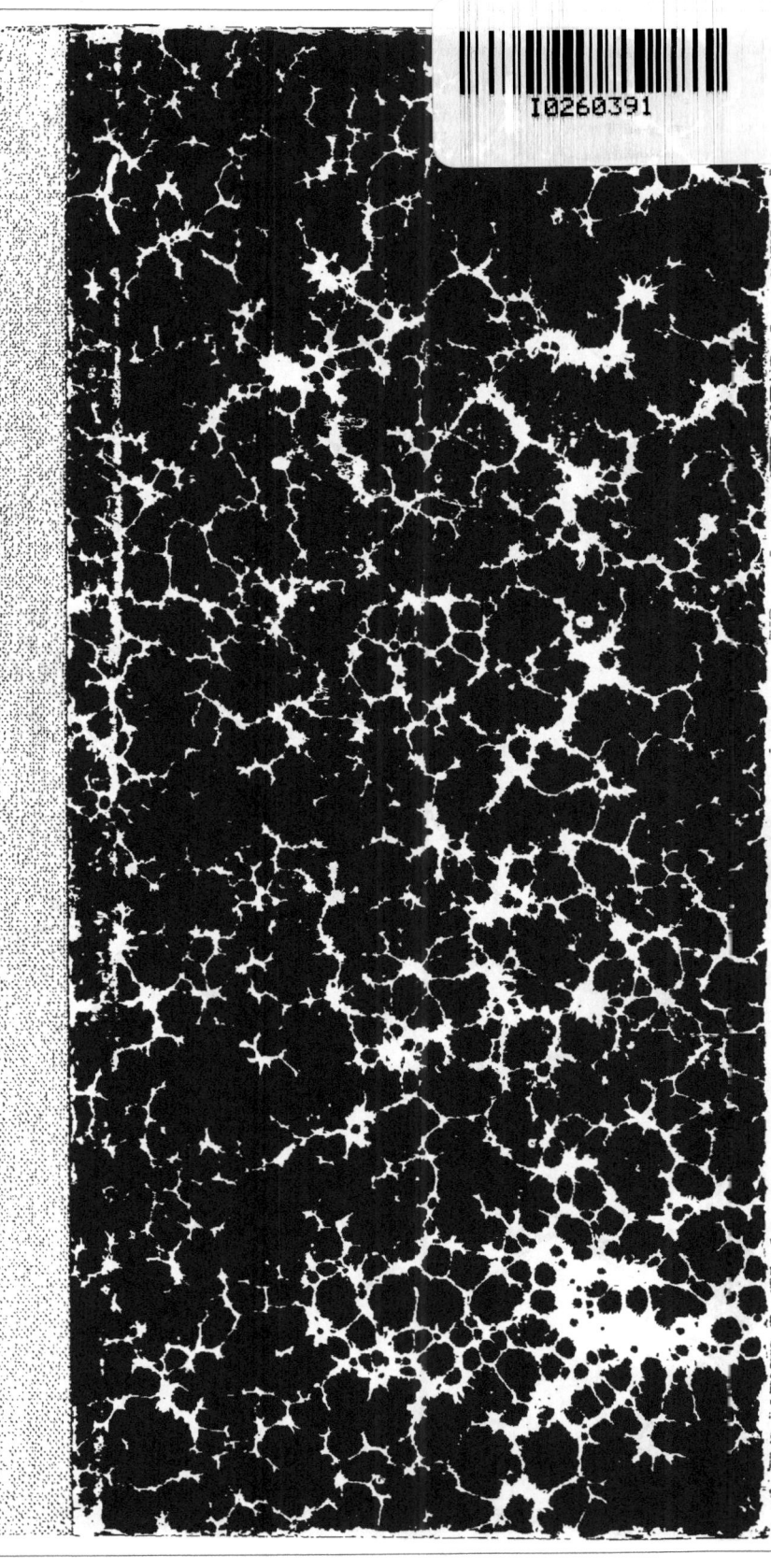

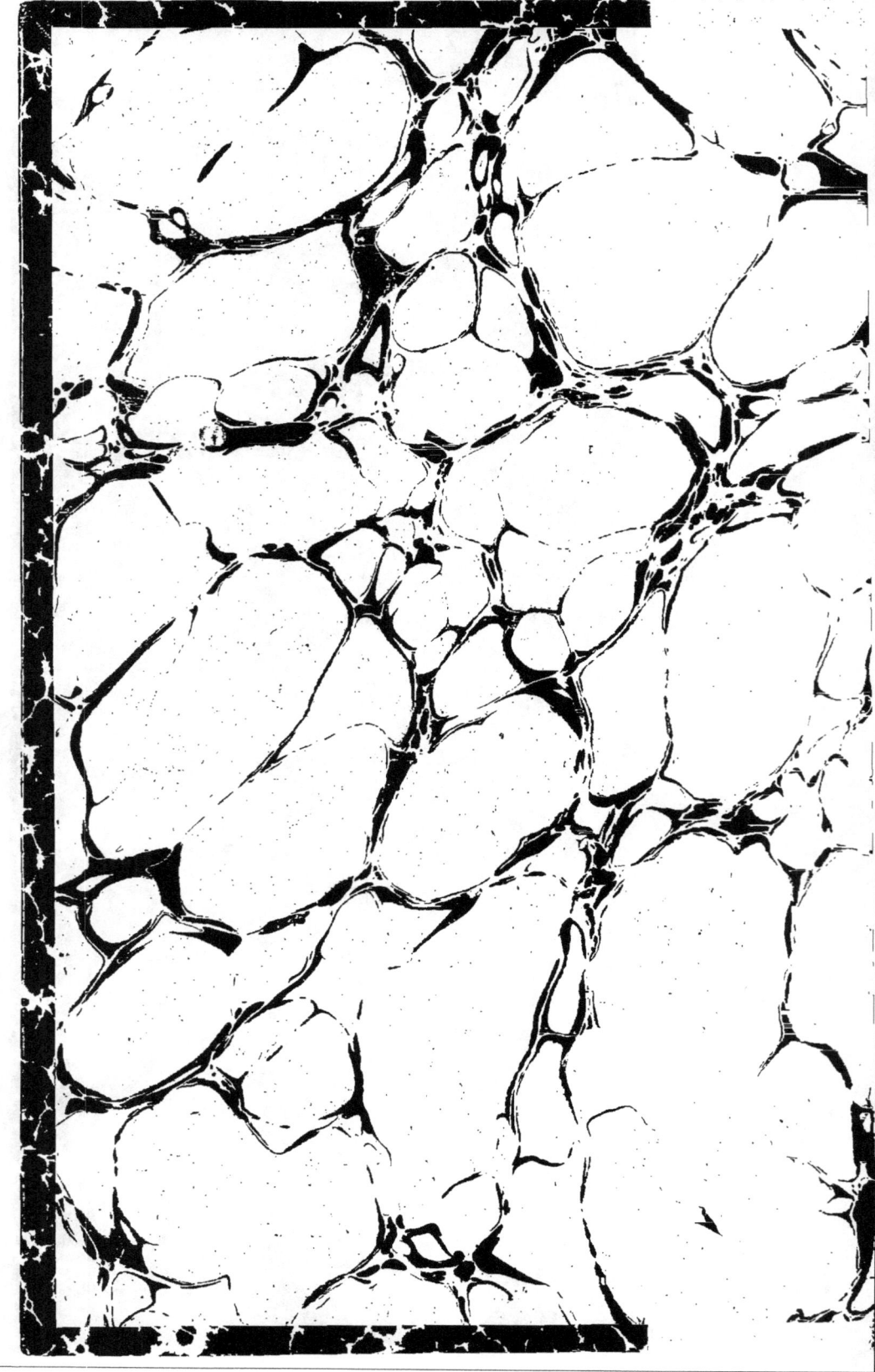

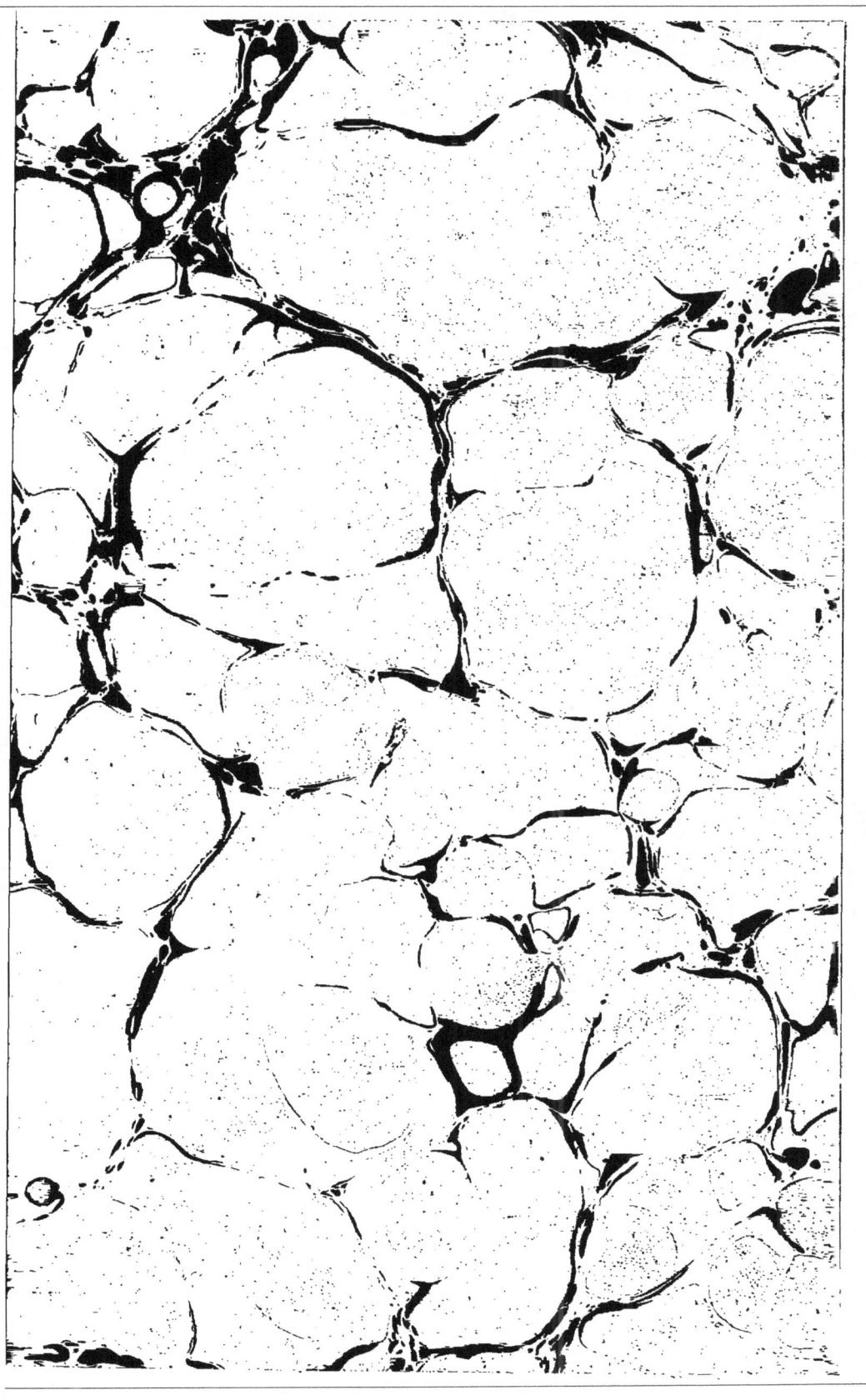

J. BOULANGER

MÉMOIRES

SUR LA VIE ET LES EXPLOITS

DE

BERTRAND DU GUESCLIN

NOUVELLE ÉDITION

REVUE, ANNOTÉE ET PRÉCÉDÉE D'UNE INTRODUCTION

BAR-LE-DUC

CONTANT-LAGUERRE, ÉDITEUR

1878

BIBLIOTHÈQUE

DES

CHEFS-D'ŒUVRE

MÉMOIRES

SUR LA VIE ET LES EXPLOITS

DE

BERTRAND DU GUESCLIN

NOUVELLE ÉDITION

REVUE, ANNOTÉE ET PRÉCÉDÉE D'UNE INTRODUCTION

BAR-LE-DUC

CONTANT-LAGUERRE, ÉDITEUR

1878

INTRODUCTION.

La publication des *Mémoires relatifs à Du Guesclin* semblera peut-être déroger au programme que nous nous sommes tracé et au titre même dont nous avons revêtu cette collection. Assurément on ne trouvera pas dans ce volume un chef-d'œuvre littéraire. Le style ne fait éclater nulle part la couleur ni la flamme du génie; il est même parfois embarrassé, lâche et diffus. Et l'on ne peut dire pour excuse que cette médiocrité et ces défauts viennent, suivant le proverbe italien, de la *trahison* du traducteur en français moderne. S'il n'a pas montré pour sa part un grand talent, on doit convenir que les ouvrages anciens dont la vulgarisation lui est due, n'étaient non plus remarquables en eux-mêmes par le mouvement, par l'éclat ni par les grâces naïves.

Pourquoi donc cette publication?

C'est que des considérations spéciales nous ont déterminé à nous montrer plus large dans le choix des *Mémoires* français.

Les *Mémoires* sont une forme de notre génie national. Ils

sont nés chez nous, spontanément, tels que nous les avons. Auparavant aucune littérature n'en avait offert le type ; ailleurs on n'en trouve que l'imitation plus ou moins décolorée et refroidie. Sous les tropiques, une végétation luxuriante couvre le sol de plantes grandioses, variées, exubérantes de vie. C'est ainsi que le *Mémoire* verdoie et fleurit dans ce pays de France. Quand il nous est arrivé de lire en ce genre les essais de l'étranger, nous avons pu croire que nous visitions, sous quelque serre chaude, une exposition de plantes tropicales.

On trouverait un intérêt philosophique et littéraire à examiner pourquoi les Français ont eu le don d'inventer le *Mémoire* et en gardent le secret, eux qui généralement savent moins garder un secret que le communiquer. Châteaubriand s'est placé à un point de vue très-élevé pour toucher cette question dans *le Génie du Christianisme*, et ce qu'il en a dit est excellent. Il y aurait sans doute de quoi compléter les vues du grand écrivain. Mille aperçus, ingénieux et solides, pourraient nous montrer les relations de ce genre littéraire avec le caractère de notre langue, avec nos mœurs, avec les origines et les développements de nos institutions, avec les traits particuliers de l'esprit français. Cela nous mènerait loin, et nous ferait dépasser de beaucoup les limites de nos notices préliminaires. Nous laissons cette tâche à de plus habiles, et aujourd'hui que l'on aime à tout analyser, à tout expliquer, il est à espérer que quelques-uns de nos jeunes lecteurs voudront parcourir les divers aspects d'un sujet si intéressant.

Nous en avons assez dit pour faire entendre qu'une *bibliothèque* française avant tout, doit accorder une place considérable aux *Mémoires*, et que, pour admettre ceux qui se présentent, le goût ne doit pas s'astreindre absolument aux mêmes règles qu'à l'égard des autres genres d'ouvrages. Il y a ici un choix exquis, où brillent les noms de Retz, de Saint-Simon, de La Rochefoucauld, de Commines, de Froissart, de Joinville. Mais faut-il laisser tout, en dehors de cette charmante pléïade où les lumières du génie, les grâces et la splendeur du style, rehaussent l'importance des événements et la grandeur des personnages? Des *Mémoires* ne sont-ils pas excellents et ne méritent-ils pas une place hors ligne, dans la foule des productions de la littérature, s'ils racontent avec clarté, s'ils décrivent avec vérité, s'ils éliminent les détails fastidieux, si le sujet se rattache aux choses publiques ou intimes de la vie nationale? Nous croyons que personne ne voudrait y contredire, ni, par conséquent, nous blâmer d'admettre cette seconde catégorie dans la *Bibliothèque des Chefs-d'œuvre*.

Les *Mémoires sur la Vie et les Exploits de Bertrand Du Guesclin* sont d'une lecture entraînante : ils respirent d'un bout à l'autre le feu de l'ancienne chevalerie, l'ardeur du patriotisme et de la foi chrétienne, ce génie belliqueux d'un grand homme dont le courage se riait des périls et dont l'habileté semblait consister uniquement à ne pas accepter un moment de repos tant qu'il y avait encore un bon coup à porter à l'ennemi. C'est avec sécurité que nous pouvons donner à ce volume congé d'aller trouver les lecteurs ; il ne les ennuiera pas, il fera revivre de grands souvenirs, il éveillera de nobles et fières émotions. Le nom du *Connétable* en est une garantie. Il est néanmoins étrange que dans les collections et dans les dictionnaires on se soit habitué à dire les *Mémoires de Du Guesclin*. Cela sonne à l'oreille comme un contre-sens. On sait que l'intrépide Breton ne savait pas lire et qu'il se souciait peu de dicter de la matière pour les lecteurs futurs. Nous avons jugé à propos de modifier ce titre malsonnant.

A peine Du Guesclin était-il descendu dans sa royale sépulture de Saint-Denis, que le trouvère Cuvelier publiait sa *Chronique* en vers. Il eut, croit-on, pour émule Truelles, qui composa dans le même temps un ouvrage semblable. Jean, sieur d'Estouteville, en 1387, fit mettre en prose l'œuvre de Cuvelier, et par les soins de Claude Ménard, cette sorte de traduction fut imprimée en 1618, avec de légères modifications. Sous le titre d'*Anciens Mémoires du* XIVe *siècle*, Douai vit paraître, en 1692, une compilation méthodique de ces ouvrages, complétés par quelques autres récits. C'est ce livre que nous reproduisons. On a seulement retranché les réflexions oiseuses, les contes puérils, et allégé quelquefois les périodes trop lourdes.

L'auteur est l'abbé Lefebvre, prévôt du chapitre et théologal d'Arras.

MÉMOIRES

SUR LA VIE ET LES EXPLOITS

DE

BERTRAND DU GUESCLIN

CHAPITRE PREMIER.

Où le lecteur admirera le penchant que Bertrand avait pour la guerre dès son enfance.

UN auteur espagnol a fort judicieusement pensé qu'il était de l'intérêt public d'étudier l'inclination des enfants avec beaucoup de soin, pour découvrir au juste à quel emploi la Providence les a destinés, et qu'il n'en est point à qui le Ciel n'ait donné quelque talent particulier, dans lequel ils réussiraient si on leur laissait suivre leur penchant naturel. Il prétend que la plupart des parents pour n'avoir pas voulu user d'une précaution si nécessaire, ont fait prendre de fausses routes à leurs enfants, et les ont engagés dans un état, qui ne s'accordant point avec leur génie, les a fait vivre sans honneur et sans réputation. En effet, un père pèche contre le bon sens, quand il fait embrasser à son fils une profession pour laquelle il témoigne une aversion naturelle : ce choix inconsidéré fait qu'on voit peu de gens exceller dans le parti qu'on leur a fait prendre, parce que leur naturel étant forcé ne fait que de languissants efforts, au lieu que s'il se laissait aller à cette rapide inclination qu'il sent d'origine, il éclaterait avec un succès admirable et ferait un progrès merveilleux dans l'art ou dans l'état auquel il se serait volontairement appliqué.

Bertrand du Guesclin fut un génie de ce caractère : il aima les armes en naissant, et cultivant toujours cette inclination martiale, il devint enfin le plus fameux capitaine de son siècle ; il acquit par sa valeur et son expérience la dignité de connétable de France, au-delà de laquelle l'ambition d'un homme de guerre ne doit plus rien prétendre. Il y arriva par degrés, et dans le cours d'une vie de soixante-six ans, il donna chaque année de nouvelles preuves de son courage, et de sa bravoure ; il rendit de si grands services à l'État que pour en rendre la mémoire immortelle, Charles le Sage, son maître et son roi, voulut qu'une lampe fût toujours allumée sur le tombeau de ce héros ; de peur que la postérité ne perdît le souvenir des mémorables actions qu'il avait faites sous son règne : il le fit même enterrer à Saint-Denis, pour donner une sépulture royale à celui qui par ses victoires avait conservé la couronne de France dans son lustre et dans sa splendeur.

Ce grand homme qui devait être dans le quatorzième siècle la terreur des Anglais et des Espagnols, et le conservateur de la couronne de France, reçut le jour au château de la Mothe (1), à 24 kilomètres de Rennes en Bretagne. Son père avait plus de noblesse que de biens, et quoique personne ne lui pût disputer la qualité de gentilhomme, la fortune ne lui avait pas donné suffisamment de quoi la soutenir. La mère de Bertrand était parfaitement belle ; et comme elle avait le cœur grand et des sentiments proportionnés à sa haute naissance, elle ne se

---

(1) On ne connaît pas la date de cette naissance. Ce fut de 1314 à 1324. Il eut pour parrain Bertrand de Saint-Péru. Le nom de Du Guesclin est écrit par les contemporains de différentes manières. On ne sait pas même l'origine de sa famille. Les uns veulent qu'elle remonte au temps des premières croisades. Les autres disent que c'est une branche détachée au douzième siècle de la famille de Dinan. Le père du connétable se nommait Robert. Il avait épousé Jeanne de Malemains, d'une noble maison de la Basse-Normandie. Il en eut quatre enfants.   (N. E.)

savait pas bon gré d'avoir mis au monde un enfant si difforme et si laid que l'était Guesclin, elle n'avait pour lui que du mépris et de l'aversion à cause de son maintien grossier et désagréable. En effet, il n'avait rien de revenant : toutes les actions de cet enfant avaient quelque chose de farouche et de brutal ; son humeur taciturne et revêche n'annonçait à ses parents que des actions indignes du nom qu'il portait : et plus ils étudiaient ses inclinations, moins ils avaient d'espérance de s'en rien promettre d'avantageux à leur famille. Un extérieur si ingrat leur donnait contre lui des mouvements de colère, car toutes les fois qu'il paraissait en leur présence, ils ne le voyaient qu'avec peine, regrettant d'avoir donné la naissance à un monstre, dont ils ne devaient attendre que la honte de leur maison.

Cette aversion qu'ils avaient pour lui, faisait qu'ils lui préféraient ses frères, quoiqu'il fût leur aîné, le méprisant et le rebutant au point qu'ils ne lui permettaient pas de manger à table avec eux, comme s'ils eussent eu de la répugnance à le reconnaître pour leur fils. Ces mauvais traitements rendaient l'enfant encore plus sombre et plus mélancolique, et quand les domestiques s'en approchaient pour lui dire quelque chose de fâcheux et le tourmenter, il leur témoignait son ressentiment en levant contre eux un bâton qu'il avait toujours à la main. Cependant il fit bien voir un jour à sa mère qu'il n'était pas insensible aux outrages dont on l'accablait : car cette dame faisant asseoir à sa table les cadets de Bertrand, sans lui vouloir permettre d'y prendre place avec eux, cet enfant, quoiqu'il n'eût encore que six ans, ne put digérer un affront si sanglant, et sans penser s'il perdait le respect à sa mère il menaça ses frères de tout renverser s'ils prétendaient l'empêcher de prendre au-dessus d'eux le rang qui lui appartenait comme à leur aîné. Des paroles il vint aux effets, et l'indignation qu'il avait de se voir négligé de la sorte le fit aussitôt partir de la main, se mettant brusquement à table sans attendre l'ordre de sa mère, et mangeant tout en colère, malproprement et de mauvaise grâce. Cette saillie qui venait pourtant d'un bon fonds, déplut fort à la mère qui lui commanda de sortir au plus tôt et le menaça, s'il n'obéissait sur l'heure, de le faire fouetter jusqu'au sang. Le petit garçon se le tint pour dit, il se leva de la place qu'il avait prise, mais ce fut avec tant de rage qu'il jeta par terre et la table et les viandes qu'on avait servies devant cette dame qui, surprise de son audace, lui donna mille malédictions, lui dit les paroles les plus dures, et lui témoigna qu'elle était au désespoir de se voir la mère d'un bouvier qui ne ferait jamais que du déshonneur au sang dont il était sorti.

Tandis que cette dame se déchaînait ainsi contre son fils, une juive entra dans sa chambre, et comme elle avait assez de liaison avec elle, elle prit la liberté de lui demander le sujet de son emportement et de son chagrin. Le voilà, lui dit-elle, en lui montrant le petit Guesclin qui se tenait tapi dans un coin soupirant et pleurant sur les duretés qu'il lui fallait tous les jours essuyer; la juive qui se piquait d'être assez bonne physionomiste, s'approchant de Bertrand et regardant avec attention les traits de son visage et les linéaments de ses mains, essaya de l'apaiser en lui disant des choses obligeantes, en le conjurant de ne se point décourager et l'assurant qu'il ne serait pas toujours malheureux. L'enfant qui croyait que cette femme voulait se divertir à ses dépens la repoussa rudement et lui dit qu'elle le laissât en paix, et qu'elle allât porter plus loin ses railleries, et qu'autrement il la frapperait du bâton qu'il avait dans sa main. La juive ne se rebuta point, et ne se contentant pas d'avoir adouci le petit Bertrand, elle se tourna du côté de sa mère et l'assura que cet enfant était né pour de grandes choses, qu'un jour il se distinguerait par des actions héroïques, et que son étoile voulait qu'il se procurât par ses mérites personnels, les dignités les plus éminentes; que particulièrement en France on l'appellerait la défense et la gloire des Lys, dont il soutiendrait les intérêts avec une valeur extraordinaire. Elle la conjura de ne point négliger l'éducation d'un enfant dont sa maison devait tirer son plus grand lustre quoique pour le visage et la taille il fût disgrâcié de la nature : la dame fut incrédule à tout ce qu'on lui promettait de son fils, disant que ses inclinations ne cadraient guère avec de si belles espérances. Cependant elle revint un peu de la mauvaise opinion qu'elle avait de Bertrand par l'action qu'elle lui vit faire à l'instant; car ayant fait asseoir la juive à sa table, l'enfant se souvint de tout ce qu'elle avait dit en sa faveur : il caressa cette femme de son mieux, lui donna d'un paon que le maître d'hôtel venait de servir et voulut lui-même lui verser à boire, remplissant le verre avec tant d'empressement et de si bon cœur, que le vin surnageant autour des bords se répandit un peu sur la nappe : l'enfant lui dit qu'il en usait ainsi pour faire sa paix avec elle et lui donner quelque satisfaction sur le peu d'honnêteté qu'il avait eue d'abord pour elle. Cette petite générosité surprit agréablement sa mère qui ne put se défendre d'avouer qu'elle ne lui croyait pas un si grand fond de reconnaissance (1). Cependant elle eut pour lui plus de considération dans la suite, le faisant mieux habiller, et défendant à ses domestiques de prendre avec lui des airs de privauté qui ne s'accommodaient pas avec le respect qu'ils devaient au fils de leur maîtresse.

Ce commencement d'estime qu'elle eut pour son fils ne fut pas de longue durée : car quand il eut atteint l'âge de neuf ans, elle eut beaucoup de peine à contenir cette humeur bouillante qui le mettait aux mains avec tout le monde. Il échappait souvent de la maison sans prendre congé d'elle et se faisait un plaisir d'assembler auprès de lui tous les enfants de son âge qu'il rencontrait pour se battre contre eux, prêtant le collet (2) à ceux qui voulaient mesurer leurs forces avec les siennes, jetant les uns par terre et s'éprouvant seul contre plusieurs, et sortant toujours avec avantage de ces petits combats. Il était redouté de tous les enfants de son voisinage; et l'on voyait déjà des préliminaires certains de ce qu'il devait devenir un jour. Il se battait avec tant d'acharnement qu'il sortait quelquefois de la mêlée la bouche et le

---

(1) Nous avons rapporté cette anecdote, pour faire connaître ce qu'on a inventé sur l'enfance de Du Guesclin comme sur celle de beaucoup de grands hommes. Un peu de pénétration aura suffi pour deviner les qualités natives de l'enfant maltraité, et l'imagination des conteurs aura brodé là-dessus.
(N. E.)

(2) Expression familière, que l'on n'emploie plus guère, pour *se présenter volontiers à une lutte*. (N. E.)

nez en sang, et ses habits déchirés : quand il revenait à la maison meurtri des gourmades qu'on lui donnait, sa mère le voyant ainsi défiguré lui reprochait cette basse inclination qu'il avait à se mêler avec de petits paysans, ne fréquentant que de la canaille et ne se plaisant qu'à se battre avec des gueux, sans se souvenir de la noblesse de son extraction, ni de ce qu'avait prédit la juive en sa faveur.

Tous ces reproches ne furent point capables de lui donner des sentiments plus nobles. Le plaisir de se battre l'emporta sur l'obéissance que Bertrand devait à ses parents; peu lui importait la naissance de ceux avec qui il luttait. On avait beau le veiller pour l'empêcher de sortir, il s'échappait si secrètement qu'on le trouvait aux mains en pleine campagne quand on le croyait encore à la maison. C'était là qu'il faisait son apprentissage de guerre, attroupant les petits villageois, se mettant à leur tête, donnant le signal du combat et se jetant au travers de ces prétendus ennemis avec tant de courage et de force, qu'il remportait toujours la victoire. Son père ne pouvant lui faire perdre cet acharnement qu'il avait à se battre, fut obligé de faire publier par les villages voisins que l'on condamnerait à de grosses amendes les pères dont les enfants se trouveraient à l'avenir dans la compagnie de son fils Bertrand, pour recommencer avec lui leurs premiers jeux de main qui le détournaient de ses autres exercices. Cette précaution devint inutile. Il fallut s'assurer de la personne de Guesclin, et l'enfermer dans une chambre du château.

Quatre mois de prison ne furent point capables de diminuer en lui la démangeaison qu'il avait pour ces exercices; le repos l'ennuya, il s'avisa d'un stratagème pour rompre ses liens. Une femme de chambre avait ordre de lui porter à manger deux fois le jour; il eut l'adresse de l'enfermer dans sa même chambre et d'en emporter la clef, de peur qu'elle ne revélât l'évasion qu'il méditait; il courut aussitôt à la campagne et détacha d'une des charrues de son père une jument sur laquelle il monta, se moquant du charretier qui courut après lui pour l'en faire descendre : il galoppa jusqu'à Rennes sans selle et sans bride : et se réfugia chez une de ses tantes qui le reçut assez mal ayant appris toutes les étourderies qu'il avait faites et le peu de satisfaction qu'il donnait à ses parents. Le mari de cette dame n'approuva pas cette vespérie (1), lui représentant que les jeunes gens avaient une gourme à jeter, que ces sortes de saillies se rectifiaient avec l'âge et que tous ces mouvements, quoique déréglés dans le commencement, venant à se tempérer dans la suite, rendaient l'homme capable des plus grandes choses : il ajouta qu'il ne trouverait pas mauvais qu'il demeurât auprès d'eux pour en faire leur élève, et qu'il se promettait que cet enfant ayant tant de feu, pourrait devenir un jour un grand capitaine, si on lui laissait suivre le penchant qu'il avait pour les armes.

Pour cultiver ce naturel guerrier, il le faisait souvent monter à cheval avec lui; il faisait de longues traites exprès pour l'endurcir davantage au travail, et Bertrand enchérissait encore sur ce que son oncle désirait de lui, souffrant des fatigues au-delà de son âge, et témoignant un plaisir incroyable aux plus rudes exercices, parce qu'ils répondaient à cette inclination véhémente qu'il avait pour les armes. Un incident fit bientôt connaître ce naturel ardent et heureux qu'il avait pour la guerre. On proposa dans Rennes un prix pour celui qui saurait le mieux s'exercer à la lutte : Bertrand brûlait d'impatience de se mettre sur les rangs avec les autres, n'ayant point de passion plus violente que celle d'être aux prises avec quelqu'un. Sa tante qui craignait que ce jeune homme ne voulût être de la partie, s'avisa de le mener au sermon pour l'en détourner, car c'était le dimanche : mais aussitôt que Bertrand, qui n'avait alors que seize à dix-sept ans, vit le prédicateur en chaire, il se déroba secrètement de l'église et se rendit sur la place où se faisait la lutte. Il y fut bientôt reconnu par quelques-uns de ceux avec lesquels il avait fait là-dessus son apprentissage dans son enfance. Ils le prièrent d'entrer en lice avec les autres, il en avait plus de démangeaison qu'eux : mais, avant de s'y engager, il leur

---

(1) Pour *réprimande*, vieux et peu usité. L'origine de cette expression se tire des thèses qui se soutenaient dans l'après-midi, à l'heure des *vêpres*.

(N. E.)

fit promettre que jamais ils n'en parleraient à sa tante, dont il avait intérêt de ménager la bienveillance, après avoir eu le malheur de perdre celle de ses parents pour de semblables choses. Après avoir reçu leur parole, il se mit en devoir de prêter le collet au premier qui se présenterait devant lui. L'occasion ne lui manqua pas, il aperçut un jeune Breton dont la contenance était tout à fait fière et qui s'applaudissait sur le succès qu'il avait eu dans la lutte, ayant déjà terrassé douze de ses compagnons. Bertrand voulut mesurer ses forces avec lui. La lutte fut longtemps opiniâtrée de part et d'autre : mais à la fin Du Guesclin fit de si grands efforts qu'il jeta son homme par terre. Il arriva par malheur qu'en se tiraillant l'un et l'autre, Bertrand tomba sur son adversaire, et dans sa chute, il se froissa le genou contre un caillou, dont le coup fut si violent, qu'il lui fit une large blessure et lui causa tant de douleur, qu'à peine il pouvait se tenir sur ses pieds : le sang qui coulait de sa plaie lui faisant appréhender que la nouvelle de cet accident ne parvînt jusqu'aux oreilles de sa tante, il pria ses camarades de le mener chez un chirurgien pour panser sa blessure ; ils lui rendirent ce bon office, et lui présentèrent le prix qu'il avait remporté dans la lutte, c'était un chapeau couvert de plumes et garni d'argent sur les bords : mais il n'osa pas l'accepter, de peur que sa tante découvrant par là qu'il avait eu la témérité de s'engager à la lutte à son insu et contre sa défense absolue, ne lui fît ressentir son indignation : il ne put pourtant empêcher que toute l'affaire ne fût sue : car cette dame après le sermon, s'apercevant que son neveu lui manquait, le fit chercher partout. Un de ses compagnons la tira de peine, en la félicitant sur le bonheur qu'il avait eu de remporter le prix de la lice, et l'assurant que cet avantage ne lui avait coûté qu'une blessure légère au genou, dont elle devait espérer qu'il guérirait bientôt, puisqu'on avait eu grand soin d'appliquer aussitôt l'appareil nécessaire à la plaie.

La dame n'étant pas moins irritée de la désobéissance de son neveu, que fâchée de sa blessure, se rendit incessamment dans son logis, et trouvant Bertrand au lit, elle lui fit une réprimande fort sèche sur la mauvaise habitude qu'il reprenait de se commettre avec des vilains, et de n'avoir point devant les yeux la noblesse du sang dont il était sorti.

Du Guesclin tâcha de la radoucir de son mieux, en lui représentant que sa blessure n'était pas dangereuse, et qu'il espérait d'en guérir au premier jour. En effet, il se vit sur pied au neuvième jour, et quelque temps après ayant fait la paix avec son père par l'intermédiaire de sa tante et de ses amis, il en obtint un petit roussin, sur lequel il montait ordinairement pour contenter la curiosité qu'il avait d'aller voir les tournois qui se faisaient dans la province de Bretagne. Il eût bien voulu se mettre sur les rangs avec les autres : mais comme il était trop jeune, et trop mal monté, ces deux obstacles ne lui permettaient pas de satisfaire le désir qu'il avait de se signaler dans cet exercice, sous les yeux d'une foule de spectateurs dont la présence l'aurait encouragé. Il se contentait de faire à son père un récit exact de toutes les circonstances qui s'étaient passées dans ces sortes de combats ; et ce jeune homme témoignait en les racontant prendre tant de goût à ces exercices, que ceux qui l'écoutaient, et particulièrement son père, jugèrent dès lors que Bertrand ferait un jour du bruit en Europe, et quoiqu'il eût l'humeur guerrière, cependant ses parents admirèrent la bonté de son naturel en faveur des pauvres qui ne sortaient jamais d'auprès de lui sans recevoir quelque aumône.

CHAPITRE II.

Bertrand remporte le prix dans un tournoi à Rennes.

C'était autrefois une coutume fort louable d'instruire la jeunesse à courre la lance, et de proposer un prix à celui qui réussirait le mieux dans ce noble exercice, afin que cette lice lui servît d'apprentissage pour faire un jour la guerre avec succès. C'est d'après cet usage qu'on marqua dans Rennes le jour, le temps, et la place où devaient se donner ces sortes d'assauts. Chacun courut avec empressement pour les voir, les dames paraissaient aux fenêtres magnifiquement parées pour être les spectatrices de ces combats. La présence de tant de témoins et d'arbitres excitait dans le cœur de chaque écuyer un désir ardent de se distinguer, et de sortir avec honneur d'une si glorieuse carrière. Bertrand se mit sur les rangs comme les autres; mais il devint la raillerie des dames, qui le voyant si laid et si mal monté, ne manquèrent pas d'éclater de rire à ses dépens, en disant qu'il avait plus l'air d'un bouvier que d'un gentilhomme, et qu'il avait apparemment emprunté le cheval d'un meunier pour faire une course de cette importance. D'autres qui connaissaient sa naissance, sa bravoure et son cœur, prenaient son parti, soutenant qu'il était le plus intrépide et le plus hardi chevalier de toute la province, et qu'il allait bientôt publiquement donner des preuves de son adresse et de sa force.

Bertrand, qui prêtait l'oreille à ce qu'on disait de lui, se reprochait intérieurement son méchant air et sa mauvaise mine : il pestait aussi dans son âme contre la dureté de son père, qui souffrait qu'il eût une méchante monture dans une occasion de cet éclat. C'est ce qui l'engagea de prier un de ses cousins qui se trouva là, de lui faire l'amitié de lui prêter son cheval, afin qu'il pût se tirer avec succès du combat qu'il allait entreprendre, l'assurant qu'il reconnaîtrait dans son temps ce bon office qu'il attendait de son honnêteté. Ce parent ne balança point à lui faire ce petit plaisir, l'accommodant sur l'heure de ses armes et de son cheval. Bertrand se voyant dans un équipage assez leste et monté avantageusement, se présenta pour rompre une lance, tendant les mains au premier écuyer qui voudrait entrer en lice avec lui. L'un des plus braves de la troupe lui répondit par le même signe. La carrière étant ainsi réciproquement ouverte, Guesclin poussa son cheval avec tant de force, et pointa sa lance avec tant d'adresse, qu'il donna juste dans la visière de son adversaire et lui fit sauter le casque à bas.

Il frappa ce coup avec tant de raideur, qu'il jeta par terre le cheval et le chevalier. Le cheval en mourut à l'instant, et l'homme demeura longtemps pâmé sur la place sans pouvoir reprendre ses sens; quand il fut revenu de cet étourdissement, il demanda le nom de son vainqueur. Mais on ne lui put donner aucun éclaircissement, parce que le casque qui couvrait la tête de Guesclin ne permettait à personne de le reconnaître. Il arriva pour lors une conjoncture heureuse pour Bertrand, et qui fit voir à tout le monde la bonté de son naturel : car son père qui ne le connaissait point au travers de son armure de tête, voulant venger l'affront de celui qui venait d'être terrassé, se présenta pour faire un coup de lance contre lui : mais Bertrand qui reconnut les armes de sa maison sur l'écu de son père, jeta aussitôt par respect la sienne par terre.

Tous les spectateurs furent également surpris d'une contenance si contraire à celle qu'il venait de montrer. Son père, qui s'imaginait que sa seule crainte avait dirigé cette action, fut bien détrompé quand il le vit aussitôt mesurer ses forces avec un autre auquel il fit perdre les étriers, et qu'il atteignit sur la tête avec tant de raideur, qu'il lui fit voler son casque à plus de dix pieds de là. Toute l'assemblée battit aussitôt des mains, applaudissant à ce généreux aventurier, dont on ne connaissait ni le nom, ni la personne : mais ce fut un redoublement de joie, particulièrement pour son père, quand Guesclin leva la visière de son casque. Il courut embrasser ce fils qui lui faisait tant d'honneur, et dont tous les assistants admirèrent la jeunesse, l'adresse, et la surprenante hardiesse. Il lui promit qu'à l'avenir il l'assisterait de chevaux, et d'argent pour brusquer fortune (1) dans la guerre, puisqu'il avait des dispositions si heureuses. Sa mère et sa tante qui se trouvèrent là ne se pouvaient tenir de joie, de voir dans ce jeune homme les glorieuses prémices de ce qu'on leur avait promis qu'il serait un jour.

(1) Expression fort heureuse qui n'est plus employée. Elle est bien plus vive et plus précise que *faire violence à la fortune*. (N. E.)

CHAPITRE III.

Où l'on verra l'artifice et le courage avec lequel Bertrand s'empara de la citadelle de Fougerais pour Charles de Blois contre Simon de Montfort, lorsque ces deux princes se faisaient la guerre pour soutenir l'un contre l'autre leurs droits prétendus sur le duché de Bretagne.

L'histoire de France nous apprend le fameux conflit qu'il y eut entre Charles de Blois et Jean de Montfort pour la souveraineté de Bretagne. Philippe de Valois épousa la querelle du premier de ces princes, et le roi d'Angleterre celle du second. Toute l'Europe sembla se vouloir partager là-dessus. En effet, une si belle province méritait bien que ceux qui prétendaient y avoir plus de droit, en achetassent la possession par des combats et par des victoires. Comme elle était la patrie de Bertrand et qu'il avait le cœur tout français, il ne se balança point à se déclarer pour celui qui s'était mis sous la protection des Lys. Il prit donc le parti de Charles de Blois et se mit en tête d'enlever par surprise un château qu'on appelait Fougerais qui, dans ce temps, était une place importante, et dont la prise pouvait donner un grand poids aux prétentions du prince dont il avait entrepris de soutenir les intérêts. Il s'avisa pour y réussir de se travestir en bûcheron afin de se rendre moins suspect à ceux qui gardaient le château. Soixante hommes qu'il avait apostés pour seconder son dessein, lui furent d'un très-grand secours pour l'exécuter à coup sûr.

Il partagea ce petit corps en quatre parties, comme si c'eût été autant de bûcherons qui vinssent les uns après les autres pour vendre du bois dans la place ; il épia le moment où le gouverneur venait d'en sortir avec un détachement de sa garnison, pour hasarder la tentative qu'il avait méditée. Tous ses gens avaient comme lui des armes cachées sous leurs justaucorps. Ils sortirent séparément d'une forêt voisine dans laquelle ils avaient passé secrètement la dernière nuit ; ils parurent de grand matin chargés de bourrées, et de fagots sur leurs épaules. Comme on ne voyait cette troupe que confusément et de loin, le guet ne manqua pas de sonner : mais à mesure qu'ils approchèrent, la défiance disparut. Bertrand se présenta le premier dans ce bel équipage, et vint auprès du pont levis couvert d'une robe blanche jusqu'aux genoux et chargé de bois par-dessus. Le portier qui ne se défiait de rien vint avec trois autres pour abaisser le pont. Bertrand commença par se décharger de son fardeau pour embarrasser le pont, et tira de dessous ses habits une baïonnette dont il poignarda le portier, et cria tout aussitôt *Guesclin*, pour donner le signal à ses gens de le joindre et de le seconder. Ils s'élancèrent aussitôt, se jetant sur le pont et gagnèrent la porte dont ils se saisirent en attendant que le reste pût entrer avec eux : mais comme il y avait bien deux cents Anglais dans la place, et que Bertrand n'avait que soixante hommes, la partie n'était pas égale : il y eut grande boucherie de part et d'autre, les Bretons étaient attaqués de tous côtés, ils n'avaient pas seulement à soutenir les efforts des soldats anglais : il leur fallait encore essuyer une grêle de pierres qui leur étaient jetées par les femmes et les enfants de Fougerais.

Le combat devint sanglant. Il y eut un Anglais qui d'un coup de cognée fendit la tête d'un des compagnons de Bertrand : celui-ci le perça de son épée pour venger la mort de son compatriote, et, s'emparant de la même cognée, charpentait tous les Anglais qui se présentaient devant lui, les menant battant, jusqu'au pied d'une bergerie contre laquelle il s'adossa pour reprendre haleine, et parer les coups qu'on lui pouvait porter par derrière, en attendant qu'il lui vînt du secours dont il avait un très-grand besoin : car il avait déjà reçu beaucoup de blessures, et le sang qui coulait de dessus sa tête sur les yeux, lui ôtait l'usage de la vue, sans laquelle il ne pouvait pas se défendre. Il arriva par bonheur qu'un parti de cavalerie qui tenait pour Charles de Blois, passant là tout près et sachant que Bertrand était aux mains avec les Anglais pour le même sujet, vint le dégager fort à propos, écarta de lui tous ses ennemis qui s'acharnaient à le massacrer, et contre lesquels il tint tête, jusqu'à ce que ces cavaliers survinrent heureusement; ils chargèrent les Anglais avec tant de furie qu'ils en tuèrent la meilleure partie. Le reste fut contraint de prendre la fuite. Ils trouvèrent Bertrand dans un grand danger : car il était seul aux prises avec dix Anglais, et comme sa cognée lui avait échappé des mains il était obligé de se défendre à coups de poing. Cependant il disputa si bien le terrain que secondé de ce secours il se rendit le maître de la place dont il s'empara pour Charles de Blois, et s'acquit par cette bravoure une si grande réputation, qu'il passait pour le plus intrépide et le plus hardi chevalier de son siècle.

CHAPITRE IV.

Où l'on admirera le stratagème dont se servit Bertrand pour faire lever le siége de Rennes assiégé par le duc de Lancastre, et comme il se jeta dans la place pour la secourir.

Le roi d'Angleterre s'étant déclaré pour Jean de Montfort contre Charles de Blois, envoya le duc de Lancastre en Bretagne à la tête d'un gros corps de troupes pour mettre le siége devant la capitale de cette province. Il fit accompagner ce prince des seigneurs les plus distingués de sa cour, tels que le comte de Pembroc, Jean de Chandos, Robert Knole, Jean d'Andelette, tous fameux capitaines; il y avait même dans l'armée du duc beaucoup de gentilshommes bretons qui s'étaient engagés au service de Jean de Montfort, et qui prirent parti dans l'armée anglaise pour lui donner des preuves de leur zèle et de leur fidélité. Le duc fit serment qu'il ne désemparerait du poste qu'il avait occupé qu'après la prise de la ville, et qu'il prétendait planter son enseigne sur le haut des murailles de Rennes.

Bertrand, qui tenait pour Charles de Blois, était aux écoutes caché dans des bois avec ses gens cherchant l'occasion de se jeter dans la place, et faisant toujours quelques tentatives pour ce sujet; il harcelait l'armée des ennemis, leur donnant toutes les nuits de nouvelles alarmes; cela fatiguait fort les Anglais qui devaient être toujours sur leurs gardes, et ne pouvaient reposer, ni dormir à loisir. Le duc fut curieux d'apprendre le nom du cavalier qui donnait tant d'exercice à ses troupes. Un gentilhomme breton l'instruisit et lui détailla sa naissance, sa bravoure, son intrépidité dans les occasions les plus dangereuses, l'adresse et la résolution qu'il avait depuis peu fait paraître, quand il s'était saisi du château de Fougerais, dont il avait surpris et tué la garnison. Ce prince, sur ce récit, conçut beaucoup d'estime pour Bertrand : mais il eut fort souhaité qu'il allât exercer son courage dans un autre pays, parce qu'il appréhendait qu'un homme de cette trempe ne fût capable de troubler le cours de son siége.

Guesclin suivant toujours son projet, faisait souvent des courses aux environs du camp des Anglais. Un officier de cette armée (1) tomba par bonheur dans ses mains, il lui dit que le duc de Lancastre espérait faire bientôt jouer une mine pour ouvrir une brèche, à la faveur de laquelle il comptait prendre Rennes d'assaut.

Bertrand pour détourner le coup se mit en tête de donner le change aux Anglais, et de leur faire perdre l'envie de continuer l'ouvrage qu'ils avaient commencé ; se glissant avec les Bretons dans une nuit bien sombre au milieu du camp du duc de Lancastre, lorsque les Anglais étaient endormis, pour encourager ses gens, et en même temps pour intimider ses ennemis, il mit le feu dans leurs tentes et cria *Guesclin*. L'alarme fut si grande que les Anglais, à leur réveil, croyaient que Charles de Blois leur venait tomber sur le corps avec une armée nombreuse : mais après s'être un peu reconnus, ils se rassurèrent et donnèrent mille malédictions à Bertrand qui leur avait brûlé leur équipage avec une poignée de ses gens et s'était ensuite tiré d'affaire en faisant une honorable retraite. Le duc, indigné des algarades que lui faisait cet aventurier, jura que s'il tombait une fois dans ses mains, il

(1) C'était le baron Poule, fort estimé. On plaisanta sur son nom en disant que l'Aigle de Bretagne avait plumé la poule d'Angleterre. Bertrand le renvoya à condition qu'il prierait le duc de Lancastre de le laisser entrer à Rennes. Mais le duc répondit qu'il aimerait mieux y voir entrer cinq cents archers qu'un seul Bertrand. (N. E.)

ne le relâcherait jamais, quelque rançon qu'on lui voulut offrir pour sa liberté : mais un chevalier breton dit à ce prince que Bertrand ne lui donnerait jamais de repos jusqu'à ce qu'il fût entré dans Rennes pour la secourir. C'est ce qui l'obligea de presser le siége et de faire hâter la mine qu'il avait commencée.

Le gouverneur de Rennes que Charles de Blois avait établi dans la place, et qu'on nommait le *Tortboiteux* (1), était fort en peine de découvrir en quel endroit on faisait miner, et pour en avoir quelque éclaircissement, il avait ordonné que dans les maisons qui tenaient aux remparts on pendît de petits bassins, afin que le tressaillement causé par le travail des mineurs indiquât l'endroit où ils travaillaient. Cette invention fit trouver le lieu de la mine, contre laquelle le gouverneur prit ses précautions en contreminant; par cet artifice il rendit les travaux des mineurs anglais inutiles. Cet événement chagrina le duc de Lancastre, qui voyant qu'il fallait changer de batterie, fit vivement attaquer la place par des béliers et d'autres instruments de guerre : mais les assiégés se défendant toujours vaillamment, il fut obligé d'avoir recours à d'autres stratagèmes. Il savait que les assiégés avaient peu de vivres, et que la faim les forcerait bientôt à se rendre.

Il crut que pour les engager à sortir de leurs murailles et lui donner moyen de les défaire, il leur devait présenter quelque amorce qui les attirât en dehors. Il s'avisa de faire approcher de Rennes un grand nombre de pourceaux, s'imaginant que la famine qui pressait les assiégés leur ferait exposer leur vie, pour un butin qui leur donnerait de quoi la soutenir longtemps, en attendant qu'il leur vînt quelque secours de Charles de Blois.

Mais le gouverneur bien loin de donner dans ce piége, en sut tirer un grand avantage en profitant de la proie que le duc lui présentait. Il s'avisa de faire attacher à la porte de Rennes une truie la tête en bas et les pieds en haut, laquelle se tourmentant et se démenant dans cette position, fit de grands

---

(1) Le chevalier de Penhoet que des historiens nomment *le boiteux de Penhoet*. (N. E.)

cris et de grands efforts pour se détacher : mais n'en pouvant venir à bout, elle fit tant de bruit, que les porcs coururent en foule de ce côté-là. Quand les assiégés s'aperçurent que la troupe grossissait auprès des fossés, ils abattirent le pont levis, et coupèrent la corde qui tenait la truie suspendue ; se voyant en liberté, elle rentra dans la ville criant toujours. Elle fut aussitôt suivie par tout le troupeau. Les assiégés relevèrent le pont et se présentèrent aux créneaux des murailles pour huer les Anglais, disant qu'ils allaient faire grande chère à leurs dépens, et qu'ils remerciaient le duc de Lancastre de leur avoir donné de quoi soutenir plus longtemps le siège qu'ils espéraient lui faire lever au plus tôt par le secours qu'ils attendaient.

Cette favorable aventure les ravitailla pour un temps : mais à la fin les vivres commençant à leur manquer, le *Tortboiteux* assembla non-seulement tous les officiers de sa garnison, mais aussi les plus notables bourgeois de la ville, pour leur représenter qu'ils étaient à bout, et qu'ils ne pourraient pas encore tenir beaucoup de jours, s'ils ne leur venait un prompt secours ; qu'il était donc d'avis que quelqu'un de la compagnie prît la résolution de passer au travers du camp des ennemis pour aller trouver le duc Charles qui faisait son séjour à Nantes, et lui apprendre que sa capitale était aux abois, et ne pouvait tarder à capituler, s'il ne faisait les derniers efforts pour la secourir. Il y eut un bourgeois qui s'offrit à tenter le péril, pourvu que durant son absence, on eût soin de trois filles et de cinq garçons qu'il avait, et qui manquaient de vivres. La condition fut acceptée ; cet homme joua son rôle fort adroitement : car on ne l'eut pas plus tôt mis hors des portes, que tournant ses pas du côté du camp des Anglais pour se faire arrêter, il pria les ennemis de ne lui faire aucune violence, et d'avoir la bonté seulement de le mener à la tente du duc, à qui il avait une affaire très-importante à communiquer.

Les gardes le conduisirent auprès de ce prince ; il ne manqua point de fléchir le genou devant lui, contrefaisant le triste et le désolé, comme s'il n'était point sorti de la ville que pour l'attendrir sur sa misère. Il lui représenta que le gouverneur de Rennes avait fait mourir sept de ses enfants, et qu'au lieu de mettre dehors toutes les bouches inutiles, comme les vieillards, les petits enfants, et les pauvres, il les avait tous fait passer au fil de l'épée, de peur que venant à sortir, on ne découvrît le déplorable état où la famine avait réduit la place ; le personnage s'apercevant que le duc prêtait l'oreille à son discours, feignit, pour tirer avantage de sa crédulité, d'avoir un avis très-important à lui donner. Ce prince le caressa de son mieux pour l'engager à lui révéler ce secret. Il lui dit que les assiégés attendaient un secours de quatre mille Allemands qui devaient forcer ses lignes, et jeter dans la place les vivres et les munitions qui y manquaient : que ce corps de troupes se devait partager en deux bandes, afin que si l'un ne réussissait pas, l'autre pût entrer dans la ville à coup sûr.

Ce rusé circonstancia si bien tous les faits qu'il eut la hardiesse d'avancer, que le duc ordonna qu'on lui fît apporter à boire et à manger ; il monta sur-le-champ à cheval à la tête de ses plus belles troupes, pour aller au-devant de ce secours imaginaire, laissant peu de gens dans les lignes pour la continuation du siége. Notre homme ayant fait son coup, ne songea plus qu'à s'échapper secrètement du camp des Anglais, tandis que le duc qu'il avait joué, était occupé dans la vaine expédition qu'il venait de lui conseiller. Il se glissa donc à la faveur de la nuit hors des lignes, et marchant à perte d'haleine, il alla reposer dans un vieux château qu'il rencontra sur son chemin sans y trouver personne, parce que le seigneur du lieu craignant les courses des partis, avait été contraint de l'abandonner. Il poursuivit sa route à la pointe du jour dès le lendemain : mais il tomba dans l'embuscade de Bertrand qui était toujours aux aguets. Il le prit d'abord pour un espion que les Anglais avaient envoyé, afin d'observer sa marche et sa contenance ; il lui dit dans le langage de ce temps-là : *Fausse espie, que le Corps Dieu te cravante, si tu ne me dis moulte vérité* (1)?

---

(1) Cette phrase, qui contient une imprécation blasphématoire, peut se traduire ainsi : Faux espion, que le corps de Notre Seigneur (la sainte Eucharistie) te porte malheur, si tu ne me dis toute la vérité! (N. E.)

Le pauvre messager tout épouvanté se mit à genoux et lui fit le récit du stratagème dont il venait de se servir pour duper le duc de Lancastre : il lui offrit même de l'accompagner s'il entreprenait de donner sur le peu d'Anglais qui restaient dans les lignes. Quand Bertrand s'aperçut que cet homme lui parlait sincèrement, il se tourna du côté de ses gens et leur représenta qu'il y avait un beau coup à faire, et que s'ils avaient assez de courage et de résolution pour le suivre, il pourrait avec eux délivrer Rennes des mains des Anglais. Ils lui promirent tous de ne jamais l'abandonner, quand même il les voudrait mener à une mort certaine.

Le duc de Lancastre ayant quitté son camp avec ce qu'il avait de troupes choisies, envoya des espions de tous côtés pour apprendre des nouvelles de ces prétendus Allemands qui devaient le venir forcer dans ses lignes; mais ses émissaires n'ayant rien appris, ni rien découvert, il soupçonna que le bourgeois de Rennes pourrait bien l'avoir joué, pour le faire décamper, et donner cependant à Guesclin beau jeu, à l'effet de venir insulter le peu de gens qu'il avait laissés autour de la place. Son pressentiment ne se trouva que trop véritable; car Bertrand fit une si grande diligence, qu'il surprit les assiégeants à l'aube du jour comme ils étaient encore endormis, chargea tout ce qui se rencontra devant lui, et fit une cruelle boucherie de ceux qui voulurent lui résister. L'épouvante des Anglais fut si grande, qu'ils croyaient avoir sur les bras une armée de Français tout entière.

Guesclin ne se contenta pas de ce premier succès; il aperçut plus de cent charrettes chargées de viandes salées, de farine et de vin, que les Anglais voulaient sauver à la faveur du trouble et du tumulte : mais Bertrand y courut pour s'en saisir, et fit tant battre les charretiers pour les obliger à marcher du côté de Rennes, qu'il voulait ravitailler, qu'il les fit tourner de ce côté-là, les menaçant de les faire pendre, et les frappant durant tout le cours de leur marche pour les hâter. Quand il fut arrivé jusqu'à la barrière de Rennes avec ses troupes victorieuses et cet agréable attirail, il cria de toute sa force *Guesclin*, faisant signe de la main qu'il venait au secours des assiégés, et qu'ils ne balançassent point à lui ouvrir leurs portes. Le gouverneur et les principaux officiers de sa garnison firent baisser le pont, et coururent à lui pour l'embrasser, et le féliciter d'un si grand succès, l'appelant leur libérateur, et reconnaissant que non-seulement il avait sauvé la ville, mais leur propre vie, puisque la famine les désolait. Il fit son entrée dans Rennes au bruit des acclamations, toutes les rues ne retentissaient que du nom de Guesclin, chacun s'empressait pour le voir. Les dames étaient aux fenêtres pour le regarder, si bien que ce jour fut un jour de triomphe pour lui.

Bertrand ne s'enorgueillit point de ces louanges : et comme dans toutes les circonstances il conservait un esprit d'équité, ce généreux capitaine envoya chercher les charretiers qu'il avait forcé de mener le convoi du camp dans la ville, et leur demanda si les denrées dont leurs charrettes étaient chargées leur appartenaient en propre : sur le serment qu'ils en firent, il leur donna sa parole qu'ils seraient dédommagés de tout, et leur ayant fait compter leur argent sur l'heure, il leur commanda de retourner au camp des Anglais, et de dire de sa part au duc de Lancastre, qu'ayant à présent des vivres et des munitions pour longtemps, il défendrait la place jusqu'au dernier soupir de sa vie : mais il leur recommanda surtout de ne plus à l'avenir charroyer de vivres au camp des Anglais, ajoutant que s'ils étaient assez hardis pour entreprendre de le faire une seconde fois, il n'y aurait aucun quartier pour eux.

Cependant le duc de Lancastre étant de retour de son expédition, fut bien consterné quand il apprit celle que Bertrand avait faite dans Rennes, avec le convoi qu'il venait d'enlever aux Anglais. Il donna mille malédictions au bourgeois qui l'avait joué de la sorte, et jura que si jamais il tombait dans ses mains, il lui ferait souffrir les plus cruels tourments. Tandis que ce prince s'abandonnait à son désespoir, les charretiers se présentèrent devant lui pour s'acquitter de la commission dont Bertrand les avait chargés, lui disant que ce généreux capitaine en avait usé de la manière du monde la plus honnête à leur égard, les faisant rembourser du prix de leurs marchandises, et leur faisant rendre leurs voitures et leurs chevaux. Ils l'assurèrent aussi de sa part, qu'il était résolu de lui disputer le terrain pied à pied, et qu'il se ferait ensevelir sous les ruines de la ville, avant que les Anglais y pénétrassent.

 Le duc à ce récit conçut une estime singulière pour Bertrand, se souvenant de la conduite qu'il avait tenue durant le cours de ce siége, du courage et de l'adresse avec laquelle il avait forcé ses lignes; il témoigna même quelque curiosité de voir un si brave soldat. Le comte de Pembroc qui connaissait Bertrand, assura le duc qu'il lui serait aisé de satisfaire l'envie qu'il avait; et que s'il lui voulait envoyer un passeport, il pouvait compter que Guesclin ne balancerait point à se rendre aussitôt à sa tente. Le duc fit expédier un sauf-conduit qu'il signa de sa propre main, le mit dans celle d'un héraut d'armes qui portait ses livrées, et lui commanda d'aller à Rennes pour prier Bertrand de sa part de le venir trouver.

 Ce cavalier alla se présenter aux portes de la ville; et faisant signe de la main qu'il avait quelque chose à dire de la part de son maître le duc de Lancastre, le gouverneur vint aux créneaux des murailles; il lui montra de loin les dépêches du duc. Les portes lui furent aussitôt ouvertes; beaucoup d'officiers se rangèrent autour de lui, dans un grand empressement de savoir ce qu'il y avait de nouveau. Cet Anglais les regardant tous les uns après les autres, dit qu'il ne voyait point là celui qu'il cherchait, et que c'était Bertrand à qui il avait ordre de parler. On le fit entrer plus avant dans la ville; et comme on le lui montra de loin, qui se promenait sur la place, ce héraut étudiant sa taille et son visage dit indiscrètement à ceux qui l'environnaient, que cet homme avait plus l'air d'un brigand que d'un gentilhomme. On l'avertit qu'il se donnât bien de garde de s'émanciper de la sorte quand il lui parlerait, s'il voulait retourner en vie dans le camp des Anglais. Le cavalier se le tint pour dit; il approcha de Bertrand avec beaucoup de crainte et de respect. Celui-ci fronçant le sourcil lui demanda ce qu'il avait à dire. Le héraut tremblant le cajola de son mieux; il lui déclara que le duc de Lancastre, son maître, admirant sa bravoure et sa valeur, et la belle action qu'il venait de faire pour le service de Charles de Blois, et des bourgeois de Rennes, avait une merveilleuse envie de le voir, et qu'il lui ferait un plaisir extrême s'il voulait bien se rendre à son camp, pour contenter non-seulement sa curiosité, mais aussi celle de toute son armée qui brûlait du désir de regarder en face un si brave capitaine, quoiqu'il fût leur ennemi ; qu'il ne devait point hésiter à prendre ce parti, puisqu'il y pouvait venir sûrement à la faveur d'un passeport bien conditionné, que le duc lui avait commandé de lui mettre en main, pour le guérir des soupçons qu'il pourrait avoir.

Bertrand qui ne savait pas lire (parce qu'il avait toujours eu tant d'indocilité pour ses maîtres, qu'au lieu d'écouter leurs instructions il les voulait battre et maltraiter) mit le passeport entre les mains d'un de ses compagnons pour en apprendre la teneur ; et quand il eut entendu la lecture, il ne se contenta pas de dire au héraut qu'il s'allait préparer pour aller avec lui jusqu'au camp du duc ; mais il voulut avant de se mettre en chemin le régaler dans son appartement, et lui faire présent d'une belle veste, et d'une bourse de cent florins. Le héraut qui ne s'attendait pas à cette honnêteté fut si satisfait qu'il la prôna dans toute l'armée des Anglais. Guesclin partit donc avec lui dans un brillant équipage, et monté sur un beau cheval ; l'empressement qu'on avait de le voir fit que tous les soldats s'amassèrent en foule pour le regarder à l'envi, tant la réputation fait d'impression sur l'esprit des hommes : on s'étonna de le voir si gros et si noir : on observa même jusqu'à la grosseur de ses poings, et l'on s'en faisait l'idée d'un fort redoutable ennemi. Bertrand passa fièrement à travers tous ces spectateurs, et mit pied à terre auprès de la tente du duc devant lequel il fléchit respectueusement un genou.

Ce prince ne le voulant pas souffrir dans cette posture le releva, le prenant par la main, disant qu'il lui savait bon gré de sa démarche. Bertrand l'assura de son respect : mais qu'il ne devait pas trouver mauvais s'il ne faisait avec lui ni paix ni trêve jusqu'à ce qu'il eût mis bas les armes par un accommodement avec son seigneur. Le duc lui demanda le nom de celui qu'il reconnaissait pour son seigneur. C'est, lui répondit-il, Charles de Blois, à qui la Bretagne appartient du côté de la duchesse sa femme. Il est bien éloigné de son compte, lui repartit le duc. Il faut qu'il fasse périr plus de cent mille hommes avant de parvenir à son but. Seigneur, lui dit Bertrand, s'il en doit coûter la vie à tant de gens, ceux qui leur survivront auront au moins la consolation de succéder à leurs héritages. Le duc admirant l'assurance et l'intrépidité de Guesclin, ne put s'empêcher de sourire. Bertrand le regardant encore plus fièrement engagea ce prince à redoubler ses ris. Le duc admira la résolution de ce capitaine, il lui dit : Bertrand, si tu veux prendre parti dans mon armée, je te promets un rang distingué ; mais il acheva de charmer ce prince en lui répondant que rien ne serait jamais capable d'ébranler en lui la fidélité qu'il devait à Charles de Blois.

CHAPITRE V.

De l'avantage que Bertrand remporta dans le combat qu'il eut avec Guillaume de Brambroc, chevalier anglais, en présence du duc de Lancastre, et de plusieurs artifices qu'il mit en usage pour faire lever à ce prince le siége de Rennes.

Quand le duc eut étudié tout à loisir la taille, le visage, les airs, les manières, et les reparties de Bertrand, il le fit régaler de son mieux, pour témoigner publiquement l'estime qu'il faisait d'un gentilhomme de cette trempe. Il y en eut un autre qui, jaloux des caresses dont ce prince faisait gloire de l'honorer, essaya d'effacer de son esprit cette haute idée qu'il en avait conçue, par un cartel qu'il lui adressa, en le défiant de combattre contre lui seul à seul à la vue du duc et de toutes ses troupes. Cet Anglais s'appelait Guillaume Brambroc ; il en voulait à Guesclin depuis qu'il avait enlevé le château de Fougerais sur Robert Brambroc, son proche parent, et d'ailleurs ne souffrant qu'avec peine les louanges qu'on donnait à cet étranger, il voulut désabuser tout le monde de sa prétendue bravoure ; Bertrand se sentant piqué jusqu'au vif de l'arrogance de ce fanfaron, se promit bien de le faire repentir de sa témérité : lui déclarant qu'il acceptait volontiers son défi, et que loin de craindre d'entrer en lice avec lui, jamais il n'aurait un plus beau champ pour faire sentir à ses ennemis jusqu'où pouvait aller le courage et l'adresse d'un gentilhomme breton contre un chevalier anglais : et que quand on lui compterait autant d'argent que toute la masse de son corps en pourrait peser, il ne voudrait pas renoncer au duel qu'il venait de lui proposer. Le duc ayant entendu la fière repartie que Bertrand venait de faire à ce chevalier, dit à ce dernier que c'était une entreprise bien hardie de se vouloir commettre avec un si rude assaillant : voyant que l'un et l'autre témoignaient une égale chaleur pour en venir aux mains, il marqua le jour du combat pour le lendemain.

Ce prince n'eut pas plus tôt prononcé ces paroles que le héraut que Bertrand avait favorisé de ses dons se vint prosterner à ses pieds, et lui faire un récit exact des honnêtetés qu'il en avait reçues. Il vanta le présent qu'il lui avait fait d'une bourse de cent florins d'or et d'une fort belle veste, quand il l'avait été trouver de sa part pour l'engager à se rendre auprès de sa personne. Le duc fut si touché de la courtoisie de Bertrand, qu'il commanda sur l'heure qu'on tirât le plus beau coursier de son écurie, et l'en gratifia généreusement. Guesclin, transporté de joie, lui dit dans son patois : *Sire, Dieu vous gard d'encombrier* (1) : *car oncques ne trouvay Comte, ne Prince qui me donnat vaillant un seul denier, le cheval est bel, si le chevaucheray demain devant vous pour acquiter mon convnant* (2). Aussitôt qu'il fut de retour à Rennes, le gouverneur et les principaux officiers de la garnison vinrent au-devant de lui pour apprendre le détail de la conférence qu'il venait d'avoir avec le duc. Bertrand leur exposa les honnêtetés qu'il avait reçues de ce prince, qui lui avait fait don du plus beau cheval de son écurie, sur lequel il devait monter le lendemain pour combattre corps à corps contre Guillaume de Brambroc, chevalier anglais, dont il n'avait pu refuser le défi. Cette nouvelle ne fut pas goûtée du gouverneur de Rennes, encore moins des parents de Ber-

(1) Dieu vous garde d'encombre ou de malheur. (N. E.)
(2) Ce que je dois en convenance. (N. E.)

trand, qui tâchèrent, par les raisons les plus spécieuses, de le détourner de cette entreprise, lui représentant les périls qui le menaçait, et le peu d'assurance qu'il y avait à prendre sur la parole des Anglais. Bertrand les assura qu'il n'y avait rien à craindre pour lui, puisqu'il avait pour garant un prince trop religieux pour trahir le serment qu'il avait fait, qu'il n'aurait aucune acception de personne, et qu'il ne permettrait pas que rien s'y passât au préjudice des deux combattants, qui devaient tout attendre de leur courage et de leur seule adresse, sans espérer aucun secours capable de tourner au désavantage de l'un ou de l'autre. Le gouverneur parut satisfait de ses raisons, mais il conserva la crainte qu'il avait qu'on ne lui fît quelque supercherie.

Le lendemain Bertrand s'arma le mieux possible et refusa de prendre une cuirasse pour combattre avec plus de liberté, se contentant d'un casque, d'une lance et d'un bouclier. Il se rendit dans cet équipage à l'église la plus prochaine pour entendre la messe avant son départ, recommander à Dieu la justice de sa cause et la conservation de sa vie : le priant de toute l'étendue de son cœur de bénir la droiture de ses intentions, et de donner un heureux succès à ses armes. Il voulut même aller à l'offrande pour y faire une espèce de vœu dans lequel il se consacra tout entier à la défense des infidèles, si le Ciel lui faisait remporter l'avantage (1). Après qu'il se fut acquitté de ce devoir de piété, son premier soin fut de prendre une soupe au vin, pour avoir plus de force dans le combat. Comme il se disposait à monter à cheval, sa tante le vint arrêter par le bras, et s'efforça par ses larmes et par ses soupirs de le détourner de cette entreprise, lui représentant qu'il allait combattre contre le plus redoutable chevalier de toute l'Angleterre, et qu'elle avait toutes les raisons du monde d'appréhender que sa vie ne fût dans un extrême danger, ou

---

(1) Ces sortes de combats singuliers étaient alors dans les usages de la guerre : ils contribuaient au succès de la cause que l'on défendait. On peut dire que très-souvent, et en particulier pour ce qui regarde Du Guesclin, dans le cas présent, rien ne leur manquait pour être légitimes. Par eux-mêmes, ils n'avaient rien de commun avec les duels illicites. Mais la vengeance et la haine personnelle les souillaient fréquemment. (N. E.)

du moins qu'on ne lui jouât quelques mauvais tours : mais Bertrand ne se laissa point intimider par les remontrances de cette dame, qui voyant qu'il n'y avait rien à gagner sur son esprit, lui demanda par grâce qu'il voulût bien ôter son casque, afin qu'elle le pût embrasser, peut-être pour la dernière fois : Guesclin ne voulant point répondre à tous ces mouvements de tendresse qu'il croyait être hors de saison, lui dit : Ma tante, vous ferez mieux de retourner à la maison baiser votre mari que de m'empêcher de courir où la gloire et mon honneur m'appellent. Défaites-vous de ces terreurs puériles : songez seulement à faire préparer le dîner, et comptez que je serai de retour avant qu'il soit prêt.

Il partit avec une résolution qui étonna les bourgeois de Rennes : tous coururent sur les remparts pour admirer la fierté de sa marche et de sa contenance. Il ne fut pas plus tôt arrivé près du camp des Anglais, que le duc de Lancastre fit publier une défense dans toute son armée d'approcher de plus de vingt lances aucun des deux écuyers, sur peine de la vie, ni de se présenter pour aller au secours de celui qui serait terrassé, pour le relever. Le champ fut donc ouvert afin que ces deux généreux combattants pussent entrer en lice en présence du duc et de toute son armée, qui mourait d'envie de les voir aux mains. Bertrand faisait si belle contenance, qu'elle fut un augure certain de l'avantage qu'il allait remporter. Il ouvrit le combat par un coup de lance si violent qu'il perça la cuirasse de son adversaire et pénétra même le coton de son pourpoint; si bien que peu s'en fallut qu'il n'allât jusqu'à la chair.

Brambroc indigné de cette première disgrâce qu'il venait d'essuyer, en voulut réparer l'affront en déchargeant un coup de sabre avec tant de force et de furie sur la tête de son ennemi, que le fer entra bien avant dans le casque de Bertrand, qui se tenant ferme sur ses étriers ne fut point ébranlé de la rude atteinte qu'il venait de recevoir. Enfin après avoir bien combattu l'un contre l'autre avec un succès égal, Bertrand fit un dernier effort, et ramassant tout ce qu'il avait de vigueur et de force, il remporta la gloire de la lice et de la carrière en portant à son ennemi un coup, qui non-seulement lui perça la chair, mais le coucha par terre sur le sable : sans son respect pour le duc, il l'aurait achevé; mais il se contenta de se saisir de son cheval, pour marque de la victoire qu'il avait remportée, criant tout haut qu'il n'était sorti de Rennes qu'avec un cheval, et qu'il s'en retournait avec deux. Le duc, qui fut témoin de la bravoure de Guesclin, l'en félicita par l'organe d'un de ses hérauts, et lui fit dire qu'il pourrait reprendre le chemin de Rennes en toute sûreté, sans appréhender qu'on lui fît aucune insulte sur la route. Bertrand reçut ce compliment avec tant de générosité qu'il donna de fort bonne grâce à ce même héraut le cheval qu'il venait de gagner dans ce dernier combat. Cette conduite ne lui mérita pas seulement la réputation d'un brave chevalier, mais aussi celle d'un guerrier loyal et généreux.

Son retour à Rennes fut accompagné de tous les applaudissements imaginables. Le gouverneur, les officiers de la garnison, les plus notables bourgeois de la ville coururent à l'envi pour l'embrasser et ne pouvaient tarir sur les louanges qu'ils lui donnaient : ses parents enchérirent encore sur les autres, et lui préparèrent un magnifique repas, afin qu'il se pût agréablement délasser des nobles fatigues qu'il venait d'essuyer. Ce fut avec un extrême plaisir qu'ils entendirent le récit qu'il leur fit de toutes les circonstances qui avaient accompagné ce célèbre combat, livré sous les yeux du duc de Lancastre, du comte de Pembroc, et de toute l'armée anglaise, qui venait de voir avec un œil jaloux, la défaite d'un de leurs braves forcé de reconnaître qu'il devait la vie à Guesclin son vainqueur.

Cependant le duc de Lancastre n'oublia pas le soin de son siége. Il avait fait préparer une grande machine de guerre, qu'on approcha des murailles de Rennes : elle était appuyée sur des roues qui en facilitaient le mouvement. C'était une espèce de tour de bois dont la hauteur égalait celle des murs de la ville, et dans laquelle il avait fait entrer grand nombre d'arbalétriers, qui tiraient à coup sûr sur les assiégés, au travers des ouvertures dont elle était percée. Cette tour était fort meurtrière; Bertrand s'avisa d'un stratagème pour en rendre les efforts inutiles, il se mit à la tête des plus braves de sa garnison pour faire une sortie sur les Anglais. Il passa sur le ventre à tout ce qui se présenta pour lui résister, et s'étant ouvert le passage à grands coups de sabre jusqu'à cette tour il y mit le feu malgré les assiégeants; la flamme avait tant d'activité qu'il n'était pas possible de l'éteindre, parce que c'était un feu grégeois, que l'eau même ne peut pas empêcher de brûler. Comme la matière de la machine était combustible, la flamme gagna bientôt les hauteurs de la tour, dont la charpente venant à crouler fit tomber les Anglais qu'elle renfermait, à demi brûlés et étouffés; c'était un spectacle affreux de les voir sauter de haut en bas les uns sur les autres au travers des flammes, qui recevant toujours un nouvel aliment, produisaient l'effet le plus horrible, si bien que toute la machine venant à se déboîter fit une chute qui étonna les spectateurs.

Bertrand fit une retraite aussi glorieuse que l'avait été sa sortie, car il rentra dans la ville à la tête de ses Bretons, se faisant jour au travers des assiégeants qui voulaient l'envelopper. Le duc de Lancastre, dont les ressources étaient épuisées, était au désespoir d'avoir jusqu'alors si mal réussi dans le siége qu'il avait entrepris; la famine ne désolait pas moins son camp que la ville; la saison s'avançait et cependant il n'avait encore fait aucun progrès considérable. Il eût bien voulu se retirer, mais il ne le pouvait faire sans honte, et d'ailleurs il avait fait serment de ne point décamper, qu'il n'eût arboré les léopards d'Angleterre sur les remparts de Rennes. Il fallut donc chercher quelque expédient pour lui faire lever le siége sans trahir son serment. Bertrand le trouva sur l'heure en lui représentant qu'il pouvait entrer avec neuf autres dans Rennes, et monter sur les murs de la ville pour y planter son étendard, et que les assiégés lui ouvriraient volontiers leurs portes pour lui donner lieu d'accomplir son serment (1).

Le duc entra volontiers dans la pensée de Guesclin, ne de-

---

(1) Ce naïf procédé était sans doute inutile pour dégager d'un serment dont la sagesse réprouvait l'exécution; mais on voulait ainsi sauver l'honneur. Ces puérils scrupules tiennent au respect inviolable des choses les plus sacrées et à tout ce qui a fait la grandeur de ces prétendus siècles de barbarie.

(N. E.)

mandant qu'à se tirer d'affaire. Le jour fut marqué pour l'exécution de cette belle cérémonie. Bertrand et le gouverneur firent publier par toute la ville que chacun se tînt prêt à recevoir le duc de Lancastre; et comme ils appréhendaient qu'il ne découvrît leurs besoins et le peu de vivres qui leur restait pour soutenir encore le siége longtemps, il fut ordonné sous de grosses peines, que chaque bourgeois étalerait à sa porte, ce qu'il avait de viande, de blé, de poisson, et d'autres denrées, et que si quelqu'un d'entre eux était assez hardi pour en céler la moindre chose, on lui confisquerait ses biens, et l'on s'assurerait de sa personne. Cet ordre fut si ponctuellement exécuté, que quand le duc entra dans Rennes, avec son cortége, il fut surpris de voir tant de vivres dans cette place, et perdit l'envie de l'assiéger plus longtemps; le gouverneur de Rennes, Bertrand et les officiers les plus distingués de la garnison reçurent ce prince avec respect, et lui firent l'accueil qu'un seigneur de sa condition pouvait attendre de leur honnêteté.

Le duc monta donc sur les murs; on lui présenta l'étendard d'Angleterre, pour s'acquitter de la ridicule cérémonie qui devait le dégager de son serment. Il mit son enseigne sur le haut de la porte de Rennes avec autant d'assurance que s'il en avait fait la conquête; Bertrand lui voulut verser à boire lui-même, et prit la liberté de lui demander où la guerre se devait continuer dans la suite, car ce brave qui ne cherchait que les occasions de se signaler, appréhendait de se voir oisif après la levée de ce siége. Le duc admirant cette inclination martiale, se mit à lui sourire, en disant qu'il l'apprendrait bientôt et qu'il trouverait un champ assez vaste pour exercer son courage et sa valeur; mais ce prince eut un grand chagrin quand il s'aperçut qu'on jetait son enseigne par terre, avant même qu'il eût passé la barrière, et que les assiégés faisaient de grandes huées sur lui. Ce lui fut une mortification qu'il eut beaucoup de peine à digérer, et qui le fit bien repentir de la démarche honteuse qu'il venait de faire.

Comme il avait donné sa parole de lever le siége, il fut religieux à la tenir, il fit plier bagage à ses troupes, et décampa aussitôt pour aller passer son hiver dans Cluray, jusqu'à ce qu'il eût des nouvelles de Jean de Montfort, avec qui il devait s'aboucher pour la prochaine campagne. Charles de Blois ayant appris le peu de succès que le duc de Lancastre avait eu devant Rennes, et le courage avec lequel Bertrand l'avait défendue, se rendit incessamment dans cette capitale, pour remercier les bourgeois du zèle et de la fidélité qu'ils avaient eu pour son service, et pour témoigner à Bertrand combien il était sensible aux grands efforts qu'il avait faits pour sa querelle. Il lui fit don d'un beau château qu'on appelait *la Roche d'Arien*, le conjura de toujours épouser son parti dans la suite et de vouloir en sa faveur achever l'œuvre qu'il avait commencée si généreusement. Bertrand lui promit de se dévouer à son service, l'assurant qu'il ne manierait jamais l'épée que pour sa querelle, et qu'il tâcherait à l'avenir de lui conserver la souveraineté qu'un usurpateur lui disputait avec tant d'injustice.

En effet, toute la Bretagne était partagée pour ces deux princes; le roi d'Angleterre entrant avec chaleur dans le parti de Jean de Montfort, remplit toute la Bretagne d'Anglais qu'il fit débarquer à Brest; il en donna le commandement au duc de Lancastre, et le chargea de mettre tout en usage contre les partisans de Charles de Blois. Ceux de Dinan qui tenaient pour ce dernier, écrivirent à ce prince que leur ville était menacée, qu'elle avait besoin d'un prompt secours, pour se mettre en état de soutenir un siége contre les Anglais.

Ce fut la raison pour laquelle Charles mit Bertrand à la tête de cinq ou six cents combattants, et lui donna l'ordre de se jeter incessamment dans la place. Il y courut, et fit une si grande diligence qu'il eut le bonheur d'y entrer avec tout son monde, avant que les ennemis investissent la ville. Chacun s'y fit un mérite d'y partager le péril avec Bertrand. Olivier de Guesclin, son frère et le *Tortboiteux*, auparavant gouverneur de Rennes, voulurent être de la partie dans l'espérance qu'ils y pourraient défendre Dinan avec le même courage et le même succès qu'ils avaient défendu la capitale de la Bretagne.

CHAPITRE VI.

De l'avantage que Bertrand remporta dans un combat singulier contre Thomas de Cantorbéry pendant le siége que le duc de Lancastre mit devant Dinan.

Le duc de Lancastre, devenu sage à ses dépens, et voulant profiter du malheur qu'il avait essuyé devant Rennes, serra Dinan de si près, et prit des mesures si justes, que les assiégés se voyant aux abois, furent contraints de mander à ce prince qu'ils lui rendraient la place, si dans quinze jours Charles de Blois ne leur envoyait du secours, et qu'ils le suppliaient de leur accorder ce terme pour leur donner le loisir de faire savoir de leurs nouvelles à ce comte, afin de se disculper auprès de lui, si dans la suite il leur reprochait d'avoir capitulé trop tôt. Le duc de Lancastre et Jean de Montfort ne les voulant pas aigrir, ni jeter dans le désespoir, trouvèrent bon de déférer à leur demande, en leur octroyant ce délai. Pendant cette trêve, Olivier de Guesclin, frère de Bertrand, croyant qu'il pouvait en toute sûreté sortir de la ville, sans craindre aucun danger du côté des ennemis, et s'exercer à cheval dans la campagne sous la bonne foi de ce dernier traité, rencontra par hasard le chevalier Thomas de Cantorbéry, frère de l'archevêque de cette ville, qui lui fit mille avanies, il l'arrêta en lui demandant impérieusement son nom, le menaçant que s'il le lui taisait il lui en coûterait aussitôt la vie.

Ce jeune cavalier lui répondit qu'il s'appelait Olivier de Guesclin, frère du fameux Bertrand dont la réputation lui devait être assez connue. Cette réponse aigrit la bile de Thomas; la jalousie ne lui permettait pas d'entendre parler de Bertrand sans peine, et loin de mieux traiter Olivier dans la crainte de s'attirer la colère de son frère, il vomit des injures contre Bertrand, le mettant au rang des brigands, des scélérats, et des incendiaires; il ajouta que c'était pour le braver qu'il le voulait faire son prisonnier; qu'il eût donc à le suivre sans se le faire dire deux fois, et que s'il n'obéissait sur l'heure, il lui donnerait de son épée au travers du corps.

Olivier de Guesclin voyant que Thomas parlait indignement de son frère, ne put se défendre de prendre son parti, lui disant qu'il avait tort de se déchaîner ainsi contre la réputation de Bertrand, qui n'ayant eu qu'un petit patrimoine et beaucoup de naissance, tâchait à se pousser dans la guerre par sa valeur et par son courage. Le chevalier anglais, que ce discours aigrissait encore davantage, mit l'épée à la main, le menaçant de le faire taire, et lui commandant de le suivre. Olivier fut contraint d'obéir, parce qu'il était seul et désarmé, contre un autre à qui rien ne manquait, et qui d'ailleurs était accompagné de trois autres; il lui observa cependant qu'il n'était pas de bonne prise, et qu'il ne croyait pas qu'il en eût jamais aucune rançon. Thomas lui coupa la parole en lui défendant de raisonner davantage; et le faisant marcher devant lui, il l'assura qu'il ne sortirait jamais de ses mains qu'il ne lui eût payé mille bons florins, et que la bourse de son frère était suffisante pour le racheter : il le conduisit ainsi jusque dans sa tente, et lui donna des gardes.

Il se trouva là par hasard un chevalier breton, qui s'apercevant qu'Olivier était arrêté prisonnier, partit sur-le-champ pour en aller avertir Bertrand. Il le trouva dans la grande place de Dinan, où il se désennuyait à regarder des gens qui jouaient à la longue paume. Ce chevalier l'ayant joint au travers de la foule, lui dit à l'oreille que Thomas de Cantorbéry venait d'arrêter son frère, et l'avait mené prisonnier dans sa tente, sans avoir égard à la sécurité que le bénéfice de la trève donnait à tout le monde. Bertrand reçut cette nouvelle avec beaucoup de vivacité, et regardant ce messager, il lui demanda s'il ne s'était point mépris, et s'il connaissait bien son frère. Il lui répondit qu'ayant eu l'honneur de servir d'écuyer à son propre père, le visage de son frère Olivier lui devait être bien familier. Bertrand voulut apprendre le nom de l'Anglais qui avait fait le coup, il le lui déclina fort exactement, en lui disant qu'il s'appelait le chevalier Thomas de Cantorbéry, propre frère de l'archevêque de cette fameuse Eglise d'Angleterre : *et par saint Yves il me le rendra*, dit

Bertrand, *ne oncques si mauvais prisonnier n'a pris*. Il se jette aussitôt sur son cheval et vint à toutes jambes au camp des Anglais. La plupart de ceux de l'armée, qui le connaissaient, lui firent mille amitiés, lui demandant le sujet de sa venue. Guesclin sans s'ouvrir davantage, les pria de lui enseigner où était la tente du duc auquel il avait envie de parler. On se fit un devoir de l'y conduire. Il y trouva ce prince jouant aux échecs avec Jean Chandos, et pour spectateurs Jean de Montfort, le comte de Pembroc, et Robert Knole. Tous ces seigneurs firent mille caresses à Bertrand, et lui ouvrirent le passage pour le laisser parler à son aise au duc de Lancastre. Guesclin lui fit une profonde révérence, et fléchit un genou devant lui. Ce prince quitta aussitôt son jeu, releva Bertrand avec honnêteté, lui demandant quelles affaires l'avaient appelé dans son camp. Chandos ajouta qu'il ne souffrirait pas qu'il s'en retournât à Dinan sans avoir bu de son vin. Bertrand répondit qu'il n'aurait point cet honneur, qu'auparavant on ne lui eût fait justice sur l'outrage qu'il avait reçu ; s'il y a, dit Chandos, quelqu'un dans l'armée qui vous ait fait le moindre tort, on vous le fera réparer sur l'heure.

Guesclin ne manqua pas d'entrer aussitôt en matière, en représentant au duc de Lancastre et à toute sa cour, qu'au préjudice de la trêve, le chevalier Thomas de Cantorbéry s'était saisi de la personne de son jeune frère, qu'il avait surpris à la sortie des portes de Dinan, comme il ne songeait qu'à prendre l'air et à se divertir en exerçant son cheval tout seul dans les champs, et que ne s'étant pas contenté de lui faire insulte, il l'avait forcé de le suivre jusque dans sa tente, où il le faisait garder à vue comme un prisonnier ; qu'il les suppliait donc de donner incessamment les ordres nécessaires pour sa liberté. Jean Chandos prenant la parole, l'assura que ce ne serait pas une affaire, et qu'il comptât que non-seulement son frère lui serait rendu, mais aussi que le chevalier Thomas se repentirait de sa témérité. Le duc commanda sur l'heure qu'on fît venir le chevalier Thomas devant lui, pour lui rendre compte de sa conduite, et qu'en attendant on apportât du vin pour régaler Bertrand, et le faire boire avec eux. Les deux ordres furent promptement exécutés. Bertrand but à la santé du prince et de tous ces seigneurs : chacun lui rendit la pareille à l'instant. Le chevalier Thomas de Cantorbéry fut bien déconcerté quand il vit Bertrand dans la tente du duc, toute sa cour lui faisant des honnêtetés, et se plaignant hautement du violent procédé qu'il venait de tenir à l'égard de son frère, contre la bonne foi de la trêve et le droit des gens. Le duc sans donner le loisir au chevalier Thomas de répondre, lui commanda de remettre entre les mains de Bertrand, son frère Olivier sans aucune rançon, parce qu'il n'avait pas été de bonne prise durant la suspension d'armes.

Le chevalier indigné de la réprimande que Bertrand lui avait attiré de son général, répondit fièrement qu'il était homme d'honneur et gentilhomme sans reproche, et qu'il le soutiendrait au péril de sa vie contre ce Guesclin qui venait de lui susciter cette affaire ; pour preuve de ce qu'il assurait, il jeta son gant par terre, comme un gage du combat qu'il était prêt à livrer à celui qui serait assez hardi pour le relever. Bertrand voyant que l'Anglais le voulait braver, ramassa le gant aussitôt, et prenant tout en colère Thomas par la main, lui dit qu'il voulait se couper la gorge avec lui, prétendant prouver par le succès du combat qu'il était un lâche et malhonnête homme d'en avoir usé si mal avec son frère Olivier. Le chevalier sans s'étonner lui répondit qu'il ne se coucherait point qu'ils n'eussent auparavant mesuré leurs épées ensemble, et moi, lui dit Bertrand, *oncques ne mangeray que trois soupes en vin au nom de la Trinité, jusqu'à tant qu'aye fait et accompli le gage.* Jean Chandos offrit là-dessus à Guesclin le meilleur cheval de son écurie, et tout l'équipage convenable pour une si grande action, ce qu'il accepta volontiers.

Cette nouvelle après s'être répandue dans le camp des Anglais, passa bientôt jusque dans la ville de Dinan ; les bourgeois et les officiers de la garnison furent désolés, appréhendant que Bertrand, dont ils avaient un extrême besoin pour soutenir le siége, ne s'exposât trop souvent, et ne perdît à la fin la vie qu'il avait déjà tant de fois risquée contre les Anglais, qui se promettaient qu'à force de le faire combattre, ils pourraient à la fin se délivrer de ce dangereux ennemi : mais une jeune demoiselle (1) les rassura en annonçant que Bertrand sortirait de cette affaire avec tout l'honneur et toute la gloire qu'il pourrait remporter avant le soleil couché. Cette fille, dont la naissance était illustre et l'éducation bien cultivée, s'était acquis un très-grand crédit dans toute la Bretagne, par les prédictions heureuses qu'elle avait faites en d'autres rencontres ; le peuple ignorant et grossier imputait à sortilége le talent qu'elle avait dans la spéculation des astres ; cependant on avait tant de foi pour tout ce qu'elle disait, que chacun se promit un heureux succès de l'aventure de Bertrand (2). Il y eut même un cavalier qui se déroba de Dinan, pour venir à bride abattue faire part de cette nouvelle à Guesclin, se persuadant qu'il s'en ferait un gros mérite auprès de lui, parce qu'elle lui serait un infaillible augure de l'avantage qu'il allait remporter sur son ennemi ; mais Bertrand ne le voulut presque pas écouter, lui témoignant qu'il attendait tout de son courage et de la justice de sa cause, et comptait fort peu sur la prédiction de *Tiphaine* (c'était le nom de cette demoiselle savante et fameuse dans tout le pays). Un autre messager lui vint donner avis de la part du gouverneur de la ville, et de tous les bourgeois, qu'il se donnât de garde des Anglais qui en voulaient à sa propre vie qu'il ne pouvait mettre à couvert du danger qui le menaçait qu'en combattant au milieu de Dinan, sous le bon plaisir du duc de Lancastre qui pourrait s'y rendre avec dix-neuf autres, supposé qu'il voulût en être spectateur, et qu'on le pouvait assurer qu'on lui donnerait de bons otages pour sa sûreté. Bertrand leur manda qu'il était trop persuadé de la candeur et de la sincérité du duc de Lancastre pour avoir rien à craindre de sa part, mais que pour les satisfaire, il allait proposer à ce prince le parti qu'ils lui suggéraient.

Ce fut par ce motif qu'il prit la liberté de lui témoigner le désir extrême qu'avaient ceux de Dinan que le champ du

---

(1) Tiphaine de Raguenel, fille de Robert de Raguenel, vicomte de La Bellière, et de Jeanne de Dinan. Personne accomplie et fort instruite pour son temps, elle devint plus tard l'épouse de Guesclin. (N. E.)

(2) Il faut, sur cette anecdote, se rappeler ce qui a déjà été dit à propos de celle de la Juive. (N. E.)

combat fût marqué dans le grand marché de leur ville. Le duc y donna aussitôt les mains, et demanda seulement des otages pour sa personne, et pour les seigneurs qui le devaient accompagner, quand il se transporterait à Dinan le lendemain, pour voir ces deux chevaliers aux prises. Ce prince ne manqua pas de s'y rendre de bonne heure avec tout son monde. Il y eut quelques personnes qui s'entremirent de part et d'autre pour ménager quelque accommodement entre ces deux ennemis, qui allaient entrer en lice; mais Bertrand qui voulait assouvir son ressentiment contre son adversaire, n'entendit rien : si bien que le duc qui le connaissait, voyant que ces tentatives seraient inutiles, imposa silence à ceux qui les avaient voulu réconcilier : tout se disposa de part et d'autre pour le combat.

Guesclin se fit armer de pied en cap, et s'étant mis à cheval il parut au milieu de la place. Le duc de Lancastre avec sa Cour, le *Tortboiteux* et tous les officiers de la garnison, les bourgeois de la ville et le menu peuple se rangèrent autour des barrières pour être les spectateurs d'un combat si important. Les dames et les bourgeoises étaient aux fenêtres pour étudier à loisir la bravoure des deux chevaliers, et s'en rendre aussi les arbitres. Le gouverneur de la place posta des gardes aux endroits nécessaires, non-seulement pour empêcher le trouble et la confusion; mais aussi de peur que quelqu'un n'entrât dans le champ pour favoriser l'un ou l'autre des combattants. Il fit aussi publier, avant que la carrière fût ouverte, que si quelqu'un s'ingérait de nuire au chevalier anglais sous quelque prétexte que ce fût, il lui en coûterait la vie. On prit enfin toutes les précautions nécessaires, afin que Bertrand et Thomas combattissent avec un avantage égal. Quand le dernier vit cet appareil et le péril prochain qui le menaçait, le cœur lui manqua tout d'un coup. Il eût souhaité volontiers en être quitte pour rendre à Guesclin son frère Olivier sans rançon : mais comme il fallait soutenir avec honneur la téméraire démarche qu'il venait de faire, il engagea secrètement Robert Knole et Thomas de Granson à faire quelque proposition d'accommodement, sans toutefois qu'il parût y avoir aucune part, afin de ne point compromettre sa réputation. Les deux médiateurs de concert avec lui approchèrent doucement de Bertrand, faisant semblant de lui parler de leur propre mouvement; ils lui représentèrent qu'il était à craindre que s'il lui arrivait malheur dans ce combat, on ne crût dans les pays étrangers que les Anglais lui auraient fait quelque supercherie, se prévalant de sa grande jeunesse, pour le mettre aux mains avec un chevalier qui non-seulement était dans un âge viril, mais s'était acquis une grande expérience dans ces sortes de combats. Qu'il était donc plus à propos qu'on lui rendît son frère sans rançon pour accommoder ce différend, que de risquer tous deux leur vie pour une bagatelle. Bertrand leur répondit qu'il n'était plus temps, que les choses étaient trop engagées pour en demeurer là; que le duc de Lancastre, Jean Chandos et le comte de Pembroc s'étant transportés dans Dinan sous de bons otages pour voir décider cette querelle, il ne fallait pas les renvoyer sans avoir rien vu. *Je jure*, dit-il, *à Dieu tout puissant que le faux chevalier qui m'a fait violence, n'échappera jusqu'à temps que son tort lui aie montré, ou il me détruira ce voyant la Baronnie* (1). Mais pour ne pas tout à fait rebuter ces seigneurs qui s'intéressaient à la paix, il leur promit d'y donner les mains, pourvu que Thomas de Cantorbéry lui rendît publiquement son épée tenant la pointe à guise de pommeau, lui disant qu'il se mettait à sa discrétion. Robert Knole lui répondit que la condition était trop inique, et qu'il ne conseillerait jamais à Thomas de commettre une si grande lâcheté.

Les Anglais qui se trouvèrent présents à toute cette cérémonie ne pouvaient assez admirer l'intrépide résolution de Bertrand. Ils exhortèrent Thomas à ne se point décourager, et à tenter hardiment le sort du combat pour soutenir l'honneur de leur nation : le chevalier cherchant du courage dans son désespoir, les assura qu'il était résolu de vendre chèrement sa vie, les priant que s'il avait l'avantage sur Bertrand, ils ne l'empêchassent point par une fausse indulgence de lui donner le coup de la mort, et qu'au contraire, s'il était

---

(1) *Sous les yeux de tous les seigneurs et barons.*   (N. E.)

terrassé par son ennemi, ils courussent aussitôt pour engager Bertrand à ne pas achever sa victoire aux dépens de sa vie. Ces Anglais lui promirent qu'en ce cas ils feraient de leur mieux pour le tirer d'affaire. Les deux chevaliers ouvrirent donc la carrière, et se choquèrent l'un l'autre avec tant de furie le sabre à la main, que la force redoublée des coups qu'ils se donnaient fit voler en l'air des éclats d'acier tout entiers sans que ni l'un ni l'autre en perdissent les étriers. Cette première charge s'étant faite avec un succès égal, ils dégaînèrent leurs épées, et se battirent longtemps sans pouvoir se percer. Il arriva que l'Anglais après avoir fait les derniers efforts laissa tomber la sienne. Bertrand voulant profiter de la disgrâce de son ennemi prit le large pour caracoler, et fit tant de tours et de détours pour amuser Thomas de Cantorbéry, qu'il eut le loisir de descendre de son cheval, et de se saisir de l'épée de l'Anglais qu'il ramassa par terre, et la jeta de toute sa force hors du champ du combat, afin de triompher plus à son aise d'un ennemi désarmé.

Celui-ci, après avoir perdu son épée, courait autour de la barrière pour éviter les approches de Bertrand, qui ne pouvait courir parce qu'il avait les genoux armés. Il eut la présence d'esprit de s'asseoir à terre pour détacher l'armure dont sa jambe était embarrassée, afin de marcher avec plus de liberté. L'Anglais le voyant en cet état revint à toute jambe pour lui passer sur le ventre avec son cheval : mais Bertrand qui se tenait toujours sur ses gardes para ce coup en perçant de son épée le flanc du cheval de son ennemi ; l'animal se sentant blessé, la douleur le fit cabrer de manière qu'il tomba par terre avec son écuyer. Bertrand, sans perdre de temps, se jeta sur lui, se contentant seulement de le balafrer, et lui donna quelques marques du tranchant de son épée sur le nez, et tant de gourmades de son gantelet de fer, que Thomas était couvert du sang, qui coulait sur ses yeux et sur son visage avec tant d'abondance, qu'il ne pouvait pas voir celui qui le frappait. Dix chevaliers anglais se détachèrent aussitôt de la foule des spectateurs pour mettre le holà, disant à Bertrand qu'ayant remporté tout l'avantage de cette action, il ne lui serait pas glorieux de pousser plus loin son ressentiment. Bertrand leur répondit qu'il ne trouvait pas bon qu'ils entrassent dans une querelle à laquelle ils n'avaient aucune part, et que leurs discours ne retarderaient point la perte de Thomas de Cantorbéry, si le *Tortboiteux*, son commandant et son général, ne lui donnait un ordre de mettre bas les armes. Celui-ci vint aussitôt le prendre par la main, lui disant qu'il s'en devait tenir à l'avantage qu'il avait remporté; le duc de Lancastre enchérissant encore sur le *Tortboiteux*, avoua qu'il ne croyait pas que jamais Alexandre eût été plus hardi ni plus intrépide que l'était Bertrand. Toutes ces louanges ne le flattèrent point assez pour lui faire perdre la haine qui lui restait dans le cœur contre son ennemi, sur lequel il s'acharnait toujours, quoique les bourgeois et les officiers se missent entre deux pour lui faire lâcher prise, il ne le voulait point quitter qu'il ne se rendît son prisonnier, de même qu'il avait obligé son frère Olivier de s'abandonner à sa discrétion; mais enfin le *Tortboiteux*, son commandant, l'ayant assuré que tous ses droits lui seraient conservés, et qu'il ne devait point balancer à se rendre à la prière que lui faisait Robert Knole, ni à l'ordre qu'il lui donnait lui-même de finir le combat, Bertrand leur abandonna Thomas de Cantorbéry; mais dans un état si pitoyable qu'à peine le pouvait-on reconnaître.

Alors tout le monde vint en foule féliciter Bertrand sur l'avantage qu'il venait de remporter, et sur la gloire qu'il avait acquise dans un si brillant combat. Sa tante qui l'avait élevé, ne se pouvant tenir de joie, le vint embrasser en lui donnant mille bénédictions, et lui disant qu'il serait à jamais l'honneur et la gloire de leur famille, à laquelle il venait de donner un lustre nouveau, par sa bravoure extraordinaire. Bertrand, qui se possédait au milieu de tant d'applaudissements, se souvint d'aller rendre ses respects au duc de Lancastre devant qui il fléchit le genou à son ordinaire, lui témoignant que c'était en sa considération qu'il avait épargné Thomas de Cantorbéry. Le duc lui marqua qu'il avait un surcroît d'estime pour lui, depuis qu'il venait de se signaler avec tant de succès contre un malhonnête homme qui avait violé la trève, que bien loin d'avoir mille florins qu'il prétendait pour la rançon de son frère Olivier, il le condamnait à lui payer la même somme pour le châtiment de sa félonie, qu'à l'égard du cheval et des armes du chevalier dont il avait triomphé si glorieusement, il lui en faisait un pur don ; puisqu'aussi bien Thomas de Cantorbéry ne méritait plus de paraître à sa Cour, ni même en Angleterre, où l'on avait horreur de ces lâches procédés : en même temps ce prince ordonna qu'on lui remît entre les mains son frère Olivier, et fit revenir à Dinan les otages qu'on lui avait donnés pour sa sûreté.

Bertrand le reconduisit hors des portes avec son cortége, et lui témoigna sa reconnaissance pour les honnêtetés dont il l'avait comblé. Ensuite il rentra dans la ville pour s'aller délasser avec ses amis dans un grand repas, où les dames et les bourgeoises de la ville assistèrent pour le féliciter sur sa victoire ; elles lui donnèrent des preuves de la part qu'elles y prenaient, en dansant et chantant après ce souper. Cependant le siège que le duc de Lancastre avait mis devant Dinan fut levé par l'ordre d'Edouard, roi d'Angleterre, qui tenant le roi Jean prisonnier dans Londres, voulait profiter de la disgrâce de ce prince et faire des conquêtes en France ; comme il avait besoin de toutes ses troupes pour une expédition de cette importance, il envoya des ordres pressants au duc de Lancastre de se rembarquer incessamment à Brest avec tout son monde pour repasser la mer aussitôt.

Ce prince fit goûter de son mieux sa retraite à Jean de Montfort, qui se vit contraint de condescendre à quelque accommodement avec Charles de Blois, par le canal et le ministère de plusieurs évêques, qui se présentèrent d'eux-mêmes par un mouvement de charité pour pacifier les choses entre ces deux princes, au moins pendant quelque temps, sans pourtant donner aucune atteinte à leurs prétentions réciproques. L'armée anglaise retourna en Angleterre, et monta bientôt après sur les vaisseaux destinés pour son embarquement, mais cette expédition demeura sans succès. La flotte anglaise fut battue d'une tempête si violente, qu'il semblait que la mer et les éléments s'étaient armés contre elle ; car il tombait d'en haut des pierres si pesantes et si dures, qu'elles blessaient et mettaient en sang ceux qu'elles frappaient. Si bien que les Anglais ne se pouvant garantir de leurs atteintes, se disaient les uns aux autres, que ce fléau de Dieu marquait l'injustice de leur entreprise. L'événement le fit bien connaître dans la suite : car Edouard n'ayant qu'une armée toute délabrée, sur laquelle il ne fallait aucunement compter, se vit contraint de reprendre le chemin d'Angleterre, et de remettre la partie à une autre fois. Il s'y vit d'autant plus obligé, qu'une maladie dangereuse avait mis hors de combat le duc de Lancastre.

Bertrand n'abandonna point le parti de Charles de Blois, il épousa plus que jamais la querelle de ce bon prince, et depuis la levée du siége de Dinan, ce fut lui qui prit soin de ses intérêts, commanda ses troupes, s'assura de toutes les places pour soutenir une seconde guerre qui ne devait pas manquer d'éclater bientôt; quoique Jean de Montfort eut beaucoup plus de forces que Charles, cependant Guesclin ménagea si bien les choses, qu'elles allaient de pair entre les deux partis, et la balance était là-dessus si égale, qu'on ne pouvait pas présumer en faveur de qui la fortune se devait déclarer dans la suite.

CHAPITRE VII.

Siége mis devant Bécherel par le comte de Montfort et levé dans la suite par composition. L'on y verra l'adresse avec laquelle Bertrand se tira des prisons de ce prince, et les conquêtes qu'il fit depuis.

Quand les trèves stipulées entre Jean de Montfort et Charles de Blois expirèrent, chacun de ces princes fit ses préparatifs pour renouveler la guerre avec plus de chaleur que jamais. Le roi d'Angleterre fit repasser en Bretagne en faveur du comte de Montfort un grand secours, conduit par Jean Chandos, Robert Knole, et Gautier Huëte. Ce renfort fut assez considérable pour porter le comte de Montfort à tourner ses pensées du côté de la citadelle de Bécherel, place pour lors très-importante, et dont la prise ou la défense était d'un grand poids aux affaires de ces deux concurrents. Montfort appréhendant qu'elle ne fût très-meurtrière, s'il entreprenait de l'attaquer dans les formes ordinaires de la guerre, essaya de s'en rendre maître par composition. Ce fut dans cet esprit que quelques officiers qui servaient dans ses troupes s'avancèrent aux barrières de ce château pour s'aboucher avec le gouverneur, et lui promettre une récompense considérable, s'il voulait remettre la place entre les mains du comte de Montfort, dont le droit était incontestable. Ils s'y prirent si bien qu'ils le firent condescendre à la rendre, en cas que Charles de Blois, auquel il voulait donner avis de ce siége, ne le vînt pas secourir en personne dans un certain temps. Il envoya donc un homme affidé pour presser ce prince de faire les derniers efforts, afin de forcer les lignes de Jean de Montfort qui n'omettait rien pour hâter la prise de Bécherel, cette place n'étant pas en état de pouvoir se défendre longtemps.

Charles de Blois sentit la nécessité de mettre tout en œuvre pour la secourir. Il ramassa tout ce qu'il avait de troupes, et pria tout ce qu'il avait d'amis en Bretagne de rejoindre au plus tôt Bertrand : le seigneur de Laval, le vicomte de Rohan, Olivier de Manny, furent des premiers à lui offrir leurs services avec tout ce qu'ils purent assembler de gens d'armes, d'archets et d'arbalétriers, dont ils firent un corps assez considérable pour tenter le secours de Bécherel; Bertrand se mit à leur tête, dans la résolution de se signaler en faveur du parti de Charles de Blois, qu'il avait embrassé. La diligence qu'il fit fut si grande, que les deux armées n'étant plus séparées que par un ruisseau, l'on était prêt d'en venir aux mains; Guesclin se mettait en devoir de tenter le passage, lorsqu'un saint évêque, pour empêcher le carnage, proposa d'accorder le différend de ces deux princes, et offrit des tempéraments si judicieux, qu'il obtint une suspension d'armes; pendant cette suspension, il ménagea les choses avec tant d'adresse et d'esprit, qu'il fut arrêté que Jean de Montfort, et Charles de Blois porteraient tous deux la qualité de duc de Bretagne, qu'ils en partageraient les villes et les places à des conditions égales, et que pour sûreté de ce mutuel accord, ils se donneraient réciproquement des otages. Bertrand, et quatre autres officiers furent choisis par Charles de Blois pour être les garants de ce dernier traité. Le comte de Montfort donna de son côté quatre seigneurs anglais pour l'assurance de sa parole, en attendant que les choses fussent terminées irrévocablement.

Les conditions étant acceptées, il ne s'agissait plus que de mettre les otages en liberté. Charles de Blois exécuta là-dessus tout ce qu'il devait de bonne foi : mais le comte de Montfort n'en usa pas de même : car comme il avait une envie secrète de recommencer la guerre, il savait que Bertrand lui serait un grand obstacle pour réussir dans son dessein, il fut assez infidèle pour le retenir, et chargea Guillaume Felleton, sa créature et son affidé, de le garder étroitement, sans se soucier de violer la parole qu'il avait donnée de le relâcher de même que les autres. Bertrand ne pouvant comprendre pourquoi l'on avait fait sa condition pire que celle des autres otages, à qui l'on avait donné la liberté, et s'ennuyant un jour d'un si long retardement, s'ouvrit au chevalier Felleton, sur le chagrin qu'il avait de se voir si longtemps prisonnier : il le conjura de lui donner la clef de ce mystère, l'assurant, si le comte de Montfort exigeait de lui de l'argent pour sa rançon, qu'il se mettrait en devoir de le satisfaire, et qu'il chercherait dans la bourse de ses amis de quoi se racheter : quoique dans le fond ce fût une injustice de mettre à ce prix la liberté d'un chevalier qui ne s'était livré comme otage, que sous la condition d'être délivré sans rançon comme les autres.

Felleton tâcha de le calmer, en le suppliant de ne point gâter son affaire par quelques discours indiscrets; il lui promit qu'il partirait incessamment pour se rendre à la Cour de Jean de Montfort, et ménager sa délivrance : mais ayant laissé passer un mois entier sans se mettre en chemin, Guesclin le pressa tant qu'enfin Felleton se rendant à ses sollicitions alla trouver le comte son maître pour le pressentir sur ce qu'il avait envie de faire de Bertrand. Il n'eut pas là-dessus la satisfaction qu'il en attendait : car au lieu de lui donner de bonnes paroles en faveur de son prisonnier, il lui déclara nettement que loin de penser à lui rendre la liberté, il avait dessein de lui faire passer la mer et de l'envoyer en Angleterre, pour l'y tenir sous sûre garde : ne voulant pas déchaîner un lion qui serait capable de le dévorer si ses liens étaient une fois rompus. Felleton de retour ne dissimula point à Bertrand une nouvelle si fâcheuse, et tâcha de le consoler de son mieux en lui représentant que peut-être les choses tourneraient mieux à l'avenir, et que son maître faisant un retour d'esprit sur l'iniquité de sa conduite à son égard lui rendrait peut-être justice plus tôt qu'il ne pensait.

Bertrand ne se paya point de cette monnaie, mais songea dès lors à tenter toutes les voies imaginables pour recouvrer sa liberté, se persuadant qu'il était permis sans blesser son honneur et sa conscience, de sortir d'une captivité qu'on lui faisait injustement souffrir. Il appela donc secrètement son écuyer, et lui donna ordre de se rendre à telle heure dans un certain lieu qu'il lui marqua pour l'attendre là, lui commandant d'y venir avec les deux meilleurs chevaux de son écurie, pour faciliter l'action qu'il méditait; afin de jouer son rôle sans donner de soupçon, Bertrand fit signe au jeune fils de Felleton de se venir promener avec lui, lui disant qu'il avait besoin de prendre l'air; le jeune homme, qui ne savait pas son dessein, lui dit : Volontiers, et quand ils eurent tous deux fait assez de chemin pour arriver à l'endroit où l'écuyer attendait son maître, Guesclin se jeta sur le meilleur cheval et dit au jeune homme : *Beau fils, pensez de retourner et me saluez votre pere, et luy dites que je m'en vois en France aidier au duc de Normandie à guerroyer, et ne vous esmayez* (1), *car se votre pere vous fait ennuy, ou détourbier* (2), *venez à moy pour avoir armures et chevaux et ja ne vous faudray* (3).

Quand Bertrand se fut tiré de ce pas, il poussa son cheval et fit une si grande diligence qu'il arriva le soir même à Guingamp, dont les bourgeois eurent une extrême joie, parce qu'ils avaient besoin d'un si grand capitaine pour les défendre des incursions des Anglais, qui se logeaient dans des châ-

---

(1) Ne vous effrayez pas. (N. E.)
(2) Trouble, ennui. (N. E.)
(1) Et maintenant, désormais, je ne vous ferai pas défaut. (N. E.)

teaux voisins, de là faisaient des courses sur ceux qui sortaient de la ville, leur enlevaient leur bétail et leurs marchandises, et mettaient à de grosses rançons tous les malheureux qui tombaient dans leurs mains; ils représentèrent leurs souffrances à Bertrand, qui parut fort touché de leurs plaintes. Ils lui dirent que de tous ces châteaux, il n'en était point qui leur fût plus incommode que celui de Pestivien. Ils le conjurèrent de vouloir rester quelque temps avec eux pour leur tirer cette épine du pied. Guesclin leur répondit qu'il était pressé d'aller à Paris s'aboucher avec le duc de Normandie, qui l'avait appelé pour le seconder dans la guerre qu'il avait à soutenir contre les Anglais et les Navarrais, et qu'il n'avait point de temps à perdre : mais s'étant mis en devoir de sortir de leurs portes, il les trouva fermées et le pont levé. Guesclin fut fort étonné de se voir enfermé de la sorte, et ne savait à quelle cause imputer ce procédé. Il leur demanda quel était le motif qui les avait obligés d'en user de la sorte avec lui, s'il y avait quelqu'un d'entre eux qui se pût plaindre qu'il lui dût un denier. Ils lui répondirent que bien loin de lui demander de l'argent, ils en avaient à son service, et qu'ils ne regretteraient pas même la somme de soixante mille livres, s'il était question de le retenir chez eux à ce prix : qu'ils le conjuraient de ne les point abandonner dans l'accablement où il les voyait, et qu'il voulût bien se mettre à leur tête pour aller attaquer avec lui ce château de Pestivien dont la garnison venait tous les jours jusqu'à la barrière pour les harceler.

Ils lui firent enfin de si grandes instances, en l'appelant plusieurs fois *homme de Dieu*, se jetant à genoux, et le suppliant de vouloir être leur libérateur, que Bertrand dont le cœur était sensible, ne put se défendre d'entrer dans leurs peines, et prit le parti de s'en retourner avec ses gens dans son hôtellerie : il y fut reconduit par une foule de bourgeois qui criaient : *Vive Bertrand! Dieu bénisse Guesclin qui ne nous a point abandonnés.* Il commença donc par nettoyer les environs de Guingamp de tous les coureurs Anglais, qui faisaient le dégât jusqu'aux portes de cette ville; et les ayant repoussés jusque dans leurs châteaux, il y mit le siége avec tant de succès, qu'il se rendit bientôt maître de trois places, dont il chassa ces incommodes garnisons qui ravageaient le pays, et ne donnaient pas le loisir de respirer à ceux de Guingamp; ceux-ci se voyant libérés de ce voisinage fâcheux, témoignèrent à Bertrand qu'ils lui devaient la conservation de leur vie, de leurs biens et de leur liberté.

Après avoir pris congé d'eux, il alla de ce pas trouver Charles de Blois, qui pour l'attacher davantage à ses intérêts dans la suite, lui fit épouser une riche héritière, dont la naissance et la beauté n'étaient pas communes; c'était cette même demoiselle dont nous avons déjà parlé, et qui fit une si heureuse prédiction de la victoire que Bertrand devait remporter devant Rennes, en présence du duc de Lancastre et de toute l'armée anglaise. Cette dame, par ce mariage entrant encore davantage dans tout ce qui touchait Guesclin son époux, le pria d'être un peu plus crédule aux avis qu'elle lui donnait sur les jours dont la destinée était heureuse ou malheureuse, l'assurant qu'il sortirait toujours avec gloire de toutes les occasions les plus dangereuses, s'il observait régulièrement de ne se jamais commettre dans les jours qui renfermaient en eux quelque fatalité. Bertrand traita de vision tout ce qu'elle lui disait; mais il remarqua depuis que les avis de sa femme n'étaient point à mépriser, quand il fut pris à la journée d'Auray; car ce fut justement dans un de ces jours qu'elle avait mis au rang de ceux qui lui devaient être malheureux. Mais il faut croire que le Ciel permet que ces disgrâces nous arrivent pour punir notre crédulité superstitieuse; parce que ces jours prétendus heureux ou funestes n'ont aucune connexion naturelle avec la liberté de l'homme (1).

Durant les trèves qui s'étaient faites entre Charles de Blois et Jean de Montfort, Bertrand, ne pouvant demeurer oisif, se rendit auprès de Charles, duc de Normandie, pour lui faire offre de son bras et de son épée contre une foule d'Anglais et de Navarrais qui ravageaient le royaume de France, et s'emparaient de ses meilleures places durant la prison du roi Jean, son père, que les Anglais retenaient à Londres; si bien que tout le poids des affaires retombait sur Charles, qui, se voyant

---

(1) Et pas davantage avec les ordres de la divine Providence.   (N. E.)

attaqué de tous côtés, avait beaucoup de peine à se soutenir contre tant d'ennemis. Le roi de Navarre tenait Evreux, Breval, Nogent, Raineville, Tinchebray, le Moulin, Mortain, Breteuil, Conches, le Ponteau-de-Mer, Cherbourg, et plusieurs autres places, dont les fortifications n'étaient point à mépriser pour lors; Meulan, Mantes et Rouleboise étaient aussi dans le parti des Anglais et des Navarrais, qui s'étaient presque rendus maîtres de toute la Normandie. Le chaptal de Buch (1), le baron de Mareuil, Pierre de Squanville et Jean Jouel s'étaient emparés de toutes les places situées sur la Seine, et personne ne pouvait ni monter ni descendre cette rivière sans payer aux Anglais des droits exorbitants, ce qui ruinait tout à fait le commerce des marchands de Paris et de Rouen.

Le fort de Rouleboise que tenaient les Anglais les arrêtait tout court, si bien que la France était en proie aux étrangers, qui y faisaient des dégâts incroyables, et se permettaient tout ce que la licence de la guerre fait faire impunément au milieu des troubles et des divisions. Les Anglais avaient aussi pénétré jusque dans le Beauvoisis, et rien n'était à couvert de leurs incursions et de leurs incendies. Charles, régent du royaume durant la prison de son père, essaya de relever la France de son accablement. Il fit voir par sa sage conduite que son génie était assez fort pour apporter le remède nécessaire à tant de disgrâces. Il tira tout le secours qu'il put des villes fidèles qui s'étaient conservées dans l'obéissance; Arras, Amiens, Tournai, Noyon furent des premières à ne lui pas manquer au besoin. Ce fut d'elles qu'il obtint beaucoup de soldats et d'argent pour entretenir un corps de troupes avec lequel il tint tête à ses ennemis. Il en marqua le rendez-vous dans un certain château que l'on nommait *Mauconseil*, où Bertrand vint lui faire offre de ses services.

(1) C'était un seigneur gascon, nommé Jean de Grailly. (N. E.)

CHAPITRE VIII.

De l'attaque que Bertrand fit contre le château de Melun qu'il enleva d'assaut, sous les yeux de Charles, dauphin régent de France.

Les Anglais s'étant emparés du château de Melun situé sur la Seine, incommodaient extrêmement la ville de Paris, qui commençait à crier famine; parce que les ennemis s'étant rendus maîtres de la rivière, arrêtaient et confisquaient les bateaux qui y portaient des vivres et des marchandises. Le régent considérant que, s'il ne levait cet obstacle, les Parisiens se pourraient soulever contre lui, prit la résolution d'aller forcer cette place à la tête de tout ce qu'il pourrait ramasser de gens choisis et déterminés. Il partit de Paris avec un corps de troupes considérable. Bertrand l'y suivit accompagné de tous les braves dont il avait éprouvé la valeur dans les expéditions qu'ils avaient faites en Bretagne avec lui. Le baron de Mareuil était gouverneur de la forteresse que les Français voulaient attaquer; il avait fait entrer dans la place beaucoup d'archers et d'arbalétriers anglais, dans la résolution de se bien défendre et de disputer au dauphin de France le terrain pied à pied. Il était d'autant plus engagé à soutenir ce siége avec vigueur, que la reine *Blanche*, femme de Charles le Mauvais, roi de Navarre, y faisait son séjour, et n'avait pas manqué de prendre les précautions nécessaires, afin que cette place ne fût pas insultée.

Le dauphin, voulant garder quelques mesures de bienséance avec cette princesse, avant d'en venir à l'assaut lui dépêcha quelqu'un de ses courtisans pour la porter à lui livrer la ville et le château, sous offre de la dédommager par le don de quelqu'autre domaine qui vaudrait mieux que ce qu'elle lui céderait. La princesse fit appeler son conseil pour savoir le parti qu'elle avait à prendre dans cette occasion. On ne lui conseilla pas de donner les mains à la proposition du dauphin, qui fut reçue d'une manière également incivile et fière ; puisqu'elle lui fit dire que jamais cette place ne tomberait dans ses mains, à moins qu'il ne la prît d'assaut.

Le dauphin voyant que l'honnêteté ne pouvait rien gagner sur l'esprit de cette princesse, eut recours à la force et prit le parti d'attaquer vivement le château. Le gouverneur avait eu soin de se pourvoir de tous les vivres et de toutes les munitions nécessaires, outre une bonne garnison qu'il y avait fait entrer. Il comptait bien faire périr l'armée du dauphin devant cette place : le duc de Normandie fit publier dans tout son camp qu'on eût à se tenir prêt pour monter à l'assaut le lendemain. Bertrand, dont la bravoure n'était pas si connue des Français que des Bretons, fut ravi de trouver cette favorable occasion pour se signaler. A l'aube du jour on donna le signal à toutes les troupes pour s'approcher du pied des murailles du château ; tandis que les uns plantaient des échelles pour monter, les archers et les arbalétriers français tiraient une grêle de flèches sur les remparts pour en écarter les assiégés qui se défendaient de dessus les murs avec beaucoup de courage et d'intrépidité. Le baron de Mareuil, gouverneur du château, s'y signalait entre tous les autres. Il y remplissait les devoirs de soldat et de capitaine : les coups qu'il portait étaient tirés si juste que personne n'en échappait, ce qui le faisait beaucoup appréhender des assiégeants.

Bertrand voyant que les Français commençaient à douter du succès de cette action, leur remit le cœur en disant qu'il fallait s'acharner sur la personne du baron de Mareuil, et que si l'on pouvait le jeter par terre, il répondait de la reddition de la place. L'on recommença donc l'assaut : on appuya de nouveau les échelles contre les murailles, on fit des efforts incroyables pour monter ; mais les assiégés faisaient culbuter les Français les uns sur les autres, et tomber dans les fossés, en jetant sur eux des pièces de bois, et des pierres d'une grosseur et d'une pesanteur prodigieuses. Le dauphin régent, qui regardait ce combat, voulait partager le péril avec ses soldats : on lui représenta que la conservation de sa personne était si nécessaire à l'État, que la France courait risque de périr avec lui, s'il venait à perdre la vie dans cette occasion. Ce prince était appuyé sur une fenêtre observant ce qui se passait, et plaignant le malheureux sort des lys que tant d'ennemis tâchaient de flétrir; il se rappelait la triste condition du roi Jean, son père, que les Anglais retenaient prisonnier à Londres, et le pitoyable état de la France, ravagée par tant d'étrangers, qui venaient porter le fer et le feu jusqu'aux portes de Paris. Il rappelait dans sa mémoire ces temps heureux où cette belle couronne florissait sous le règne de Charlemagne, avec tant de lustre que l'Europe recevait la loi de la France.

Tandis que ce prince faisait ces tristes réflexions sur l'état présent des affaires, le Besque de Vilaines, un des plus braves de son armée, lui observa qu'il ne devait point tomber dans le découragement, ni se laisser abattre de la sorte, que Charlemagne dont il enviait le bonheur, n'avait pas eu moins d'ennemis que lui, qu'il en avait triomphé par son courage et sa patience, et que Dieu, dans qui il avait eu une confiance entière, avait répandu sa bénédiction sur ses armes; qu'il fallait donc espérer que sa cause n'étant pas moins juste, elle aurait un même succès. Ce discours enfla si fort le cœur du dauphin, qu'il commanda aussitôt qu'on revint à la charge. Les Français firent de nouveaux efforts, mais ils étaient toujours repoussés par les assiégés, qui les renversaient en faisant tomber leurs échelles à force de machines et d'instruments pour cet effet. Bertrand, voyant du pied de la muraille l'inutilité des efforts des assiégeants, sonda si l'on ne pourrait point entamer les murs du château pour y ouvrir une brèche : mais s'apercevant que la tentative en serait vaine, et que ce baron de Mareuil se rendait extrêmement redoutable aux Français par la défense opiniâtre qu'il faisait, jura dans son patois, *que par Dieu qui peina* (1) *en croix, et au tiers jours* (2) *ressuscita, il iroit aux creneaux parler à sa barette* (3).

Il se saisit donc d'une échelle qu'il mit sur sa tête, et l'appuyant à la muraille, il se mit en devoir de monter l'épée à la main se couvrant toujours de son bouclier. Le dauphin qui

---

(1) Souffrit.
(2) Troisième jour.
(3) A son chapeau.

s'aperçut de cette intrépide action, demanda le nom de ce cavalier. On lui dit que c'était le brave Bertrand qui s'était acquis en Bretagne une grande réputation par les beaux faits d'armes qu'il avait faits en faveur de Charles de Blois contre Jean de Montfort : ce prince admirant la résolution de cet homme, témoigna qu'il n'en perdrait jamais le souvenir. La présence du duc, animant encore Guesclin davantage, le fît monter jusqu'aux derniers échelons, bravant le baron de Mareuil et le menaçant qu'il allait lui faire sentir la force de son bras, et l'injustice de la cause qu'il soutenait contre le dauphin de France. Mais le baron qui le voulait faire taire, en le renversant de l'échelle, jeta sur elle une grande caque de pierres qui la mit en pièces, et fît tomber Bertrand tout armé, la tête en bas et les pieds en haut dans les fossés qui étaient pleins d'eau; il allait s'y noyer infailliblement, si le dauphin, qui le voulait sauver, n'eût crié qu'on le secourût sur-le-champ, et qu'on le tirât au plus tôt de là. L'un des gardes de ce prince courut à lui, le prit par les pieds, et fît tant d'efforts qu'il l'arracha du fond de l'eau, où il aurait péri sans ce prompt secours.

Bertrand après avoir bien bu, secoua la tête et paraissait plus mort que vif. On le porta sur un fumier chaud qui rappela ses esprits en le réchauffant, et quand il eut repris connaissance, il dit à ceux qui l'environnaient, *quels diables l'avoient là apporté, et si l'assaut étoit ja failly* (1). On lui répondit qu'il avait assez bien employé sa journée, qu'il devait se contenter de ce qu'il avait fait. La disgrâce qu'il venait d'essuyer, au lieu de refroidir son courage, semble lui donner un nouveau feu pour aller à l'assaut; mais voyant qu'il était trop tard et que tout était fait, il se transporta en colère jusqu'auprès des barrières des ennemis le sabre à la main, dont il fit une si grande exécution, qu'il en abattit plusieurs à ses pieds : il donna tant de terreur aux autres, qu'il les fit rentrer en désordre, et lever le pont après eux pour se garantir de la fureur d'un si redoutable ennemi. L'attaque des Français avait été si vigoureuse et si meurtrière,

---

(1) Déjà manqué.

que la reine *Blanche* et le baron de Mareuil sachant que le dauphin la devait recommencer le lendemain, que Bertrand se devait mettre à la tête de ceux qu'on avait destinés pour cette seconde expédition, qu'on était enfin résolu de faire main basse sur tout ce qui se trouverait dans la place, demandèrent à capituler avec le dauphin qui voulut bien épargner le sang des assiégés, et recevoir à composition la ville et le château de Melun, qui lui furent rendus.

Ce prince, après y avoir établi garnison, s'en revint triomphant à Paris, dont les bourgeois le reçurent avec des acclamations extraordinaires; ils le félicitèrent sur son expédition et sur la liberté qu'il leur avait rendue, parce qu'ils n'osaient pas auparavant sortir de leurs portes en sûreté, tant ils appréhendaient de tomber dans les partis des Anglais et des Navarrais, qui faisaient des courses jusque sous leurs murailles. La bravoure et l'aventure de Bertrand devant Melun firent tant de bruit dans cette grande ville, que chacun s'empressait de regarder ce brave Breton, qui s'était déjà fait un si grand nom dans la guerre. On courait en foule pour le voir. Le dauphin ne se contenta pas de lui donner des louanges : pour récompenser sa valeur, il la voulut reconnaître par de plus solides effets, en lui donnant le gouvernement de Pontorson, place pour lors tout à fait importante. Guesclin ne resta pas longtemps à Paris, et comme les mains lui démangeaient, il en sortit bientôt pour aller attaquer trois forts situés sur la Seine qui obstruaient les approches et les avenues de la capitale.

CHAPITRE IX.

Du siége, assaut, prise et destruction du fort de Rouleboise, et de la prise de Mantes et de Meulan, dont les murailles furent abattues.

La prise de Rouleboise, de Mantes et de Meulan, paraissait d'une si grande importance pour les affaires du dauphin, qu'il fut résolu de mettre tout en œuvre pour les enlever aux Anglais et aux Navarrais qui s'en étaient emparés : les Parisiens ne recevaient plus les secours que la Seine avait accoutumé de leur donner, par les bateaux chargés de vivres et de provisions qu'elle amenait au pied de leurs murailles ; tout était arrêté par les garnisons ennemies qui s'étaient saisies de ces places situées sur la même rivière. Dix mille bourgeois de Rouen choisirent entre eux un nommé le Lièvre pour leur capitaine, marchèrent à sa suite au siège de Rouleboise qu'ils investirent d'un côté ; tandis que Bertrand vint se camper de l'autre avec ce qu'il put ramasser de gens lestes et déterminés pour une prompte expédition. L'attaque fut chaude des deux côtés : mais la résistance ne fut pas moins opiniâtre, et le gouverneur de la place se promettait bien que les assiégeants s'en retourneraient sans rien faire.

Bertrand et les principaux officiers de son armée, voyant que la prise de Rouleboise n'était pas l'affaire d'un jour, se persuadèrent que celle de Mantes n'étant pas si difficile, il fallait tenter la conquête de celle-ci pour venir ensuite à bout de la première. Guillaume de Launoy, capitaine fort estimé dans les troupes de France, ouvrit cet avis le premier dans le conseil de guerre ; il ne fut pas d'abord écouté. On lui fit entendre qu'il fallait débuter par la prise de Rouleboise et qu'ensuite on songerait à Mantes, et que ce serait décréditer les armes du dauphin que de se présenter devant une place, et de l'abandonner après pour entreprendre le siège d'une autre. De Launoy leur persuada que sans quitter le dessein qu'ils avaient sur Rouleboise, ils pouvaient tourner leurs pensées sur Mantes qu'il se faisait fort de prendre en trois jours, si l'on voulait exactement suivre et pratiquer ce qu'il avait médité là-dessus. Tout le monde entra dans son sentiment, et l'on se reposa sur lui de la conduite de cette entreprise.

De Launoy se servit d'un stratagème fort ingénieux pour exécuter le dessein qu'il avait dans l'esprit. Il choisit vingt de ses soldats, qu'il fit habiller en vignerons, et les déguisa si bien, qu'ils avaient tout à fait l'air de gens de ce métier. Il leur donna de bonnes armes, qu'ils cachèrent sous leurs vestes de toile, et les instruisit de tout ce qu'ils devaient faire. Il avait fait entrer auparavant dans les cabarets de Mantes trente soldats, qui pour devenir moins suspects, demeuraient séparés et faisaient semblant de ne se point connaître ; ils avaient grand soin de témoigner leur zèle pour le roi de Navarre et leur aversion pour le dauphin duc de Normandie, publiant dans toutes les tavernes, que si ce prince faisait attaquer Mantes, ils se feraient ensevelir sous les ruines de la ville, avant qu'il s'en dît le maître.

Toutes les choses étant ainsi disposées, Guillaume partit avec tous ses gens dans une nuit bien obscure, et quand il se vit près de Mantes, il mit pied à terre et fit descendre de cheval ceux qui l'accompagnaient, appréhendant que le hennissement des chevaux et le bruit de leur marche ne les fît découvrir, et ne réveillât les bourgeois de la ville. Ils se présentèrent aux barrières à la pointe du jour, lorsqu'on faisait l'ouverture des portes pour envoyer les bêtes aux pâturages. Quand quatre bourgeois, qui gardaient les clefs de la ville, eurent ouvert le guichet et la moitié de la barrière, ils aperçurent ces prétendus vignerons un peu éloignés les uns des autres, qui faisaient mine de vouloir entrer pour travailler aux vignes, et gagner leur journée. Leur contenance leur paraissait si simple et si naïve, qu'ils ne balancèrent point à leur ouvrir la barrière ; ils se retirèrent ensuite à leur corps-de-garde, pour y mettre bas leurs armes et faire sortir les bestiaux ; quatre de ces vignerons travestis passèrent la porte ; six autres qui les suivaient s'en saisirent aussitôt, et mirent l'épée à la main. L'un d'eux sonna d'un cor qu'il avait dans sa poche pour avertir Guillaume de Launoy qui se tenait là tout prêt dans une embuscade, et n'attendait que l'heure du signal pour entrer dans la ville avec le reste de ses gens. Il eut la hardiesse d'embarrasser le pont avec une charrette, pour empêcher les bourgeois de le lever sur ceux qui devaient le joindre. De Launoy se jeta dans Mantes lorsque la plupart des habitants étaient encore au lit.

Ces trente soldats qu'il avait auparavant apostés dans la ville se déclarèrent en sa faveur et se joignirent à lui criant *Launoy, Launoy*. Bertrand, le comte d'Auxerre, et beaucoup d'autres chevaliers se jetèrent à corps perdu dans la place.

Les habitants se voyant surpris firent mine de courir aux armes : mais Bertrand se saisit de tous les postes et de toutes les avenues pour les tenir dans le devoir. Il y en eut quelques-uns qui se mirent en état de se défendre en jetant des pierres par les fenêtres, mais on les faisait retirer à grands coups d'arbalète. La plupart coururent en foule dans la grande église pour s'y mettre à couvert de la fureur du soldat, et faire leur condition meilleure. Les femmes s'y jetaient aussi chargeant leurs enfants sur leur cou. Bertrand marcha contre cette église à la tête de cinq cents arbalétriers, en força les portes, et menaça tous ceux qu'il y trouva de les faire passer au fil de l'épée s'ils ne se rendaient à discrétion. La crainte de la mort les obligea de subir la loi du vainqueur. Ce général les assura qu'en se soumettant à l'obéissance du dauphin de France, on leur conserverait leurs biens et leur vie, et que s'ils ne lui rendaient réponse sur l'heure, il allait mettre à sac leur ville, en abandonnant tout au pillage et à la licence du soldat. Les bourgeois de Mantes ne se le firent pas dire deux fois; ils donnèrent les mains à tout ce que l'on voulut, et firent le serment de reconnaître le duc de Normandie pour leur souverain durant l'absence et la prison du roi Jean son père; ils demandèrent par grâce à Bertrand qu'il voulût au plus tôt attaquer la ville de Meulan, parce que cette place les gênerait beaucoup, tandis qu'elle tiendrait pour le roi de Navarre, et pour les Anglais, qui feraient sans cesse des courses sur eux, et les recogneraient (1) dans leurs portes.

Bertrand leur promit qu'on allait incessamment s'en occuper : mais il leur dit qu'il fallait auparavant s'assurer de la tour de Rouleboise, qui ôtait à Paris la communication de la Seine, et le secours que cette ville avait accoutumé de tirer de cette rivière. C'est ce qui fut aussitôt arrêté dans le conseil de guerre. Le gouverneur de cette tour était au désespoir de ce que Mantes avait été surprise, et reprochait par les créneaux aux Français qu'ils ne s'en étaient rendus maîtres que par trahison; qu'ils n'auraient pas si bon marché du poste qu'il occupait et qu'il se défendrait au péril de sa vie. Des paroles

---

(1) Repousseraient.

l'on en vint aux coups. Bertrand se mit à la tête des milices de Rouen pour attaquer la tour. On fit des efforts incroyables pour l'emporter : mais les assiégés qui s'étaient préparés à soutenir l'assaut, se défendirent en gens de cœur, et jetèrent tant de dards, tant de pierres, et tant de cailloux qu'ils les obligèrent à se retirer.

Bertrand qui ne se rebutait jamais pour un mauvais succès, et dont les ressources étaient inépuisables, fit amener des béliers et d'autres machines de guerre pour battre la tour. Cet appareil épouvanta le gouverneur, qui s'apercevant qu'on ne lui ferait aucun quartier s'il s'opiniâtrait à ne se pas rendre, prit le parti de capituler et demanda quelque argent pour être dédommagé de ses pertes. Bertrand avec qui il s'aboucha lui voulut bien donner cette petite satisfaction pourvu qu'il sortît aussitôt de la tour, ce qui fut exécuté sur l'heure; et du Guesclin s'étant assuré de ce poste y voulut régaler le soir même les principaux officiers de son armée qui, tenant conseil de guerre avec ce général, furent d'avis de dépêcher au plus tôt auprès du dauphin pour lui faire part de cette nouvelle, et pour savoir de lui si tel était son plaisir qu'on rasât cette tour en la faisant sauter par une mine, afin de se délivrer du soin d'y mettre garnison, dont on aurait ailleurs assez de besoin. Le duc de Normandie leur envoya les ordres nécessaires pour démolir la tour, qui fut aussitôt abattue : si bien qu'il ne restait plus pour achever de débarrasser entièrement la Seine, que de prendre Meulan dont les Parisiens souffraient de grandes incommodités. Bertrand assembla les officiers de l'armée pour leur représenter qu'il fallait achever par la prise de cette place, ce qu'ils avaient si généreusement commencé; que c'était l'intention de Charles, dauphin, dont ils avaient épousé la querelle contre le roi de Navarre et les Anglais, qu'on ne la marchandât pas davantage, afin que les environs de Paris pussent devenir entièrement libres. Le comte d'Auxerre fit aussi de son côté toutes les instances possibles, afin que toute l'armée prît la même résolution; chacun témoigna beaucoup d'empressement pour le siége de Meulan, dont le retardement pouvait nuire aux affaires de la couronne.

Toutes les troupes firent donc un mouvement de ce côté-là, dans la résolution d'emporter la place. Ceux de Meulan furent bientôt avertis du dessein qu'on avait, par un cavalier qui courut à toutes jambes leur donner cette triste nouvelle, dont ils furent fort alarmés, ce qui les obligea de veiller à leur défense et de se tenir sur leurs gardes plus que jamais. Ils étaient déjà consternés de la prise de Mantes et de Rouleboise; chacun fut commandé pour travailler aux fortifications de la ville, sans en excepter les femmes et les enfants. Il y avait au-dessus une citadelle assez forte et bien pourvue de vivres et de munitions; le gouverneur se vantait de tenir longtemps parce qu'il avait des farines, des vins et des chairs salées pour plus de quinze mois. Bertrand fit charger une partie des troupes sur des bateaux, tandis que les archers et les gens d'armes côtoyaient la rivière. Quand tout fut arrivé devant Meulan, Bertrand et le comte d'Auxerre caracollèrent autour pour étudier l'assiette de la place, et la reconnaître; ils observèrent la situation de la tour qui commandait la ville, étant bâtie sur une haute éminence : ils remarquèrent que le pont avait été nouvellement fortifié par les Anglais et les Navarrais, et ce pont paraissait à Bertrand fort difficile à prendre.

Il pria le comte d'Auxerre de lui dire ce qu'il en pensait : mais le comte lui fit connaître que la prise de la citadelle et de la ville était bien d'une autre importance que celle du pont, que c'était à cela qu'il fallait particulièrement s'attacher; et que si l'on pouvait emporter les deux premières, l'attaque et la prise du pont ne seraient pas dans la suite une affaire. Qu'il était donc de la dernière conséquence de débuter par la tour de Meulan qu'il fallait assiéger dans les formes; et comme les troupes destinées pour ce siége, qui pourrait peut-être durer longtemps, auraient beaucoup de fatigues à essuyer, il fut d'avis qu'on les logeât autour de Paris, afin qu'elles se pussent délasser et refaire de leurs peines et de leurs travaux, et recouvrer de nouvelles forces, pour revenir à la charge quand il en serait temps. Bertrand goûta le conseil du comte d'Auxerre. On prépara donc toutes choses pour l'attaque de la ville; Bertrand fit sonner la trompette par tout le camp, afin que chacun fût prêt pour cette expédition. Tandis qu'il se donnait du mouvement pour encourager ses troupes, et pour leur inspirer la résolution de bien payer de leurs personnes, les assiégés qui le voyaient et le redoutaient, ils tirèrent sur lui de dessus leurs murailles un grand carreau de pierre qui vint tomber aux pieds de son cheval, et qui l'aurait infailliblement tué s'il eût porté juste. Les arbalétriers eurent ordre aussitôt d'ouvrir l'action, tirant sans cesse contre les assiégés qui paraissaient sur les remparts pour les amuser et faciliter le dessein de Bertrand, qui se mit à la tête des gens d'armes, et s'en alla tout droit aux barrières de la ville, qu'il abattit avec tant de bravoure et d'intrépidité, que les bourgeois, n'osant pas tenir tête, se retirèrent en désordre dans la tour où ils avaient mis à couvert ce qu'ils avaient d'or, d'argent et de meubles. Il y en eut quelques autres qui s'enfuirent du côté du pont, y croyant trouver plus de sûreté.

Bertrand poursuivant sa pointe, après avoir renversé les barrières, alla s'attacher à la porte de la ville, qu'il fendit et mit en éclats et en pièces avec la même hache : et s'étant ouvert par là l'entrée de Meulan, tout son monde se répandit aussitôt avec lui dans les rues. L'alarme fut extrême. Les habitants qui ne s'étaient pas réfugiés dans la tour, se tenaient cachés dans leurs maisons, n'attendant plus que l'heure de la mort. Bertrand et le comte d'Auxerre croyant n'avoir encore rien fait s'ils ne se rendaient maîtres de la tour et du pont, tournèrent leurs pensées de ce côté-là ; mais pour y réussir avec plus de succès, ils crurent qu'il fallait commencer par jeter l'épouvante partout. Ils abandonnèrent donc la ville au pillage des soldats, qui se jetèrent avec tant de furie dans les maisons, que les bourgeois s'estimaient trop heureux d'avoir la vie sauve et de se mettre à rançon ; si bien que la soldatesque s'enrichit, non-seulement de leurs dépouilles, mais du prix qu'elle leur faisait payer pour leur liberté.

Les habitants qui gardaient le pont, craignant la fureur de Bertrand, ne balancèrent point à le rendre, de peur qu'on ne les fît passer au fil de l'épée, s'ils entreprenaient une plus longue résistance. Il ne s'agissait donc plus pour achever la conquête que d'enlever la tour. Bertrand s'avisa avant d'en venir aux mains, de tenter s'il ne pourrait point engager le gouverneur à la lui rendre, en l'intimidant. Il le fit donc appeler, prétendant qu'il avait quelque chose d'important à lui communiquer. Le gouverneur parut aux créneaux de la tour, pour apprendre de lui ce qu'il avait à lui dire. Bertrand le somma de la part de Charles, dauphin de France, régent du royaume et duc de Normandie, de lui rendre incessamment la place, ajoutant que s'il refusait d'obéir, il lui en coûterait la tête, et jurant qu'il ne sortirait point de là, ni lui ni ses gens, qu'il n'en fût le maître de gré ou de force.

Le gouverneur ne parut point être ébranlé de ces menaces, et se mettant à plaisanter, il lui demanda s'il avait appris à voler, et si le Ciel lui avait donné des ailes pour monter si haut. Bertrand se retirant en colère, lui dit qu'il le ferait bientôt repentir de sa prétendue raillerie. L'attaque fut aussitôt commencée; mais comme elle faisait plus de bruit que d'effet, on ne l'employa que pour empêcher les assiégés de découvrir au pied de la tour le travail des mineurs qui poussèrent leur ouvrage avec tant de secret et de diligence, qu'ils s'avancèrent jusque sous le fondement des murailles et les étançonnèrent ensuite de leur mieux. Quand l'ouvrage fut achevé, les mineurs en donnèrent incessamment avis à Bertrand, lui disant que, quand il lui plairait, il aurait la satisfaction de voir crouler cette tour par terre. Guesclin leur commanda de la faire sauter, ajoutant que puisque les ennemis avaient refusé de se rendre, ils ne devaient pas trouver mauvais s'il en venait contre eux aux dernières extrémités. Les mineurs mirent aussitôt le feu au bois et aux poutres, dont ils avaient étançonné cette tour qu'ils tenaient ainsi suspendue.

Les flammes, venant à brûler les pièces de bois qui servaient d'appui aux murailles, en firent tomber un grand pan. Cette chute alarma les assiégés, qui s'aperçurent bien que le reste allait crouler; ils demandèrent quartier, criant aux créneaux qu'ils se rendaient à la discrétion de Bertrand, s'offrant de payer rançon pour leurs personnes, et ne demandant qu'à sortir au plus tôt de ce même lieu, dans lequel ils se croyaient auparavant si fort en sûreté. Bertrand les envoya tous prisonniers à Paris avec leur gouverneur, fit achever la démolition de la tour, et raser les murailles de la ville, se contentant de s'assurer du pont et d'y laisser une bonne garnison. Les milices de Rouen furent renvoyées en leur pays chargées de dépouilles. Bertrand et le comte d'Auxerre prirent le chemin de Paris pour rendre compte au dauphin de la dernière expédition qu'ils venaient de faire.

Ce prince les combla tous deux de bienfaits, et les conjura de se réserver pour la première campagne où la couronne aurait encore besoin de leurs services. Ils prirent congé de lui après l'avoir assuré qu'ils n'épargneraient ni leur sang, ni leur vie pour lui conserver le sceptre que ses ennemis voulaient arracher de ses mains. Bertrand alla se délasser quelque temps de ses fatigues en son château de *Pontorson*, jusqu'à ce que le retour du printemps lui donnât lieu de reprendre les armes en faveur du dauphin qui monta sur le trône bientôt après; car le roi Jean son père était retourné volontairement se rendre captif en Angleterre, parce que le duc d'Anjou, son fils, l'un des otages donnés pour sa rançon, s'était enfui, il ne tarda pas à mourir dans sa captivité. Cette perte fut pleurée de tous les Français qui regrettèrent ce brave et généreux souverain, dont le sort avait été si déplorable.

Les Anglais et les Navarrais voulant tirer avantage de la consternation dans laquelle cette mort avait jeté toute la France, renouvelèrent leurs alliances, et firent une nouvelle confédération, dont le but était la ruine de ce beau royaume. Ce fut dans cet esprit qu'ils se répandirent dans la Normandie, dont ils désolèrent et pillèrent les campagnes, ils s'acharnèrent plus particulièrement sur les environs de Rouen et de Vernon; Bertrand les veillait de près, et lorsqu'ils y pensaient le moins, il leur tombait souvent sur le corps, et leur donnait la chasse avec le peu de troupes qu'il commandait; mais il était tellement redouté, que ses ennemis tâchaient d'éviter sa rencontre, et refusaient d'en venir aux mains avec lui.

Le dauphin se reposait entièrement sur lui, tandis qu'il

n'était que duc de Normandie ; mais depuis qu'il fut roi, il lui donna le commandement de ses troupes avec un pouvoir absolu de tout entreprendre, quand il en trouverait une favorable occasion (1). Guesclin *jura Dieu qu'il feroit les Anglois couroucier* (2), *ou qu'il seroit occis par eux en bataille.* Il donna le rendez-vous à ses troupes à Rouen, qui fut le lieu marqué pour y assembler les généraux et les officiers qui devaient servir dans son armée. Grand nombre de Normands, Bourguignons, Champenois et Picards se rangèrent sous ses enseignes, pour témoigner le zèle et l'affection qu'ils avaient pour leur souverain, et c'est la louable passion dont les Français se sont toujours piqués entre les autres nations ; *il n'y en a point qui prennent plus de part à la gloire de son roi, ni qui s'expose plus volontiers à tous les périls pour l'honneur de sa patrie.* Cela s'est remarqué de tout temps.

Bertrand en fit pour lors une heureuse expérience ; quand il vit cette foule de gens qui se présentèrent pour marcher sous ses étendards, il se promit un grand succès des opérations de la guerre qu'il allait entreprendre. Le comte d'Auxerre, messire Baudoin d'Ennequin, grand-maître des arbalétriers de France, le vicomte de Beaumont, Louis de Havenquerque, flamand, Thierry de Bournonville, messire Enguerrand d'Eudin, le sire de Ramburre, le sire de Sempy, Robert de Villequier, le sire de Bétancourt, Robillard de Frontebois, Robert de la Treille, et plusieurs autres chevaliers, avec ce qu'ils purent amasser de gens les plus déterminés, se joignirent à Bertrand, et firent ensemble un corps de troupes considérable. Le grand-maître des arbalétriers demanda quelle route il fallait prendre pour aller à la rencontre des Anglais et des Navarrais. Le comte de Beaumont dit qu'il était d'avis

---

(1) Si nous en croyons Du Châtelet, Du Guesclin serait entré au service de Charles V en 1361. Il aurait pris en Normandie beaucoup de châteaux entre autres celui de la Roche-Tesson que Charles V lui aurait donné. Il aurait ensuite parcouru le Poitou, toujours guerroyant contre les Anglais, et il aurait eu plusieurs combats singuliers, dont l'un avec l'anglais Felleton, qui avait vainement essayé de surprendre le château de Pontorson, où se trouvaient la femme et la sœur de Du Guesclin. (N. E.)

(2) Qu'il leur donnerait du déplaisir, du courroux. (N. E.)

qu'on envoyât auparavant des coureurs pour les reconnaître. Bertrand fit marcher droit au Pont-de-l'Arche, et dépêcha quelques cavaliers du côté de Cocherel, et de la Croix-Saint-Leufroy, pour observer la contenance des ennemis, et pour aller à la découverte. C'était un agréable spectacle de voir la belle ordonnance de l'armée française, dont les bataillons et les escadrons couverts de fer, éclataient dans la campagne. Les drapeaux et les enseignes que le vent agitait, exposaient les lys aux yeux des spectateurs, et les faisaient souvenir qu'ils en devaient soutenir la gloire aux dépens de leur vie.

Toute la belle jeunesse de Rouen voulut être de la partie, sans se laisser attendrir par les larmes de leurs mères et de leurs sœurs, qui tâchaient de les détourner d'un si généreux dessein, dans la crainte qu'elles avaient de ne les plus revoir : rien ne les put retenir. L'armée se mit en marche aussitôt, et s'alla reposer la première nuit au Pont-de-l'Arche, où les soldats trouvèrent des artisans qui leur avaient apporté de Paris des haches, des dagues et des épées qui furent achetées comptant, pour fournir à ceux qui pouvaient en manquer. Ils se disaient les uns aux autres, qu'ils n'avaient qu'à se bien tenir, que Bertrand ne demeurerait pas longtemps sans rien faire, et qu'infailliblement trois jours ne se passeraient pas sans qu'il y eût bataille. Guesclin fit la revue de ses gens à la sortie du Pont-de-l'Arche, et trouva que ses troupes ne montaient qu'à seize cents hommes d'armes ; il les encouragea de son mieux en leur représentant que le Ciel répandait toujours sa bénédiction sur les armées qui soutenaient la plus juste cause, et qu'ils devaient se promettre de battre les Anglais, quand même ils seraient deux contre un.

Il détacha sur l'heure quelques coureurs pour découvrir où pouvait être le chaptal de Buch, et les Anglais qu'il commandait, et leur donna l'ordre de venir le trouver à Cocherel pour lui en rendre compte. Ce fut là que l'armée demeura campée jusqu'au retour des cavaliers qu'il avait dépêchés pour reconnaître les ennemis, et comme Bertrand désirait le combat, il tenait toujours ses gens en haleine, allant de rang en rang pour les y disposer, leur disant qu'ils devaient avoir devant les yeux la gloire des lys, et l'honneur de leur patrie, qui leur tendait les bras pour leur demander du secours contre des étrangers ; que le Ciel au reste se déclarerait en leur faveur, puisqu'ils allaient entrer en lice pour la querelle de leur légitime souverain ; que s'il y avait parmi eux quelqu'un dont la conscience lui reprochât quelques péchés, il lui conseillait d'aller aux Cordeliers pour s'y confesser, de peur que le dérèglement des uns n'attirât la malédiction de Dieu sur les autres.

Ces paroles produisirent leur effet. Les Cordeliers furent assiégés de pénitents que la présence du péril rendit plus contrits sur les désordres de leur vie passée. Quand ils eurent ainsi déchargé leur conscience du poids de leurs crimes, ils se mirent en campagne avec plus d'assurance, et vinrent rabattre à la Croix-Saint-Leufroy faisant halte à l'abbaye, pour s'y rafraîchir eux et leurs chevaux, tandis que leurs valets iraient au fourrage ; quand ils pouvaient trouver dans les maisons des haches, ou des cognées propres à couper du bois, ils s'en saisissaient aussitôt, prétendant qu'avec ces instruments, ils feraient plus d'exécution dans une mêlée qu'avec des épées, et c'est ce qui leur fit dans la suite gagner la *bataille de Cocherel* contre les Anglais qu'ils hachèrent et charpentèrent avec tant de rage et de furie qu'ils faisaient voler têtes, bras et jambes.

Bertrand demeurait toujours avec ses troupes dans cette abbaye : il s'impatientait du retard de ses coureurs. Ils revinrent lui dire qu'ils n'avaient rencontré personne à la campagne, ni homme, ni femme, ni berger, ni laboureur qui leur pût dire où pouvait être à présent le chaptal de Buch et ses Anglais. Qu'ils avaient seulement appris que ce général était sorti d'Evreux avec treize cents combattants, mais qu'on ne savait pas positivement quelle route il avait pris. Guesclin peu satisfait d'une réponse si vague les renvoya sur leurs pas, leur commandant de fouiller les bois, dans la pensée qu'ils y pouvaient être en embuscade pour le surprendre. Il leur donna ordre de le revenir trouver à Cocherel et de lui rapporter des nouvelles. Il sortit aussitôt de cette abbaye pour avancer un peu, et il disait sur la route aux officiers qui l'environnaient, qu'il n'aurait ni paix ni repos qu'il n'eût vu de près les Anglais. Il ajouta, *que ces gars y laisseroient la pel* (1), *et fussent ors trois contre un* (2). Cet intrépide généra jura que s'il y en avait quelqu'un dans son armée qui fût assez lâche pour prendre la fuite, il le ferait aussitôt pendre au premier arbre, et que s'il y en avait qui ne se sentissent pas assez de cœur pour bien payer de leur personne, qu'ils eussent à le déclarer avant le combat, et qu'il leur donnerait volontiers congé, de peur que dans l'occasion leur crainte ne fût contagieuse pour les autres ; tous lui répondirent qu'il n'avait rien à craindre, et qu'ils étaient résolus de le seconder, et de vendre avec lui bien chèrement leur vie aux Anglais, qu'ils espéraient de combattre et de vaincre. Ils hâtèrent donc leur marche avec tant de diligence, qu'ils arrivèrent le soir même à Cocherel, par un temps bien chaud. Le succès de la bataille qui s'allait donner était d'une très-grande importance pour les affaires du roi Charles, parce que le chaptal de Buch avait affecté d'entrer dans le royaume pour troubler la cérémonie de son couronnement, qui se devait faire à Reims le jour de la Trinité, se vantant qu'il ferait tant de conquêtes en France en faveur du roi d'Angleterre son maître, qu'il ne laisserait à Charles qu'un vain titre de souverain sans villes et sans sujets.

Il marchait avec une fierté extraordinaire, ayant avec soi les plus braves et les plus aguerris de sa nation. Bertrand avait déjà passé la rivière d'Evre, et s'était posté tout près de Cocherel (petit hameau devenu fameux par la victoire que Guesclin y remporta), il attendit là des nouvelles de ses espions et de ses coureurs, qui, se rendant auprès de lui, ne lui donnèrent pas plus de satisfaction que la première fois, lui disant qu'ils avaient fait toutes les recherches possibles pour apprendre des nouvelles de la marche du général anglais, et qu'ils n'en avaient pu faire aucune découverte. Bertrand leur reprocha leur peu de vigilance et d'adresse, les accusant de craindre les ennemis, et les traitant de lâches et de gens plus capables de piller la campagne que de faire aucune action d'honneur. Il ajouta que s'il avait eu cet ordre il s'en serait

(1) *Peau*, du latin *pellis*.
(2) Fussent-ils trois contre un.

mieux acquitté qu'eux, et qu'il fallait absolument que les Anglais ne fussent pas loin d'eux : qu'il était donc dans la résolution de ne point décamper de là, qu'il n'en eût des nouvelles certaines : parce qu'il était bien trompé si les ennemis n'étaient pas à leurs côtés. Son pressentiment se trouva véritable, car les Anglais marchaient dans les bois, joignant la montagne de Cocherel.

Bertrand, ravi de les avoir trouvés, fit aussitôt tout préparer pour le combat. Le comte d'Auxerre et le vicomte de Beaumont qui commandaient sous lui firent armer leurs gens qui brûlaient d'envie de combattre, et n'attendaient que le moment d'en venir aux mains. Un héraut vint leur dire qu'ils se tinssent sur leurs gardes, que les Anglais n'étaient éloignés d'eux que de trois ou quatre traits d'arbalète. Bertrand leur renouvela le discours qu'il leur avait fait auparavant pour les encourager au combat. Il n'eut pas plus tôt achevé de parler, qu'il aperçut sur la montagne l'étendard d'Angleterre qui flottait au vent; ce qui lui servit de signal pour ranger ses gens en bataille. Le vicomte de Beaumont lui représenta qu'il devait demeurer dans le vallon qu'il occupait, et que s'il faisait quelque mouvement pour changer de poste et gravir la montagne pour aller aux ennemis, il courait grand risque de se faire battre. Bertrand lui répondit que c'était bien aussi son intention de ne pas quitter ce terrain sur lequel il était, et d'attendre là les Anglais de pied ferme, et qu'il se promettait de donner pour étrennes au roi de France le chaptal de Buch en personne, comme prisonnier de guerre. Tandis qu'il tenait ce discours, les Anglais étaient postés sur la montagne et faisaient montre de leurs drapeaux avec beaucoup de faste et de fierté.

Le chaptal ne savait quel parti prendre; il s'imaginait que les Français ne bougeant de leurs places appréhendaient de risquer le combat. Ce fut dans cette pensée qu'il voulut pressentir les officiers de son armée pour savoir s'il n'était point à propos de descendre pour aller aux Français et les attaquer, tandis qu'ils étaient saisis de crainte : mais Pierre de Squanville le fit revenir de cette opinion, en lui témoignant qu'il était dangereux de descendre; que ses troupes, ne pouvant faire ce mouvement sans se fatiguer, donneraient prise sur elles quand il faudrait en venir aux mains, qu'il valait donc mieux ne pas abandonner la montagne, jusqu'à ce que les Français eussent pris un autre parti. Jean Jouel goûta fort la pensée de ce chevalier, soutenant que s'ils gardaient encore ce poste trois jours, les Français seraient affamés dans le leur, et seraient obligés de décamper. Cet avis était si judicieux que Bertrand s'apercevant que c'était là le but des Anglais, assembla le conseil de guerre, composé du comte d'Auxerre, du Bègue de Vilaines, du vicomte de Beaumont, du grand-maître des arbalétriers, et de tous les autres chevaliers et seigneurs de l'armée, auxquels il témoigna qu'il était visible que les Anglais n'avaient pas envie de descendre de la montagne qu'ils occupaient, dans l'espérance que les Français seraient bientôt obligés de désemparer, de peur de se voir affamés dans leur camp; qu'il était donc d'avis qu'on leur envoyât un trompette pour les inviter au combat et leur marquer un champ de bataille, où les deux armées pourraient mesurer leurs forces sur un égal terrain, sans que le poste de l'une fut plus avantageux que celui de l'autre. Tout le monde donna les mains à la proposition de Bertrand qui dépêcha sur l'heure un héraut au chaptal de Buch, pour savoir s'il voulait accepter la bataille; mais ce général qui ne brûlait pas du désir de se battre comme Guesclin, répondit avec flegme qu'il ne consulterait pas Bertrand sur ce qu'il avait à faire en cette circonstance, qu'il saurait choisir son temps à propos et qu'il n'avait garde de rien hasarder, sachant qu'il lui venait un secours considérable.

Bertrand voyant par cette réponse que le chaptal de Buch temporisait, prétendant tirer avantage du peu de vivres qui restait dans le camp des Français, tandis que les Anglais en avaient en abondance, s'avisa de suggérer d'autres moyens à son armée pour engager les ennemis au combat. Il fit connaître à tous les officiers qu'il fallait se retirer devant les Anglais et faire semblant de fuir, pour les porter à descendre de la montagne, et que quand on les tiendrait dans la vallée, l'on rebrousserait aussitôt chemin, pour les venir charger de front, en flanc, et par derrière. La chose fut ponctuellement exécutée comme Bertrand l'avait projetée, il donna l'ordre qu'on chargeât tous les équipages sur leurs mulets, et qu'on les fît marcher devant, afin que la gendarmerie qui les suivait, les pût tout à fait couvrir.

Quand les Anglais aperçurent de dessus leur montagne cette démarche des Français, ils la prirent plutôt pour une fuite que pour une retraite; ils en allèrent aussitôt donner avis au chaptal, qui voyant aussi ce mouvement, ne pouvait se tenir de joie, croyant que Bertrand n'avait point d'autre dessein que de se tirer du mauvais pas dans lequel il s'était embarqué; mais Pierre de Squanville, qui connaissait le caractère de Bertrand, essaya de le détromper de l'opinion dont il paraissait prévenu, lui disant qu'il était à craindre que cette retraite de Bertrand ne fût une feinte pour retourner sur ses pas contre eux, et qu'on aurait beaucoup perdu quand on aurait quitté la montagne, où l'on était si bien posté. Le chevalier Brambroc enchérit encore sur ce qu'avait dit Pierre de Squanville et fit toutes les instances possibles pour engager le chaptal de Buch à reprendre le chemin de la montagne; mais Jean Jouel leur reprochant leur crainte, jura qu'ils feraient mieux de quitter l'armée que d'y jeter l'alarme de la sorte. Il ajouta que Bertrand n'était point un homme si fort à redouter, que s'il s'était jusqu'alors signalé dans la guerre, il ne s'ensuivait pas qu'il fut également heureux partout : que les armes étaient journalières, que tel était aujourd'hui vainqueur, qui le lendemain pouvait être battu : qu'enfin il serait honteux aux Anglais de reculer d'un pas devant une armée qui fuyait. Ce dernier avis l'emporta.

Aussitôt que Bertrand aperçut le succès de sa manœuvre il fit volte face, et faisant sonner toutes les trompettes, il marcha droit aux Anglais qui furent bien surpris de ce mouvement. Le chaptal et ses gens eussent bien souhaité de se revoir sur la montagne, mais il n'était plus temps; car les Français étaient trop près d'eux, et les auraient chargés par derrière en leur marchant sur les talons; si bien qu'il n'y avait point d'autre parti à prendre pour le chaptal que celui de se préparer au combat, et d'exhorter ses Anglais à bien combattre, en leur représentant qu'ils étaient en plus grand nombre que leurs ennemis, dont ils auraient bon marché, parce que la famine leur laissait à peine la force de soutenir leurs armes; que les Français n'en pouvant plus, quelque bonne contenance qu'ils fissent, ils seraient aisément défaits; que chacun se disposât donc à agir en homme de cœur. Il fit ensuite publier dans toute l'armée qu'on fît halte, pour prendre tous une soupe au vin, afin de mieux combattre.

Le chaptal et Jean Jouel tâchaient de les encourager, en les assurant qu'ils leur donneraient les premiers de beaux exemples de bravoure et de valeur, et qu'on ne les verrait pas fuir comme des lièvres devant les Français. Bertrand se servit de cette halte des Anglais pour faire toujours avancer ses troupes et les ranger en bataille. Il donna les ordres nécessaires, afin que la journée lui fût glorieuse, et que le nouveau roi de France remportât une victoire sur ses ennemis aussitôt qu'il aurait été couronné dans Reims.

CHAPITRE X.

De la célèbre victoire que Bertrand remporta sur les Anglais devant Cocherel, où le chaptal de Buch leur général fut pris, et toute son armée défaite.

TANDIS que les deux armées étaient en présence, campées entre la rivière d'Evre et la montagne de Cocherel, située près d'un bois, le chaptal de Buch s'aperçut que le cœur manquait à ses troupes, qui voyant une montagne à leur dos, comprirent bien que s'il leur arrivait malheur elles n'auraient pas la liberté de fuir. Cette tiédeur lui fit naître la pensée de reculer le combat, et d'amuser Bertrand en attendant qu'il lui vînt un secours de six cents hommes que lui devait amener un chevalier anglais. Il envoya donc un héraut dans l'armée des Français pour dire à Bertrand, en présence de tous les officiers qui servaient sous lui, que les Anglais, touchés de la langueur où la famine avait réduit les Français, leur voulaient bien faire l'amitié de les accommoder de leurs vivres et de leurs vins, et ne pas profiter de l'avantage qu'ils pourraient remporter sur eux, vu l'état où leur longue disette les avait plongés : qu'ils leur donneraient donc la liberté de s'en retourner où bon leur semblerait, sans aucunement les troubler dans leur marche. Mais Bertrand, qui voulait se battre, lui répondit dans le langage de ce temps-là : *Gentil heraut, vous sçavez moult bien preschier, vous direz à votre retour par de là, que se Dieu plaît* (1) *je mangerai aujourd'huy du chaptal un quartier, et ne pense aujourd'huy à manger d'autre char* (2).

Cette fière réponse fit comprendre au chaptal qu'il n'y aurait plus rien à ménager avec Guesclin. Ce fut la raison pour laquelle il commanda sur l'heure qu'on se mît sous les armes, et que l'on commençât l'attaque. Les valets et les enfants perdus des deux camps en vinrent les premiers aux mains, et s'acharnèrent les uns sur les autres avec tant de rage et de furie, que le sang en coulait de toutes parts. Cependant les goujats français eurent de l'avantage sur ceux des Anglais, ce qui fut un heureux augure pour Bertrand. Après que les enfants perdus furent séparés, il y eut un chevalier anglais qui se détacha de son gros, pour demander à faire un coup de lance contre celui des Français qui serait assez brave pour vouloir entrer en lice avec lui. Roulant du Bois se présenta pour lui prêter le collet, sous le bon plaisir de Bertrand. Le Français eut encore l'avantage sur l'Anglais, car non-seulement il perça les armes et la cuirasse de celui-ci ; mais le coup ayant porté bien avant dans les chairs, le chevalier anglais fut renversé de son cheval à la vue des deux camps ; et ce fut une grande confusion pour ceux de son parti, qui de tous ces sinistres événements ne devaient rien présumer que de fatal pour eux.

Cependant le chaptal voulant toujours faire bonne mine, s'avisa, pour braver les Français, de faire apporter sa table au milieu du pré chargée de viandes et de vin, comme voulant se moquer de Bertrand qui jeûnait depuis longtemps avec ses troupes. Les archers et les arbalétriers commencèrent la jour-

(1) S'il plaît à Dieu. (N. E.)
(2) Chair. (N. E.)

née par une grêle de flèches qu'ils se tirèrent les uns aux autres, mais qui ne firent pas grand effet des deux côtés. Les gens d'armes se mêlèrent et combattirent à grands coups de haches, de sabres et d'épées. L'action fut très-meurtrière de part et d'autre. Guesclin s'y faisait distinguer par les Anglais qui tombaient à ses pieds et qu'il couchait par terre, partout où il paraissait. Ce foudre de guerre éclaircissait les rangs des ennemis par le carnage qu'il y faisait. Il fut fort bien secondé du vicomte de Beaumont, de messire Baudoin d'Ennequin et de Thibaut du Pont, qui se signalèrent dans cette bataille.

Ce dernier frappait sur les Anglais avec tant de rage et de violence, que son sabre s'étant brisé par la force des coups qu'il assénait, il se serait trouvé hors de combat, si l'un de ses gens ne se fût heureusement rencontré pour lui mettre une hache à la main, et il en fit un si bon usage, que d'un seul coup il enleva la tête du chevalier et la fit tomber à ses pieds. Guesclin courait partout, les bras nus et le sabre ensanglanté, criant aux Français que la journée était à eux, et qu'ils l'achevassent aussi courageusement qu'ils l'avaient commencée : qu'il était important pour la gloire de la nation de gagner cette victoire en faveur du nouveau roi de France, sur ses ennemis qui voulaient lui ravir la couronne. Ce peu de paroles prononcées par ce fameux général dans la plus grande chaleur de la mêlée, fit un si grand effet, que les Français revinrent à la charge avec un plus grand acharnement, et reprirent de nouvelles forces pour achever la défaite des Anglais.

Le chaptal de Buch, général des Anglais, paya bien de sa personne, et donna dans cette journée des marques d'une bravoure extraordinaire : mais du côté des Français, ceux qui se signalèrent le plus, après Bertrand, furent le comte d'Auxerre, et le chevalier Vert, seigneur français, qu'on nommait ainsi pour la force et la vigueur avec laquelle il avait accoutumé de combattre. Le vicomte de Beaumont, le sire d'Ennequin, grand-maître des albalétriers de France, le Bègue de Vilaines, le sire de Sempy, le sire de Rambure, et messire Enguerrand d'Eudin s'y distinguèrent aussi par leur courage et par leur valeur. Les Anglais de leur côté disputèrent longtemps le champ de bataille, et tuèrent beaucoup de chevaliers français, entre autres le sire de Bétancour, Regnaut de Bournonville, Jean de Senarpont, Jean des Cayeux, et Pierre de l'Épine, tous gens d'une illustre naissance; l'on dit que le baron de Mareuil, qui tenait pour les Anglais, fier de ce succès, criait à pleine voix après Guesclin, comme le voulant affronter, et lui faire sentir que les choses prenaient un autre train qu'il ne s'était imaginé : mais Bertrand revint sur lui tout en colère, et lui déchargea sur la tête un coup si violent, qu'il l'abattit à ses pieds : il l'allait achever s'il n'eût été promptement relevé par les siens. La mêlée recommença alors avec plus de chaleur; mais les Anglais succombèrent à la fin, quelques efforts que fissent le chaptal de Buch et le baron de Mareuil pour leur inspirer du courage, et leur faire reprendre leurs rangs, leur disant toujours qu'il leur venait un grand secours. Bertrand de son côté ne manquait pas d'animer les siens, et de les exhorter à si bien combattre qu'on put donner au nouveau roi pour son joyeux avénement à la couronne, la nouvelle d'une victoire bien complète.

Ces paroles inspiraient un nouveau feu aux Français, et les faisaient revenir à la charge avec plus de furie. Cette grande action ne se passa point sans qu'il y eût du côté de Bertrand quelques personnes distinguées qui perdirent la vie; le vicomte de Beaumont et le grand-maître des arbalétriers furent de ceux-là. Ce dernier fut tué de la propre main du baron de Mareuil, qui n'eut pas le loisir de se féliciter de cet avantage; car le comte d'Auxerre, et le Vert Chevalier lui firent payer sur-le-champ cette mort aux dépens de sa propre vie; s'étant jetés avec tant de rage et d'opiniâtreté sur lui, qu'ils ne le laissèrent qu'après lui avoir donné le coup de la mort. Le même sort tomba sur Jouel, qui s'étant engagé dans la mêlée, n'en put sortir qu'après avoir reçu beaucoup de blessures, qui furent mortelles. Il arrive souvent dans les combats des aventures si bizarres auxquelles on ne s'attendait pas, qu'elles font souvent la décision de la journée. Celle de Cocherel en est un exemple; car, comme on était aux mains, deux coureurs vinrent à toutes jambes avertir les Français qu'ils combattissent sans relâche, parce qu'il leur venait un grand renfort qui allait les rendre victorieux; et cependant les deux hommes s'étaient mépris, car ce secours était pour les Anglais.

Cette espérance dont se flattèrent les Français leur fit redoubler leurs coups avec plus de vigueur, se jetant comme des lions au milieu des rangs de leurs ennemis, et ne doutant plus que la victoire n'allât se déclarer en leur faveur. Cette seule opinion leur donna tant de cœur et tant de succès, qu'ils firent une horrible boucherie des Anglais et tuèrent, entre autres, Robert du Sart, chevalier, l'un des plus braves du parti contraire, et Pierre de Londres, neveu de Chandos, qui s'était distingué dans l'armée anglaise par plusieurs belles actions qui lui avaient acquis beaucoup de réputation. L'on ajoute que Bertrand se servit encore d'un autre stratagème qui lui procura la victoire. C'est qu'il s'avisa, dans la plus grande chaleur du combat, de détacher de son armée deux cents lances sous la conduite d'Eustache de la Houssaye, auquel il donna ordre de s'aller porter avec ses gens derrière une haie, au-dessous de laquelle il y avait une pièce de terre plantée de vignes incultes. Ils s'y coulèrent et couvrirent leur marche si bien, que s'étant emparés de ce terrain, les Anglais furent surpris de se sentir attaqués par derrière, et d'avoir à leur dos une partie de leurs ennemis, tandis qu'ils étaient occupés à se défendre de front contre les autres : si bien que se voyant enveloppés, il leur fut impossible de soutenir le choc plus longtemps au milieu d'un carnage qui leur faisait horreur et les jetait dans le découragement et le désespoir.

Le chaptal apercevant ce désordre, et voyant qu'il n'y pouvait apporter de remède, prit la résolution de vendre chèrement sa vie. Bertrand et Thibaud du Pont, intrépide chevalier, lui tombèrent sur le corps. Ce dernier le prit à deux mains par le casque, et le serra tellement qu'il ne se pouvait dégager, et quelque effort qu'il fit pour le percer de sa dague, du Pont le tenait toujours, lui criant qu'il se rendît sur l'heure, s'il lui restait quelque désir de vivre. Bertrand, qui ne s'accommodait pas de toutes ces façons, lui dit : *J'ay à Dieu en convenant* (1) *que se ne vous rendez, je vous bouterai* (2) *mon*

---

(1) J'atteste Dieu ou je fais convention avec Dieu que. (N. E.)
(2) Planterai. (N. E.)

épée dans le corps. Le chaptal sachant qu'il était homme à faire le coup, ne se le fit pas dire deux fois. Il se rendit à lui sur l'heure. Pierre de Squanville suivit aussi son exemple, et lui tendit la main; si bien que tout le combat cessa dans l'instant. La plupart des Anglais furent tués, ou pris, et la victoire était complète pour Guesclin, quand un espion vint lui dire que tout n'était pas encore achevé, qu'il avait vu cent vingt chevaux qui couraient à toute bride pour venir au secours des Anglais.

Bertrand voulant profiter de cet avis, fit aussitôt désarmer ses prisonniers, et rangea ses gens en bataille, pour attaquer le renfort qui venait au secours des Anglais. Il eut l'adresse de les envelopper, et de les tailler en pièces, sans qu'il en pût échapper un seul, excepté le capitaine qui conduisait ce secours, et qui voyant que tout était perdu, se sauva et retourna au château de Nonencourt, d'où il était sorti. Comme il avait peur d'être dépouillé sur sa route d'un habit en broderie, dont il était couvert, il alla chercher un sac dans un moulin, qu'il mit par-dessus pour se déguiser. Quand le gouverneur le vit rentrer seul dans ce bel équipage, il lui demanda la raison de cette métamorphose. Le capitaine lui fit le triste récit de ce qui s'était passé, lui disant que le chaptal et Pierre de Squanville étaient pris; que le baron de Mareuil, Jean Jouel et tous les autres chevaliers étaient morts, pris ou blessés à mort, qu'enfin la défaite des Anglais était si entière qu'on n'y voyait aucune ressource.

Le gouverneur avait de la peine à croire cette nouvelle et il aurait maltraité celui qui la lui rapportait, si d'autres gens ne fussent venus aussitôt qui la confirmèrent. Le champ de bataille étant couvert de morts, les villageois d'alentour s'y rendirent pour les dépouiller, tandis que les Français achevaient de défaire le secours qui venait aux Anglais : mais après le dernier combat les gens de Bertrand revinrent sur leurs pas. Leur présence épouvanta si fort cette canaille qu'elle prit aussitôt la fuite. Les soldats de Guesclin cherchèrent avec soin les cadavres du vicomte de Beaumont et du seigneur d'Ennequin, grand-maître des arbalétriers, qu'ils démêlèrent entre les autres, et les firent transporter de là pour leur donner une sépulture proportionnée à leur rang et à leur naissance : ils trouvèrent aussi Jean Jouel du parti anglais qui tirait à sa fin, mais qui n'était pas encore mort des blessures qu'il avait reçues. Ils le firent charger sur une charrette dont l'ébranlement acheva de le faire mourir.

Bertrand commanda qu'on ôtât de là les principaux officiers français qui venaient de perdre la vie dans la bataille, afin qu'on les fît inhumer honorablement, comme gens qui venaient d'expirer pour la gloire de leur nation. Guesclin fit monter aussitôt à cheval ses plus illustres prisonniers tels que le chaptal, Guillaume de Granville et Pierre de Squanville; il leur fit faire une si longue traite, qu'il les mena le soir même à Vernon, et les fit passer le lendemain à Rouen, d'où Bertrand écrivit au roi le succès de cette bataille et le nombre et la qualité des prisonniers, pour savoir de Sa Majesté ce qu'elle voulait qu'on en fît. Ce fut avec beaucoup de joie que Charles reçut une si agréable nouvelle à Reims où ce prince s'était rendu pour la cérémonie de son sacre.

La conjoncture était la plus favorable du monde, car cette victoire donnait un grand poids aux affaires de Sa Majesté contre les Anglais, dont le parti s'affaiblit à vue d'œil depuis cette journée. Le roi donna ordre que l'on resserrât étroitement les prisonniers dans le château de Rouen, et fit décapiter Pierre de Squanville, parce qu'étant né son sujet, il avait été pris les armes à la main contre son souverain. Ce prince revint ensuite dans sa capitale où les Parisiens le reçurent avec de grandes démonstrations de joie pour la victoire de Cocherel, et pour récompenser Bertrand qui l'avait remportée, il lui fit don de la comté (1) de Longueville; il gratifia les autres officiers à proportion des services qu'ils lui avaient rendus dans cette glorieuse journée.

(1) Comté a été longtemps du féminin : de là *Franche-Comté*.

CHAPITRE XI.

De la prise de Valognes et de Carentan par Bertrand, et de la victoire qu'il remporta sur des Anglais dans le même pays.

Guesclin ne voulut pas demeurer oisif après la journée de Cocherel, et prétendant encore rendre de plus grands services à son maître, il assembla le plus de troupes qu'il put à Rouen pour commencer de nouvelles expéditions. Tous les généraux français qui se faisaient un honneur de soutenir la gloire des lys, se rendirent auprès de lui. Le comte d'Auxerre, le chevalier Vert, le Bègue de Vilaines, Alain de Beaumont qui mourait d'envie de venger la mort de son frère le vicomte qui venait d'être tué dans la dernière occasion, Olivier de Mauny et Alain son frère, Eustache de la Houssaye, lui menèrent le plus de gens qu'ils purent rassembler pour grossir son armée. Quand tout fut prêt, Guesclin partit de Rouen dans une belle ordonnance. Il mit à la tête de l'avant-garde, Guillaume Boitel, brave et expérimenté capitaine qui tomba d'abord dans une embuscade, et fut vivement attaqué par les Anglais qui le croyaient surprendre : il les repoussa si vigoureusement, qu'il les mena battant jusqu'à Valognes, après en avoir couché plus de cent vingt par terre. Les fuyards alarmèrent la ville et y jetèrent l'épouvante, en disant qu'il fallait que chacun se sauvât, parce que *le diable de Bertrand* était à leurs trousses, et qu'il ne ferait aucun quartier à ceux qui tomberaient par malheur dans ses mains.

Valognes n'étant pas fermée, les habitants se réfugièrent en foule dans la tour du château pour s'y mettre à couvert de l'invasion des Français : ils dépêchèrent des courriers pour avertir les Anglais qui s'étaient saisis de Saint-Sauveur et de Carentan, d'avoir à se tenir sur leurs gardes, parce que Bertrand était en campagne, et qu'il faisait mine de les attaquer. Ce général étant arrivé devant Valognes avec tout son monde, investit le château : mais avant de l'attaquer il voulut sonder le gouverneur, et voir s'il ne pourrait point l'obliger à rendre la place dans la crainte des exécutions militaires. Il approcha donc du fossé pour s'aboucher avec lui, et lui dit que s'il prétendait arrêter une armée royale devant une bicoque, il devait compter qu'il le ferait pendre aux créneaux des murailles de la tour, aussitôt qu'il l'aurait emportée, sans faire aucun quartier aux Anglais qui y tenaient garnison sous son commandement.

Le gouverneur ne fut point alarmé de cette menace; il lui répondit fièrement qu'il se défendrait en homme de cœur et qu'il se souciait fort peu du roi de France et de lui. Bertrand se retira en lui montrant les poings, et lui disant *que voulsit ou non* (1) *il auroit le chastel*. Le gouverneur (Anglais de nation) mit tout en œuvre pour lui tenir tête et disposa tous ses arbalétriers pour écarter les assiégeants à force de traits. Les Français les attaquèrent vivement : mais comme ils ne pouvaient pas entamer les murailles de la tour, tous leurs efforts furent sans effet. Cette vaine tentative chagrinait fort Bertrand. Il assembla son conseil de guerre. Le comte d'Auxerre fut d'avis que puisqu'on ne pouvait pas emporter ce château d'assaut, il fallait le battre avec des machines, ou le miner. Tout le monde entra dans ce sentiment, on envoya tirer de Saint-Lô six batteries propres à lancer de gros carreaux de pierre, mais les assiégés en évitaient les atteintes et les coups, en les amortissant par des peaux de bœufs fraîchement tués, aussitôt qu'ils voyaient la machine en action, si bien que la violence de la pierre jetée, venait se ralentir dans ces peaux qui la recevaient.

Bertrand était au désespoir de ce que les assiégés rendaient ses efforts inutiles, et se moquaient de ces grossiers stratagèmes qu'il employait contre eux; il ne lui restait donc plus que celui de la mine pour faire sauter cette tour; mais comme elle était située sur un rocher, elle n'y pouvait mordre. Ces difficultés rebutèrent la plupart des généraux qui voulaient laisser là l'entreprise. Le vicomte de Rohan et le seigneur de Beaumanoir étaient d'avis qu'on se retirât pour aller secourir le château d'Auray que le comte de Montfort, secondé de Ro-

---

(1) Qu'il le voulût ou non. (N. E.)

bert Knole et de Chandos, avait commencé d'attaquer en Bretagne. Ils soutinrent que cette affaire étant de la dernière importance pour Charles de Blois, on devait toutes choses cessantes tourner ses pensées de ce côté-là, plutôt que de s'acharner à une bicoque dont la prise incertaine coûterait beaucoup de gens aux Français, et qu'on en aurait besoin pour d'autres expéditions ; mais Bertrand qui ne voulait jamais rien faire à demi, les fit revenir de cette opinion, leur représentant que s'ils décampaient de devant cette tour, ils allaient commettre la réputation de leurs armes, qu'ils avaient rendues redoutables jusqu'alors ; qu'il valait donc bien mieux achever ce qu'ils avaient commencé, que de demeurer en si beau chemin.

L'ascendant qu'il avait sur leurs esprits les fit condescendre à ce qu'il voulut : on continua donc le siége. On livra deux assauts avec tant d'impétuosité, que le gouverneur, se souvenant que Bertrand avait juré que s'il prenait ce fort, il le ferait pendre avec toute la garnison qu'il commandait, songea à capituler pour sauver ses biens et sa vie. L'on vint dire à Guesclin que quelqu'un faisait signe de la main comme désirant lui parler. Il poussa son cheval de ce côté-là pour prêter l'oreille à ce que le gouverneur voulait dire. Celui-ci lui fit offre de rendre le château s'il lui faisait compter trente mille livres : mais Bertrand, qui ne prétendait jamais acheter ses conquêtes qu'à la pointe de l'épée, lui remontra qu'il ne faisait que traîner son lien par toutes ses chicanes ; qu'il ne désemparerait point de là qu'il n'eût emporté cette place, quand il y devrait rester tout l'hiver, et qu'il épuiserait la Normandie de machines de guerre pour réduire en poudre cette tour, et pour les faire tous pendre : qu'il ne lui donnait enfin que trois jours pour lui remettre la place entre les mains, et que si dans ce temps il n'obéissait, il n'y aurait plus aucun quartier pour lui, ni pour les siens.

Le gouverneur voyant la résolution de Bertrand qui lui paraissait homme à lui tenir parole, le pria de trouver bon qu'il assemblât sa garnison pour délibérer là-dessus. Le gouverneur fit entendre à ses gens que c'était en vain qu'ils entreprendraient de faire une plus longue résistance, et que s'ils s'opiniâtraient à ne se pas rendre, ils couraient tous risque de perdre non-seulement leurs biens mais leur vie. Que s'ils voulaient conserver l'un et l'autre, il fallait incessamment ouvrir les portes à Bertrand, de peur qu'un plus long retardement ne rendît leur capitulation rigoureuse et difficile. La crainte de perdre leurs biens qu'ils avaient enfermés dans ce château les fit consentir à le rendre. Ils stipulèrent donc, que non-seulement ils en sortiraient la vie sauve, mais aussi qu'il leur serait permis d'emporter avec eux l'or, l'argent et les meubles qui leur appartenaient. Guesclin donna les mains à ces deux conditions, et dès le lendemain les assiégés ouvrirent leurs portes et baissèrent le pont pour y laisser entrer Bertrand avec son monde : il garda la parole qu'il leur avait donnée, ne souffrant pas qu'on fît aucune hostilité contre eux, et les renvoyant en toute liberté, les uns à Saint-Sauveur, et les autres à Cherbourg, chargés de leur bagage, auquel aucun soldat n'osa toucher, de crainte de s'attirer l'indignation de Bertrand.

Il arriva pour lors une aventure qui pensa tout gâter, et qui nous apprend qu'il ne faut jamais insulter les vaincus : car comme les assiégés se retiraient paisiblement, les Français voyant qu'on leur apportait les clefs avec tant de soumission, firent de si grandes huées sur les Anglais, que huit cavaliers de ce parti-là, couverts de honte, rentrèrent dans la tour avec le plus de gens qu'ils purent ramasser de la garnison, se barricadèrent, et résolurent de s'y bien défendre, ayant encore assez de vivres pour tenir longtemps. Cet incident obligea Bertrand de remonter aussitôt à cheval, et de courir aux barrières pour leur commander d'ouvrir leurs portes sans délai; mais ils vinrent aux créneaux lui dire, qu'après l'insulte qu'on leur avait faite, ils étaient résolus de se défendre jusqu'à la mort, et qu'ils l'empêcheraient d'entrer dans la tour. *Certes gars, vous mentirés*, répondit Guesclin, *car j'y souperay en cette nuit, et vous jeunerez dehors.*

Il n'eut pas plus tôt achevé ces paroles qu'il fit sonner la charge. Les arbalétriers tirèrent sans cesse, tandis que les autres soldats appuyaient les échelles contre les murs pour monter. On essaya d'ailleurs d'entamer la muraille à grands coups de marteaux de fer, de pics, et de hoyaux, et l'on fit de si grands efforts qu'on ouvrit une brèche dans le mur : cette brèche facilitant aux Français l'entrée de la tour, les en rendit bientôt les maîtres. Bertrand fit abattre les têtes de tous les Anglais, qui contre les termes de la dernière capitulation, s'étaient remis en possession de la tour pour la défendre une seconde fois. Tandis qu'on s'assurait de cette place, Olivier de Mauny fut détaché pour attaquer Carentan, ce qu'il fit avec tant de vigueur et tant de succès, que les assiégés lui rendirent aussitôt la place, de crainte de s'y voir forcés, et d'y risquer leurs biens et leur vie, sachant les merveilleux progrès que les Français venaient de faire, sous la conduite de Bertrand, dont le nom seul était devenu la terreur des Anglais et des Navarrais, qui n'osaient pas tenir devant lui.

Bertrand se voyant maître de Valognes et de Carentan, n'avait plus qu'une forteresse à prendre dans la Normandie pour la rendre calme et soumise à la France. Il appela le gouverneur de la dernière place qu'il venait d'enlever, et lui demanda naïvement quelles mesures il lui fallait prendre pour s'assurer d'un château, dans lequel il y avait une église très-forte. Ce capitaine, pour lui faire sa cour, lui répondit qu'il n'avait qu'à se présenter devant et crier *Guesclin* : que la crainte de son nom ferait aussitôt mettre bas les armes aux assiégés, et ouvrir leurs portes. Bertrand lui dit qu'il croyait qu'il ne devait point se flatter à cet égard, et que la place méritait bien d'être assiégée dans les formes : car les murailles en étaient fort épaisses, et d'ailleurs elle était entourée de fossés larges et profonds. Hugues de Caurelay, chevalier anglais, qui s'était fait un nom dans la guerre par ses belles actions, y commandait : il avait dans sa garnison beaucoup de Normands qui, s'étant révoltés contre leur souverain légitime, avaient intérêt de défendre la place au péril de leur vie, de peur qu'étant pris les armes à la main contre le service du roi, on ne les fît passer par celles des bourreaux.

Ces motifs firent que si l'attaque du château fut vigoureuse, la défense ne le fut pas moins, et Bertrand perdant toute espérance de le pouvoir prendre de vive force, eut recours à la mine qu'il fit ouvrir sous les fossés et sous l'église, où il la pressa fort secrètement, de manière que les assiégés ne s'en apercevaient point; on se promettait de la faire bientôt jouer avec succès, quand elle fut découverte par une aventure assez naturelle. Quelques soldats de la garnison dînant ensemble, il y en eut un qui mit son pot et son verre sur une fenêtre qu'on avait percée dans le mur du château. Ce verre vint à tomber tout d'un coup, et le vin qu'on avait versé dedans fut répandu par terre, sans qu'ils sussent la cause de ce mouvement. Ils prêtèrent l'oreille en cet endroit et posèrent leurs mains sur la pierre, où le verre avait reposé. Le tressaillement qu'ils sentirent leur fit juger que c'était un effet du travail des mineurs qui s'étaient logés sous ce mur.

Hugues de Caurelay qui n'était pas un mal habile homme en fait de siége, n'en fut pas plus tôt averti, qu'il fit contreminer aussitôt, et l'ouvrage fut poussé de part et d'autre avec tant de diligence, que les mineurs et contremineurs étaient déjà bien près les uns des autres, quand on vint avertir Bertrand, que s'il voulait faire un coup hardi, l'on pourrait, à la faveur de cette mine, faire glisser du monde jusque dans l'église de la place. Il goûta si bien cet avis qu'il résolut de prendre ce parti sur-le-champ. Il s'arma donc, et se mettant à la tête de ses soldats les plus déterminés, il entra lui-même dans la mine, et faisant marcher devant lui dix mineurs pour lui frayer le chemin de l'église, ils avancèrent avec tant de vitesse et tant de secret, qu'ils se trouvèrent dedans sans avoir été découverts de personne. Les soldats ravis de se voir dans la place par ce stratagème, crièrent : *Guesclin*. Les assiégés furent si surpris de cette subite apparition, qu'ils ne savaient si c'étaient des fantômes ou des hommes. La consternation fut si grande, qu'au lieu de se mettre sous les armes pour se défendre, ils ne balancèrent point à se rendre.

Bertrand fit aussitôt arborer les lys de la France sur les remparts de cette forteresse, et fit amener devant lui tous les prisonniers dans une grande salle. Il se contenta de mettre à rançon les Anglais, traitant avec douceur Hugues de Caurelay, qui n'avait soutenu le siége avec tous ceux de la nation, que pour le service du roi d'Angleterre et la gloire de leur patrie. Mais à l'égard des Normands qui furent trouvés dans la place, il les traita comme des rebelles, et les fit passer par les mains du bourreau. Les dépouilles se partagèrent dans la suite entre les soldats, et chacun s'alla reposer pour se délasser des fatigues que ce siége lui avait fait essuyer. Bertrand eut bientôt de nouvelles occasions de signaler sa bravoure et son courage, car Charles de Blois ayant appris que Jean de Montfort avait mis le siége devant Auray, lui dépêcha des personnes affidées pour le supplier de ne le point abandonner dans une occasion de cette importance, et de vouloir bien essayer de secourir une ville dont la prise pouvait entraîner après elle la perte de toute la Bretagne, à laquelle il avait plus de droit que Jean de Montfort. Ce prince lui fit dire aussi qu'il aurait une reconnaissance éternelle de ce bon office qu'il attendait de lui : qu'il le récompenserait par des bienfaits réels, et ne serait point ingrat à l'égard de tous les officiers qui le seconderaient dans cette expédition. Bertrand les chargea de dire de sa part à leur maître, qu'il pouvait compter non-seulement sur lui, mais aussi sur toute son armée, qui marcherait incessamment au secours d'Auray.

CHAPITRE XII.

Du siége que Jean de Montfort mit devant la citadelle d'Auray qui tenait pour Charles de Blois, et comment Bertrand mena de fort belles troupes à dessein de secourir la place.

La souveraineté de Bretagne était toujours contestée entre ces deux princes, Charles de Blois et Jean de Montfort. Les Français épousaient le parti du premier, et les Anglais celui du second. L'armée que mena ce dernier devant Auray comptait beaucoup d'étrangers dans son corps, et ceux qui tenaient le premier rang entre les commandants étaient presque tous des Anglais. Jean de Chandos, Robert Knole, Hugues de Caurelay faisaient, avec toutes les troupes qu'ils avaient amenées d'Angleterre, la force de Jean de Montfort. Elles étaient composées de grand nombre d'archers, de gendarmes et d'arbalétriers qui s'emparèrent de la ville et se logèrent tout autour du château d'Auray, se promettant bien d'emporter cette place s'il ne lui venait bientôt un prompt secours. Les assiégés envoyèrent des courriers pour en donner avis au duc Charles, qui faisait alors son séjour à Guingamp.

Ce prince connaissant l'intérêt qu'il avait à la conservation de ce château, fit les derniers efforts pour le secourir. Il appela ce qu'il avait d'amis en France. Bertrand du Guesclin, le comte d'Auxerre, Charles de Dinan, le vicomte de Rohan, le seigneur de Beaumanoir, Eustache de La Houssaye, Olivier de Mauny, Guillaume de l'Aunoy, Guillaume Boitel, Guillaume de Brou, le chevalier Vert, Philippe de Châlons, Louis de Beaujeu, Gérard de Frontigny, Henri de Pierrefort, Aimar de Poitiers et plusieurs autres chevaliers, se rendirent tous à Guingamp. Charles de Blois fit faire un mouvement à ses troupes jusqu'à Josselin. Ce fut là, que faisant halte, il passa en revue son armée, qu'il trouva monter à plus de quatre mille combattants.

Charles leva ensuite le camp pour aller à Lonvaux-l'Abbaye. Ce mouvement ne se put faire, sans que le comte de Montfort en eût bientôt avis par un espion qui se détacha de l'armée de Charles, et qui lui fit un récit exact de tout ce qui se passait à Lonvaux-l'Abbaye, lui représentant qu'il aurait bientôt sur les bras l'élite de la France. Cette nouvelle alarma le comte et lui fit dire qu'il serait à souhaiter que Charles son concurrent à la Bretagne voulût partager avec lui le duché, plutôt que de répandre le sang de tant de braves, qui ne méritaient point de mourir pour leur querelle particulière : que s'il voulait entendre à cet accommodement il pourrait espérer avoir un jour toute la Bretagne en cas qu'il mourût sans enfants : si bien que par là la souveraineté reviendrait à Charles et à ses descendants. Jean de Chandos releva ce discours, lui disant qu'il ne croyait pas que Charles fût fort éloigné d'y consentir, s'il trouvait à propos de le proposer, et qu'en cas qu'il n'y voulût pas entendre, il lui resterait l'honneur d'avoir voulu ménager le sang de tant de noblesse, ce qui justifierait dans le public, la conduite qu'il serait obligé de tenir dans la suite contre le même Charles.

Le comte fut ravi de voir que Chandos approuvait son sentiment, et dépêcha sur l'heure auprès de Charles une personne affidée pour le pressentir, et savoir s'il voudrait bien convenir avec lui d'un lieu dans lequel on pourrait s'aboucher pour pacifier toutes choses. Charles de Blois reçut assez bien cet envoyé, lui disant qu'il assemblerait son conseil pour délibérer là-dessus, et qu'il restât là pour en attendre la réponse. Les avis furent contraires à la proposition de cet accommodement. On lui représenta que le comte sachant le peu de droit qu'il avait à la souveraineté de Bretagne, et voyant bien qu'il ne pouvait pas éviter d'être battu, voulait au moins partager avec lui le duché, prévoyant qu'il allait tout perdre. Le duc Charles répondit que ce qui lui faisait plus de peine dans cette affaire, c'était le danger auquel il allait exposer tant de personnes de qualité, pour ses intérêts particuliers, et qu'il aimait mieux perdre la moitié de ses seigneuries, que de voir perdre la vie à tant de gens qui se voulaient sacrifier pour lui ; mais Bertrand et les autres lui remirent l'esprit là-dessus, en lui répondant que sa cause étant la plus juste, Dieu se déclarerait en faveur de ceux qui combattraient pour la faire valoir, et conserverait la vie de ceux qui s'exposeraient en sa faveur ; qu'il fallait donc dire au comte que si dans quatre jours il ne levait le siége d'Auray, qu'il devait s'attendre à une bataille.

Cette résolution prise, on fit venir le héraut à qui Charles demanda quel avait été le projet d'accommodement que Jean de Montfort avait eu dans l'esprit. Il l'assura que son maître avait eu la pensée de partager la Bretagne entre eux, moitié par moitié. Charles n'aurait pas improuvé ce traité, mais l'ambition de sa femme, qui voulait tout ou rien, s'y opposa. Cette princesse avait gagné les voix du conseil de son mari pour les faire tourner du côté de la guerre, et personne n'osa opiner autrement ; si bien qu'elle fut la cause de la ruine de Charles, et de la perte qu'il fit de la Bretagne et de la vie dans une même bataille. Elle lui fit représenter qu'il était indigne d'un prince comme lui, dont les droits étaient incontestables, de se relâcher, que toute l'Europe imputerait à bassesse de cœur, et même à lâcheté, s'il écoutait aucune proposition d'accommodement : que ce serait dégénérer de la bravoure de ses ancêtres, s'il témoignait appréhender d'en venir aux mains, et de risquer sa vie pour la conservation d'une belle province qui valait un royaume entier : que s'il avait envie d'en user autrement, la France, qui s'était déclarée pour lui, jusqu'à se commettre avec la couronne d'Angleterre, lui reprocherait son inconstance et sa faiblesse. Enfin ce pauvre prince se voyant accablé par tant de spécieuses raisons, révéla un secret qu'il avait tenu caché jusqu'alors.

Il leur fit part d'un songe qu'il avait eu durant la nuit, dont il n'attendait rien que de fatal et de funeste : leur disant qu'il lui semblait avoir vu dans son sommeil un faucon étranger qui venait d'outremer, et qui, prenant l'essor avec beaucoup d'éperviers dont il était accompagné, s'élançait jusqu'au haut des nues contre un aigle qui n'avait pas une moindre troupe d'oiseaux auprès de lui : mais que celui-ci soutenant peu le combat se laissa tomber jusqu'à terre, et vaincre par le faucon, qui fondant sur lui le déchira de ses ongles, et le perça de son bec avec tant d'acharnement et de force, qu'il lui tira la cervelle de la tête et le fit ainsi mourir. On ne manqua pas pour le guérir de sa crainte d'interpréter ce songe à son avantage, et de l'assurer qu'il était le faucon qui devait triompher de l'aigle, et que sur ce pied il devait se promettre une favorable issue de son songe.

On renvoya donc le héraut en le chargeant de dire à son maître Jean de Montfort qu'il n'y avait point de partage à faire, quand tout appartenait légitimement à un seul, et qu'on allait travailler à lui faire lâcher prise sur ce qu'il avait usurpé. Cette fière réponse, que ce héraut fit mot à mot à Jean de Montfort, fut reçue de tous les seigneurs anglais avec indignation. Chandos jura par la foi qu'il devait au roi d'Angleterre, qu'il ne décamperait point de là, que cette province ne fût conquise par ses armes, et mise sous l'obéissance du prince à qui l'on ne pouvait la disputer sans injustice. Robert Knole fit le même serment. Il ajouta qu'il avait le pressentiment que l'avantage resterait à Jean de Montfort, et que la bravoure de Bertrand, du comte d'Auxerre, et du chevalier Vert ne ferait rien contre eux. Ils serrèrent donc le château d'Auray de plus près qu'auparavant pour engager les assiégés à capituler, sachant que la famine les pressait si fort, qu'ils avaient été contraints de manger leurs chevaux.

En effet, la disette était si grande dans la place qu'elle les avait souvent obligés d'allumer des feux au haut du donjon pour marquer l'extrême besoin dans lequel ils étaient de recevoir un prompt secours, si Charles voulait conserver ce château plus longtemps. Ce prince était campé dans un parc à Lonvaux-l'Abbaye : ce fut là que ses coureurs le vinrent avertir du signal qui paraissait à la tour d'Auray. Cette nouvelle le mit dans une grande consternation, voyant bien que cette place était aux abois. Il y eut un arbalétrier qui le rassura, prenant la liberté de lui dire, que s'il le trouvait à propos il se servirait d'un stratagème qu'il avait médité pour encourager les assiégés à ne se pas rendre si tôt. C'était d'attacher un papier au dard qu'il lancerait de son arbalète, et de lancer le papier avec le dard dans la tour, dont le gouverneur serait ainsi averti de tenir bon encore pendant quelque temps.

Ce prince goûta la pensée de cet arbalétrier, et lui donna l'ordre de l'exécuter. Cet homme visa si bien que le billet tomba dans la tour auprès de ce signal de feu, que les assiégés avaient allumé.

Il fut mis entre les mains du gouverneur, qui sur l'heure assemblant ses gens, leur proposa le contenu de ce papier; Charles de Blois leur mandait que dans le jour de Saint-Michel prochain, qui devait arriver bientôt, ils seraient secourus, qu'ils eussent donc à ne point précipiter avant ce temps la reddition de la place, et que s'ils n'avaient point de ses nouvelles dans ce jour précis, ils pourraient alors faire leur condition la meilleure qu'ils pourraient avec leurs ennemis.

Cette bonne nouvelle donna quelque espérance aux assiégés : mais comme ils n'avaient pas assez de vivres pour tenir jusqu'à la Saint-Michel, il y eut un chevalier de la garnison, qui s'avisa de leur dire, que pour ne pas succomber à la faim qui les consumait, il était à propos d'envoyer au comte de Montfort, et de lui faire offre de lui rendre la place, si dans la Saint-Michel il ne leur venait pas de secours : à la charge que jusqu'à ce temps il leur ferait fournir des vivres en payant, et que de leur côté pour sûreté de leur parole ils lui donneraient des otages. Les assiégés donnèrent dans le sentiment de ce chevalier, et le gouverneur fit signe aux Anglais que quelqu'un vînt lui parler. Robert Knole se présenta devant la barrière pour savoir ce qu'il avait à dire. Il lui fit les propositions que ce chevalier avait suggérées. Elles parurent raisonnables à Knole qui lui répondit que bien qu'il sût que Charles de Blois se disposait à les secourir : cependant il ferait de son mieux auprès du comte de Montfort pour les lui faire accepter, et que les assiégés méritaient bien qu'on les considérât : en effet, on reçut leurs otages et on leur donna des vivres.

Cependant Charles de Blois qui n'avait point de temps à perdre, parce que la place qu'il voulait secourir était aux abois, partit en diligence avec son armée de Lonvaux-l'Abbaye. La revue qu'il en fit, montait à plus de trois mille hommes d'armes ; cette petite armée fit une marche si longue, qu'elle vit bientôt le château d'Auráy. Quand les assiégés aperçurent du donjon les enseignes de Charles, et ce corps de troupes qui faisait un mouvement vers eux, ils arborèrent aussi leurs étendards sur le haut de la tour, et pour témoigner la joie qui les transportait, ils firent jouer tous leurs violons au même endroit, avec tant de bruit et tant de fracas, que les assiégeants l'entendirent, et tournant les yeux de ce côté-là, virent les drapeaux et les enseignes de la garnison qui flottaient en l'air. Bertrand qui marchait à la tête du secours, s'apercevant de toutes les démonstrations de joie que ceux d'Auray donnaient aux approches des Français, admira le zèle et la fidélité qu'ils avaient pour leur prince, et dit qu'ils méritaient bien qu'on les tirât d'affaire.

Ce général se vint poster si près des ennemis, qu'il n'y avait entre ses troupes et les assiégeants, qu'un pré et un ruisseau qui les séparassent, si bien que de part et d'autre on n'attendait plus que le moment d'en venir aux mains. Guesclin surprit des espions qui venaient observer la contenance de ses troupes. Il apprit d'eux que tout se disposait au combat du côté du comte. Il reçut cette nouvelle avec joie, faisant publier par toute son armée, qu'on eût à se tenir prêt. En effet, le comte brûlait d'une si grande envie de combattre, qu'il voulait dès le soir même attaquer ce secours. Mais Olivier de Clisson modéra son ardeur, en lui représentant qu'il ne fallait rien précipiter; que si l'on ouvrait la bataille sur le déclin du jour, il était à craindre que la nuit venant les surprendre, on ne se battît qu'à tâtons, qu'alors tout se passerait dans une étrange confusion, qu'on ne pourrait profiter des avantages que donnent à la guerre l'expérience des généraux, et la valeur de leurs soldats; qu'enfin si l'on donnait bataille aux ennemis, encore accablés de la fatigue des chemins, on imputerait plutôt leur défaite à leur lassitude, qu'au courage de leurs vainqueurs. Robert Knole appuya ce sentiment, et dit qu'il fallait attendre que les Français tentassent le passage du ruisseau : qu'alors on pourrait les charger à coup sûr quand la moitié serait passée. Cet avis était si judicieux et si salutaire, que le comte ne balança point à s'y rendre, et ne fit aucun mouvement, de peur de tout gâter en précipitant le combat.

Les Français étaient toujours retranchés dans leur parc, et comptaient qu'on les attaquerait la nuit même. Ils s'étaient tenus sur leurs gardes, allumant des feux dans leur camp de peur d'être surpris, et postant sur les ailes des védettes et des sentinelles pour veiller à tout. Guillaume de Lannoy parut à la pointe du jour à la tête de ses arbalétriers, pour observer la contenance des Anglais qui caracolaient de l'autre côté du ruisseau. Comme l'émulation des deux nations ne leur donnait point la patience d'attendre l'ordre de leurs généraux, il se fit quelques escarmouches de part et d'autre, où les Français eurent toujours de l'avantage sur les Anglais. Jean de Chandos craignant que ces derniers ne se commissent témérairement, et n'engageassent un combat prématuré, fit publier à son de trompe, que si quelqu'un sortait de son rang pour escarmoucher, il lui en coûterait la vie; disant au comte qu'il importait au bien de ses affaires de laisser attaquer les Français les premiers.

CHAPITRE XIII.

Bataille que Charles de Blois perdit avec la vie devant Auray, contre Jean de Montfort, qui devint maître de la Bretagne par cette victoire.

Les deux armées allaient en venir aux mains devant le château d'Auray. Jean de Montfort pour se mettre à couvert du dessein qu'on pourrait avoir sur sa vie dans cette bataille, s'avisa de faire revêtir un de ses parents de sa cotte d'armes, et s'habilla de manière à se faire confondre avec les autres. Olivier de Clisson qui tenait son parti, fit lever l'étendard de Bretagne, et le mit à la tête de toute l'armée : Chandos et Knole firent aussi bonne contenance, et rangèrent tous les archers anglais en bataille, disant que cette journée déciderait la querelle des deux princes, en faveur de qui l'on allait combattre, et qu'on verrait qui des deux serait le mieux servi. Charles de Blois qui venait au secours de la place avec l'élite de la France, ne balança point à passer le ruisseau qui le séparait de ses ennemis ; il franchit le gué, sans qu'on fît aucun mouvement pour lui disputer ce passage. Il se campa avantageusement. Les deux princes se voyaient de trop près pour ne pas ouvrir le combat. Il fut commencé par les archers ; mais cette première attaque ne fit pas grand ravage, parce que les escadrons et les bataillons étant bardés de fer, les dards et les flèches n'avaient pas de prise sur eux.

Tandis qu'on s'éprouvait ainsi de part et d'autre, Hugues de Caurelay vint dire tout bas à Chandos, qu'il le priait d'agréer qu'il fît un détachement de cinq cents lances à la tête desquelles il sortirait secrètement du camp pour s'assurer d'un poste, d'où il pourrait venir fondre sur les ennemis en les attaquant par derrière. Chandos ne loua pas seulement son dessein, mais il lui donna ordre de l'exécuter sur l'heure. Caurelay se coula furtivement dans un vallon suivi de tout son monde, sans qu'il fût aperçu des gens de Charles : parce qu'il y avait beaucoup de genêts et de broussailles sur ce terrain qu'il vint occuper; ses troupes se cachèrent derrière fort adroitement. Ceux du château d'Auray qui d'en haut voyaient la campagne découvrirent ce piége : mais étaient trop éloignés des gens de Charles, pour se faire entendre au milieu du bruit d'un combat, et quelque signe qu'ils fissent, on ne pouvait comprendre ce qu'ils voulaient dire.

On se battait de part et d'autre avec beaucoup de fureur. Olivier de Clisson, dont le courage et la valeur étaient singuliers, s'avançant avec une intrépidité surprenante au milieu des rangs des Français la hache à la main, se signalait. Bertrand qui combattait pour Charles, vit de loin l'un de ses amis tomber sous le bras de Clisson, ce qui lui donna tant de rage, qu'il s'élança comme un lion au travers des Anglais, suivi de Guillaume Boitel, du chevalier Vert, d'Eustache de La Houssaye, et de Guillaume de Lannoy. Ce fut là que secondé de ces braves, il faisait un carnage horrible de tout ce qui se présentait sous sa main; de l'autre côté Robert Knole et Jean Chandos qui tenaient pour Montfort, payèrent aussi très-bien de leurs personnes. Le comte d'Auxerre faisait des merveilles en faveur de Charles; mais il arriva par malheur qu'un chevalier anglais lui passant son épée au travers de la visière lui perça l'œil gauche : se voyant hors de combat, il se mettait en devoir de se retirer, il fut saisi par un autre qui l'arrêta, et qui le reconnaissant, lui cria de se rendre aussitôt, ou qu'il était mort. Le comte aveuglé par le sang qui sortait de sa blessure, prit le parti de lui rendre son épée, plutôt que d'exposer indiscrètement sa vie à la fureur d'un brutal qui ne l'aurait pas épargné.

La prise d'un si grand capitaine consterna Charles de Blois, qui la regarda comme un triste préliminaire de cette journée. Cependant Bertrand, que rien n'était capable d'ébranler, marcha droit contre Clisson, pour effacer par un nouveau combat la disgrâce qui venait d'arriver au comte d'Auxerre. Charles de Dinan s'attacha personnellement à Robert Knole. Olivier de Mauny charpentait partout avec sa hache, et donnait beaucoup de courage à ceux qui le suivaient, en criant *Mauny*. La bravoure de ce capitaine effraya si bien le comte de Montfort, qu'il croyait déjà tout perdu pour lui, si Chandos ne l'eût rassuré, le priant de ne point tomber dans le découragement, et lui promettant que la journée serait immanquablement à lui. Robert Knole prit la liberté de lui donner la même espérance, en l'exhortant à ne se point démentir jusqu'au bout.

Le parent de Montfort, celui-là même auquel il avait fait prendre ses armes, voulut faire le brave, poussant son cheval et criant *Bretagne*, demandant partout où était donc ce Charles de Blois qui lui disputait le duché. Le prince voulant répondre à ce fanfaron qu'il prenait pour le comte de Montfort, parce qu'il en portait les marques, s'avança fièrement de ce côté-là pour vider leur différend dans un combat singulier à la vue des deux armées, qui leur firent place et s'ouvrirent pour être les spectateurs d'un duel de cette importance. Charles de Blois déchargea sur la tête de son adversaire un coup de hache si fort, si rude et si pesant, qu'il le fit tomber par terre. Il voulut achever sa victoire en lui ôtant la vie; mais Olivier de Clisson, Robert Knole et Chandos, se jetèrent à la traverse pour secourir ce chevalier. Ceux du parti de Charles accoururent pour le défendre contre tant de gens, qui le voulaient empêcher de terminer ce combat par la mort de son compétiteur et de son ennemi. Comme l'on pensait du côté de Charles, que ce chevalier renversé par terre était effectivement le comte de Montfort, l'on s'acharna tant sur ce seigneur travesti, qu'on ne le quitta qu'après l'avoir tué.

Charles se croyant pour lors au-dessus de ses affaires, et seul maître de la Bretagne, s'écria, sur le champ de bataille, qu'enfin Dieu l'avait délivré d'un concurrent qui lui avait causé jusqu'alors de fâcheuses affaires; mais la joie de ce prince fut bien courte : car quand le comte de Montfort eut appris la mort de son parent, qui s'était sacrifié pour lui, la colère et l'emportement ne lui permettant plus de se posséder, il s'alla présenter devant Charles, qui fut bien surpris de revoir contre lui, les armes à la main, celui qu'il croyait avoir tué. Cette nouvelle apparition lui fit rabattre beaucoup de ses espérances. Cependant il recommença le combat avec une nouvelle ardeur, secondé de Bertrand du Guesclin, du vicomte de Rohan, et du seigneur de Beaumanoir, qui firent en sa faveur des choses incroyables, et se surmontèrent eux-mêmes ; peut-être enfin la victoire se serait-elle déclarée pour eux, s'ils n'eussent été chargés par derrière par les cinq cents lances que Caurelay tenait cachées dans les genêts, et qui prirent si bien leur temps, qu'elles les attaquèrent quand la chaleur de la mêlée commença à se ralentir. Bertrand fit volte face et soutint longtemps le combat avec sa hache qu'il tenait à deux mains.

L'on recommença de part et d'autre. Le sang ruisselait de toutes parts. Olivier de Clisson tenant un gros marteau de fer dont il frappait à droite et à gauche, faisait tomber sous la violence de ses coups, tous ceux qui se mettaient en devoir de lui résister; comme il voyait que tout pliait devant lui, *Courage*, dit-il à ses gens, *la journée est à nous;* cependant Charles de Blois tenait toujours bon avec le vicomte de Rohan, Charles de Dinan, et le chevalier Vert, qui renversa par terre l'étendard du comte de Montfort; mais il fut aussitôt relevé par Robert Knole : celui-ci voyant que la victoire penchait de son côté, poussa sa pointe jusqu'à ce qu'elle eût été remportée. Caurelay, qui chargeait les gens de Charles par derrière, fut celui qui fit le plus grand effet dans cette journée. Bertrand ne se rendait point encore : couvert de sang et de sueur, il disputait le terrain pied à pied, déchargeant son maillet sur la tête de tous ceux qu'il pouvait atteindre. Jean Chandos fit avancer son monde de ce côté-là, se persuadant que rien ne serait fait, tant que Bertrand combattrait. Ses gens s'acharnaient avec tant de furie sur lui, qu'à force de coups de sabre et d'épée, ils le renversèrent par terre; mais Eustache de La Houssaye, le chevalier Vert, et Charles de Dinan coururent à lui et le relevèrent. Ce même Charles voyant Richer de Cantorbéry, beau-frère de Chandos, l'assomma d'un coup de hache, et lui fit sauter la cervelle; Charles jura qu'il ne sortirait point de là qu'il n'eût vengé son beau-frère.

Bertrand ne se lassait point de frapper : le seigneur de Beaumanoir ne l'abandonnant point, et se tenant toujours à ses côtés, chargea Gauthier Huet avec tant de force, qu'il abattit par terre ce chevalier anglais, qui n'en aurait pas été quitte à si bon marché, si Clisson ne l'eût secouru sur l'heure, étant accompagné de tout ce qu'il avait de braves à sa suite.

Olivier criait toujours : *Beaumanoir, rendez-vous, aussi bien tous vos gens sont défaits;* mais ce dernier ne fit pas semblant de l'entendre, et tourna ses armes de l'autre côté, craignant de tomber dans les mains de Clisson, qui s'était vanté qu'il ne ferait aucun quartier, ni à lui, ni au vicomte de Rohan, s'il les pouvait attraper dans cette bataille.

    Charles de Blois était au désespoir voyant son armée presque mise en déroute. Le comte de Montfort de son côté ne croyait pas avoir remporté la victoire entière, tandis que son ennemi serait encore vivant, et qu'il pourrait, après avoir perdu la bataille, trouver de nouvelles ressources pour relever son parti abattu. Voilà pourquoi il fit les derniers efforts pour le prendre, ou pour le tuer. Chandos n'en voulait qu'à Bertrand, et se persuadait que s'il l'avait entre ses mains la journée serait bientôt finie. Ce fut dans cette vue qu'il envoya de ce côté-là l'élite de ses troupes, qui n'en pouvait venir à bout : car il se défendait toujours avec un courage invincible : mais à la fin voyant que les gens de Charles s'éclaircissaient à vue d'œil et prenaient presque tous la fuite, il se souvint dans ce moment qu'il avait eu tort de mépriser les conseils de sa femme, qui lui avait recommandé de ne se point exposer dans les jours malheureux, entre lesquels celui de ce combat se rencontra juste, comme elle l'avait prédit. Charles de Blois en porta la fatalité : car après avoir résisté longtemps, il fut environné de tant de gens qui s'acharnèrent à le tuer, qu'il y eut un Anglais qui lui fit passer sa dague d'outre en outre, depuis la bouche jusqu'au derrière du cou : si bien que l'acier sortait d'un demi-pied par-delà. Ce prince se sentant mortellement blessé tomba aussitôt à terre, et ne songeant plus qu'à mourir dans la grâce de Dieu, frappa sa poitrine, et levant les yeux et les mains du côté du ciel, il le prit à témoin de son innocence, protestant qu'il n'avait entrepris cette guerre qu'à la sollicitation de sa femme, qui l'avait assuré que son droit était incontestable : le pria de lui pardonner la mort de tant d'honnêtes gens, qui avaient bien voulu sacrifier leur vie pour la prétendue justice de sa cause.

    On ne lui donna pas le loisir d'en dire davantage; car il fut percé de tant de coups qu'il expira sur-le-champ. Bertrand fut si touché de cette mort, dont on lui vint porter la nouvelle, que la douleur ne lui permettant plus de combattre, et d'ailleurs voyant que Charles avait perdu la bataille et la vie tout ensemble, il ne balança plus à se rendre, il tendit la main à Chandos, qui se chargea de sa personne avec toutes les honnêtetés possibles. Le vicomte de Rohan, Charles de Dinan, et le seigneur de Beaumont suivirent son exemple. Enfin tous ceux qui tenaient le parti de Charles, furent tués ou pris ou mis en fuite; ceux du château d'Auray virent du haut de leur tour, la campagne jonchée de morts, et le parti de leur prince entièrement défait; ce qui les jeta dans une très-grande consternation. Le comte de Montfort, Chandos et Clisson, s'apercevant que tout était fait, et que la victoire leur était entièrement acquise, restèrent sur le champ de bataille encore tout dégouttants de sueur et de sang, et quand ils eurent un peu repris haleine, le comte remercia tous les seigneurs de son parti, leur déclarant qu'il leur était redevable de la souveraineté de Bretagne, et qu'il reconnaîtrait au plus tôt un service si essentiel; qu'à l'égard de Charles qui venait d'expirer, il aurait souhaité qu'il fût encore vivant, et qu'il eût voulu partager avec lui la Bretagne; mais qu'il avait eu le malheur de trop déférer aux pernicieux conseils de sa femme, qui avait causé sa ruine. Chandos interrompit ce prince, en lui disant que puisqu'il avait Bertrand dans ses mains, il ne le devait jamais rendre, qu'à la suite d'une paix qu'il aurait faite avec le roi de France, et qu'il la fallait acheter par la liberté de ce brave guerrier, qui n'avait jamais été vaincu que cette seule fois dans sa vie.

Le comte l'assura que c'était bien son intention. Mais pour veiller à ce qui pressait davantage, il fit chercher partout le cadavre de Charles. Comme ceux qu'il avait préposés pour cette recherche n'en pouvaient venir à bout, après avoir regardé tous les morts les uns après les autres, ce prince fit serment qu'il ne sortirait point du champ de bataille, qu'il ne l'eût trouvé. C'est ce qu'il fit avec tant de vigilance et de précaution, qu'il le reconnut à la fin couché par terre, le visage tourné du côté de l'orient : mais ce qui tira les larmes de ses yeux, ce fut quand il vit ce pauvre prince couvert d'une haire sous ses habits, et les reins serrés d'une grosse corde : il ne put s'empêcher de plaindre son malheureux sort. Il le fit ensevelir avec la cérémonie la plus pompeuse qu'il put imaginer : on enferma son cadavre dans un cercueil de plomb. Il eut soin ensuite de le faire transférer à Guingamp, commandant qu'on lui fît là des obsèques honorables, et proportionnées à sa qualité de prince : cela fut ponctuellement exécuté. Ceux d'Auray ne manquèrent pas d'ouvrir leurs portes aux vainqueurs; le comte y fit son entrée, secondé de Jean de Chandos et de Robert Knole, qui paraissaient à ses côtés, comme ayant eu tous deux, après Clisson, le plus de part au gain de la bataille. Chandos mena Bertrand prisonnier à Niort, et Knole fit garder à vue le comte d'Auxerre jusqu'à ce que, par un traité de paix, ils fussent tous deux remis en liberté.

Charles le Sage, roi de France, apprit avec un déplaisir extrême la nouvelle de la mort de Charles de Blois, et de la prise de Bertrand du Guesclin et du comte d'Auxerre. Il eût bien voulu déclarer la guerre au comte de Montfort : mais il avait sur les bras les Navarrais, qui faisaient des hostilités jusque dans le sein de ses États : loin de penser à combattre les autres, il avait assez d'affaires à se défendre lui-même. Cependant les choses prirent une meilleure tournure qu'il ne s'était imaginé : car le comte de Montfort voulant s'affermir dans sa nouvelle conquête, n'osa pas s'attirer la France sur les bras. Il aima mieux envoyer des ambassadeurs à Charles, lui offrant de rendre hommage pour le duché de Bretagne, et de se déclarer son homme-lige et son vassal. Le roi consentit à sa proposition, et choisit l'archevêque de Reims, de la maison de Craon, pour recevoir en son nom la foi de ce prince en Bretagne. Il lui donna les pouvoirs dont il avait besoin pour négocier cette paix. Ce prélat s'acquitta dignement de sa commission, représentant au comte l'intérêt qu'il avait de s'arranger avec la veuve de Charles de Blois duchesse de Bretagne, qui pouvait encore renouveler ses prétentions, et chercher dans l'Europe de nouveaux appuis contre lui : qu'il devait être d'autant plus porté à entrer dans ce parti, que la mémoire de Charles de Blois était respectée dans toute la chrétienté.

En effet, on aura de la peine à croire ce qui se passa sur le tombeau de ce pauvre prince : car celui qui l'avait tué dans la bataille, s'étant indiscrètement vanté d'avoir fait le coup, tomba dans une rage et une frénésie dont il ne put jamais revenir, ni guérir, que ses amis ne l'eussent transporté sur la tombe de Charles à Guingamp. L'homme revint dans son bon sens par les mérites de ce prince, et se consacra depuis tout entier au service de cette église, où l'on avait inhumé son libérateur, tâchant d'expier par la pénitence la sotte vanité qu'il avait eue de se vanter de l'avoir tué. Mais pour revenir au traité qui fut conclu entre le comte de Montfort et la duchesse de Bretagne, par le canal de l'archevêque de Reims, il fut stipulé que la veuve aurait le domaine de quelques villes et châteaux dans cette province, et que les prisonniers qu'on avait faits dans la dernière bataille seraient délivrés en payant leur rançon. Cet accord remit en liberté le comte d'Auxerre, le vicomte de Rohan, Bertrand du Guesclin, et les autres.

Bertrand prit aussitôt le chemin de Paris pour venir offrir ses services au roi de France, qui lui fit un accueil distingué, le recevant comme un brave, dont l'épée lui pourrait être un jour d'un grand secours. Le chaptal de Buch, qui restait prisonnier en France, se tira d'affaire en rendant au roi quelques châteaux, qui lui servirent de rançon pour recouvrer la liberté qu'il avait perdue, comme nous l'avons dit, à la bataille de Cocherel. Il fut ravi d'embrasser Bertrand, son illustre vainqueur, entre les mains de qui le sort l'avait fait tomber. Ces deux généraux se firent un plaisir de se raconter l'un à l'autre tous les dangers qu'ils avaient essuyés dans ces dernières guerres ; et cette réminiscence augmentait la joie qu'ils avaient de se voir encore, après tant de travaux. Le chaptal ménagea pendant ce temps un accommodement à la Cour de France en faveur du roi de Navarre, qu'il reconnaissait pour son maître et pour son seigneur. Mais cette négociation n'eut point de bonnes suites, puisque le feu de la guerre se ralluma bientôt entre ces deux princes avec plus d'ardeur que jamais. Le prince de Galles, fils d'Edouard, roi d'Angleterre, l'attisa de son mieux pour fortifier son parti, car il séjournait alors à Bordeaux, d'où, se répandant avec ses troupes dans toute la Guyenne, il faisait des dégâts et des ravages incroyables, s'emparant des places les plus considérables, et poussant les choses si loin, qu'il se rendit à la fin le maître de cette belle province.

Le roi de Navarre, qui ne fit qu'une paix plâtrée, voulut témoigner au roi que sa conduite était sincère, en lui faisant présent d'un cœur de pur or, comme voulant lui donner par là le gage le plus certain de son inviolable fidélité.

Bertrand, présent à cette cérémonie, le conjura d'être à l'avenir un religieux observateur de la promesse qu'il faisait, l'assurant que s'il la violait, il aurait tout le loisir de s'en repentir; depuis il ne chercha plus que les occasions de se signaler dans d'autres guerres, où le désir de la gloire et son courage l'appelaient. Il avait appris que le roi de Chypre avait fait quelques conquêtes sur les Sarrasins; il tourna ses pensées de ce côté-là, désirant se croiser pour combattre les infidèles, et pouvoir expier dans une si sainte guerre les excès qu'il avait commis dans la chaleur des combats, où il s'était trouvé dès sa première jeunesse, ayant regret d'avoir répandu tant de sang chrétien.

CHAPITRE XIV.

De l'origine de la guerre qui se fit en Espagne entre le roi Pierre, dit le Cruel, et son frère naturel Henri, comte de Transtamare.

BERTRAND cherchant toujours de nouvelles occasions de signaler sa valeur et son courage, trouva de quoi satisfaire son inclination guerrière en Espagne, dont les peuples se partagèrent, les uns prenant le parti du roi Pierre, et les autres celui de Henri, comte de Transtamare. Bertrand épousa la querelle de ce dernier, comme nous le verrons dans la suite. La source de ce différend vint de la mauvaise conduite et de la cruauté de Pierre, à qui l'on reprochait deux énormes injustices. La première était le mauvais traitement qu'il faisait souffrir à *Blanche* de Bourbon, sa femme, sœur de la reine de France. Les indignités qu'il faisait à cette princesse scandalisaient tous ses sujets, qui ne pouvaient voir sans indignation les cruautés qu'il exerçait contre elle : sa douceur, sa naissance et son mérite devaient être les trois liens les plus capables de l'attacher étroitement à elle : mais une intrigante nommée *Marie de Padille*, s'était acquis un si grand ascendant sur son esprit, qu'elle le gouvernait absolument. L'autre injustice que l'on reprochait à ce roi, c'est qu'il n'entretenait aucun commerce avec les chrétiens dont les mœurs et la religion lui déplaisaient extrêmement.

Les Juifs étaient les seuls confidents de tous ses secrets, et il leur donnait sa confiance. Il gardait à l'égard des autres une dissimulation profonde, se rendant impénétrable à tous les seigneurs de sa cour; ses plus proches parents même ne pouvaient avoir la clé de son cœur, tant il leur faisait mystère de tout. Cette étrange conduite aliéna les esprits, et lui attira l'aversion de ses sujets, qui ne souhaitaient qu'une révolution. Ce prince, que l'on appelait avec raison *Pierre le Cruel*, poussa si loin l'inhumanité envers sa femme, qu'il ne se contenta pas de lui ôter la liberté, la confinant dans une prison; mais il en voulut encore à sa vie sur laquelle il entreprit par un poison qu'il lui fit donner, mais dont elle sut se garantir par des vomitifs : connaissant le mauvais fonds de ce prince, elle se tenait toujours sur ses gardes. Ces outrages ne lui firent point perdre le respect ni les égards qu'elle devait avoir pour lui.

Autant Pierre se faisait haïr, autant Henri son prétendu frère naturel se faisait aimer. Il semblait que la couronne lui était plus due qu'à ce roi barbare : car il avait trouvé le secret de se concilier tous les cœurs. Personne ne sortait d'auprès de lui, que satisfait de l'accueil qu'il en avait reçu, tant il avait le don de plaire à tout le monde. La fierté du premier faisait adorer la douceur du second : la religion catholique, dont il faisait une haute et sincère profession, rendait odieux ce penchant que Pierre témoignait pour la superstition des Juifs. On souhaitait donc de le voir sur le trône à la place de ce dernier, dont on ne pouvait plus supporter la conduite. Henri cachait de son mieux son ambition, demeurant toujours à la cour de son frère, qui faisait son séjour à Burgos, et se ménageant avec lui comme un sujet à l'égard de son souverain, sans s'émanciper aucunement, à cause de la proximité du sang qui le liait avec lui.

Les seigneurs d'Espagne voulant profiter des entrées qu'il avait auprès de son frère, le prièrent un jour de représenter au roi le tort qu'il avait de vivre de la sorte, et qu'il était à craindre que ses sujets rebutés d'une si pitoyable conduite, ne secouassent un jour le joug de son obéissance, et ne se portassent à des extrémités dont il pourrait se repentir trop tard : qu'il devait donc faire cesser le scandale qu'il donnait à toute la chrétienté, par le commerce qu'il entretenait avec les Juifs, les ennemis les plus déclarés de la véritable religion : qu'il devait aussi mieux vivre avec la reine Blanche de Bourbon sa femme, qui descendait du sang de saint Louis, et dont les mœurs répondaient à la noblesse de son extraction : qu'appartenant à tous les princes de l'Europe, il devait appréhender qu'ils ne se vengeassent des outrages qu'il lui faisait. Enfin ces seigneurs conjurèrent Henri de persuader au roi de rompre avec sa concubine, et de s'en séparer pour jamais, pour ôter ce pernicieux exemple d'incontinence, qu'il donnait à ses peuples.

Henri voulut bien se charger d'une si périlleuse commission; se préparant à toutes les disgrâces qu'un compliment semblable lui devait attirer. Il choisit le temps qu'il crut le plus propre pour insinuer avec succès les vérités qu'il avait à dire à ce prince. Il les lui proposa le plus respectueusement qu'il lui fut possible, ajoutant aux remontrances qu'il lui fit sur le commerce et les intelligences qu'il avait avec les Juifs, et les outrages qu'il faisait à sa femme, cette dangereuse prédiction qui courait par toute l'Espagne, et dont le fameux Merlin était réputé l'auteur; que bientôt un aigle s'élancerait de la petite Bretagne pour fondre sur l'Espagne avec grand nombre d'autres oiseaux de proie, dans le dessein de travailler à la ruine d'un roi violent, impudique, et sans religion, qui perdrait la couronne et la vie dans une bataille. Que cet aigle, après s'être rendu le maître de toutes les campagnes qu'il aurait désolées, s'emparerait des villes et des châteaux, dont il mettrait les clés entre les mains d'un successeur. Il lui déclara qu'il devait appréhender que l'événement de cette prophétie ne tombât sur lui : puisqu'on ne doutait plus qu'elle ne le concernât ; et qu'enfin pour écarter cet orage qui le menaçait, il devait tâcher de fléchir la miséricorde de Dieu sur ses dérèglements passés, changer de conduite et de vie, se réconcilier avec les chrétiens en leur donnant part aux affaires, dont il devait éloigner les Juifs pour jamais, et rendre à la reine Blanche sa bienveillance et son amitié, qu'il lui avait injustement ôtées. Ces raisons devaient faire quelque impression sur un esprit moins endurci que celui de Pierre le Cruel : au lieu de profiter de ces avis, il les écouta comme autant d'injures.

Il se déchaîna contre Henri, lui reprochant son ambition, qui le faisait aspirer à la couronne, dont il empêcherait bien qu'il eût jamais la possession, n'étant qu'un fils illégitime indigne de régner. Il jura qu'il lui ferait payer chèrement l'indiscrétion qu'il venait de commettre. Henri tâcha de l'adoucir, en lui témoignant qu'il ne lui avait ouvert son cœur, que pour lui montrer l'abîme où il s'allait plonger.

Cette réponse l'aigrit encore davantage ; car au lieu de lui savoir bon gré de ces avis, il lui commanda de sortir aussitôt de son royaume, s'il ne voulait encourir les effets de son ressentiment. La saillie de ce prince fut fort mal à propos soutenue par un Juif nommé Jacob, qui se trouva là : car voulant flatter Pierre, et lui faire sa cour aux dépens d'Henri, il eut le front de dire à celui-ci, qu'il était bien hardi de donner des leçons au plus sage des rois de la terre, et que le meilleur parti qu'il eût à prendre à l'avenir, était de ne se jamais présenter devant lui ; mais Henri après avoir reproché à ce Juif les pernicieux conseils qu'il donnait à Pierre, et l'infamie de sa nation, lui perça le cœur de sa dague, et le renversa mort par terre. Le roi surpris et indigné de cet attentat commis en sa présence, voulut venger à l'instant sur son frère la mort du Juif par un autre meurtre ; il tira un couteau de sa gaîne pour le tuer : mais il en fut empêché par un chevalier qui lui saisit le bras comme il allait faire le coup.

Henri s'évada dans le même instant, et n'eut pas plus tôt

descendu le degré, qu'il dit à ses gens de seller ses chevaux, afin qu'il pût sauver incessamment sa vie par la fuite. Pierre se faisait tenir à quatre, donnant mille malédictions à ceux qui le retenaient, et leur reprochant qu'ils étaient les complices de cet ambitieux, auquel il ne pardonnerait jamais le sang qu'il venait de répandre. On eut beau lui dire qu'il ne s'agissait que de la mort d'un Juif, dont la race avait attiré la malédiction de Dieu sur elle, et s'était rendue l'horreur et l'exécration des hommes, par le déicide qu'elle avait commis. Pierre fit pendre dans la suite ce pauvre chevalier qui l'avait empêché de tuer Henri.

CHAPITRE XV.

De la mort tragique de la reine Blanche de Bourbon, commandée par Pierre le Cruel, son propre mari.

Ce roi barbare avait conçu pour Blanche de Bourbon sa femme, une si mortelle aversion, qu'il mit tout en usage pour attenter à sa vie. Le poison qu'il employait pour s'en défaire, ne faisait aucun effet sur elle : parce que sachant le dessein qu'on avait de la faire mourir, elle prenait les précautions nécessaires pour se garantir d'un empoisonnement. Marie de Padille engagea Pierre à l'éloigner tout à fait de la Cour, et à lui donner un établissement dans quelque province, afin qu'on ne la vît jamais, et que cette absence, sans espérance de retour, fît le même effet que sa mort. Pierre suivit ce conseil; il confina cette princesse dans la province la plus éloignée de la Cour, et lui donna quelque apanage pour soutenir sa qualité de reine, craignant de trop aigrir ses peuples contre lui, s'il eût osé la réduire publiquement à l'état d'une condition privée. Ce domaine que Blanche avait eu pour partage, lui procura les hommages des vassaux qui relevaient de sa seigneurie.

Un riche Juif avait des terres enclavées dans le département de la reine. Il se rendit à sa cour pour s'acquitter de son devoir de sujet auprès d'elle, et comme en Espagne c'était la coutume de ce temps-là, de donner par respect un baiser à la joue de son souverain, pour marquer le zèle et l'affection qu'on aurait toute la vie pour son service ; ce Juif approcha de la reine pour la saluer comme sa dame et sa maîtresse. Elle ne put pas se défendre de recevoir de lui cette marque de vassalité ; mais après qu'il fut sorti de sa chambre, elle témoigna l'horreur qu'elle avait pour cette ridicule cérémonie, reprochant à ses domestiques le peu de soin qu'ils avaient eu d'empêcher que ce vilain ne l'approchât ; elle fit aussitôt apporter de l'eau chaude pour se laver la bouche et le visage, et nettoyer pour ainsi dire les taches que le baiser du Juif y avait imprimées. Son indignation n'en demeura pas là : car comme elle était sa souveraine, elle voulut punir du dernier supplice, la témérité qu'il avait eu de s'émanciper de la sorte ; dans la première saillie de sa colère, elle le voulut faire pendre. Le Juif étant averti qu'il avait été condamné par la reine, et qu'on le cherchait pour l'attacher au gibet par ses ordres, prit aussitôt la fuite, et vint se plaindre au roi Pierre, du dessein que Blanche avait de le faire mourir, lui faisant un crime capital d'un devoir de cérémonie, dont il avait pris la liberté de s'acquitter. Le roi le reçut sous sa protection, lui commandant de ne rien craindre, et disant qu'il s'apercevait bien que cette princesse ayant de la haine et de l'aversion pour toutes les personnes qu'il considérait, ne se ferait pas de scrupule d'entreprendre aussi sur sa propre vie, quand elle en trouverait l'occasion ; qu'il la fallait donc prévenir : mais qu'il serait bien aise de s'en défaire par des voies secrètes pour sauver les apparences et ne pas donner prise sur lui.

Le Juif, qui brûlait du désir de se venger, l'assura qu'il était aisé de l'expédier, sans qu'il parût sur son corps aucun coup ni blessure. Pierre goûta cet expédient, et déclara que celui qui lui tirerait cette épine du pied, lui rendrait un grand service. Il permit donc au Juif d'exécuter l'affaire comme il l'avait projetée, sans faire aucun éclat. Ce scélérat, qui mourait d'envie d'assouvir son ressentiment contre cette princesse, fut ravi d'avoir reçu l'ordre barbare de Pierre. Il attroupa beaucoup de gens de sa nation pour l'aider à faire son coup, et marchant toute la nuit, il se rendit avec ses associés à l'appartement de la reine. Il pénétra jusqu'à sa chambre, et frappant à la porte à une heure si indue, une des filles de Sa Majesté refusa d'ouvrir; étonnée de ce bruit, elle dit au travers de la serrure qu'il n'était pas heure pour parler à sa maîtresse, et demanda quel était le sujet de cette visite. Le Juif, pour se faire ouvrir, s'avisa de répondre qu'il avait une nouvelle agréable à donner à la reine, puisque son mari l'envoyait témoigner qu'il voulait entièrement se réconcilier avec elle. La femme de chambre courut aussitôt faire part à sa maîtresse de cette aventure imprévue, qui lui devait plaire, la félicitant d'avance de ce que le roi lui rendait son cœur, puisqu'il avait envoyé les Juifs pour l'en assurer, et qu'ils demandaient la permission d'entrer dans sa chambre, pour lui faire un message dont elle aurait une incroyable satisfaction.

La reine voyant le péril qui la menaçait, se mit à pleurer, connaissant qu'elle avait peu d'heures à vivre; car elle prévoyait bien que les Juifs qui la haïssaient mortellement, ne se seraient pas rendus auprès d'elle en si grand nombre, et à une heure si indue, sans avoir quelque ordre sanguinaire, qu'ils étaient près d'exécuter. La fille de chambre entrant dans les peines et les malheurs de sa maîtresse, jeta les hauts cris, et versant des torrents de larmes, dit qu'elle n'ouvrirait point si Sa Majesté ne le lui commandait absolument.

La reine lui fit signe de ne pas disputer davantage aux Juifs l'entrée de sa chambre, et dans le même instant elle leva les yeux au ciel, pour lui recommander le salut de son âme, protestant qu'elle n'avait point de regret de mourir innocente, et priant Dieu de répandre ses bénédictions sur le duc de Bourbon, son frère, sur la reine de France, sa sœur, sur Charles le Sage, et sur toute la famille royale. Elle n'eut pas plus tôt achevé ces paroles, que les Juifs entrèrent en foule dans sa chambre. Ils trouvèrent cette sainte princesse couchée sur son lit, tenant dans l'une de ses mains un Psautier, et dans l'autre un cierge allumé pour lire ses heures, et tournant les yeux du côté de ceux qui venaient d'entrer, elle leur demanda ce qu'ils voulaient d'elle, et qui les avait envoyés si tard pour lui parler. Ils lui répondirent qu'ils étaient au désespoir de se voir contraints de lui annoncer l'ordre sévère qu'ils avaient reçu du roi de la faire mourir, et qu'il fallait qu'elle se disposât à l'instant à sa dernière heure.

Ce discours fut interrompu par les cris de ses filles, qui se déchiraient les cheveux, et faisaient retentir la chambre de leurs sanglots, et de leurs soupirs, se disant l'une à l'autre qu'on faisait injustement mourir la meilleure princesse du monde, conjurant le Ciel de venger cette inhumanité sur ceux qui en étaient les auteurs. La pauvre reine leur commanda de donner des bornes à leurs plaintes, ajoutant qu'elles ne la devaient pas plaindre avec tant de deuil, puisqu'elle allait mourir innocente, et que c'était plutôt la conduite de Pierre son mari qui devait leur faire pitié, commettant cette barbarie par les malins conseils d'une intrigante, qui depuis longtemps était altérée de son sang.

Les Juifs appréhendant que les cris et le vacarme qu'allaient faire les filles de la reine, n'empêchassent l'exécution de leur maîtresse, et ne révélassent le meurtre qu'ils avaient envie de cacher, les prirent toutes par la main, les arrachèrent de sa chambre, et les traînant dans une cave, les y firent étrangler, afin de tuer ensuite la reine Blanche avec plus de secret et de liberté. Ces enragés ne tardèrent pas à l'achever, en l'écrasant par la chute d'une grosse poutre qu'ils laissèrent tomber sur elle, afin de l'étouffer, sans qu'il parût aucune goutte de sang sur son visage, ni sur son corps : quand ils eurent fait ce détestable coup, ils se retirèrent aussitôt dans un château situé sur une haute roche, que le roi leur avait indiqué pour asile.

Ce prince inhumain ne voulant pas s'attirer le reproche du meurtre qu'il avait commandé, garda tous les dehors dont il put s'aviser, faisant publier un manifeste dans lequel il se disculpait de son mieux de cette action ; mais la conduite qu'il tint dans la suite ne justifia que trop qu'il en était l'auteur : car au lieu d'assiéger ce château, dans lequel ces scélérats s'étaient cantonnés, pour en faire justice, ils en sortirent six mois après avec une impunité qui fit horreur à tout le monde ; on vit bien qu'ils n'avaient été que les ministres de la cruauté de Pierre. Chacun fit des imprécations contre ce méchant prince qui n'avait point rougi de commettre un attentat si exécrable. La plupart des Juifs même, qui jusqu'alors avaient été ses partisans les plus déclarés, ne purent se taire. Pierre, de son côté, se précautionna contre les entreprises que Henri pourrait faire dans ses États. Il leva des troupes, gagna par les dons et par les bienfaits, les principaux seigneurs de Castille, et fit tant de largesses pour engager les gens dans son parti, que le pauvre Henri se vit abandonné de tout le monde, et contraint de chercher un asile dans les pays étrangers.

Ce prince infortuné s'alla jeter entre les bras du roi d'Aragon, qui le reçut dans sa Cour avec humanité. Le récit que lui fit Henri de la cause de sa disgrâce l'étonna beaucoup quand il lui dit que Pierre le persécutait et l'avait forcé de sortir de ses États, parce qu'il avait pris la liberté de lui représenter l'horreur que tout le monde avait de ses cruautés.

Ce prince lui répondit qu'il n'osait pas lui promettre de l'appuyer par la force des armes, parce que le repos de ses peuples ne lui permettait pas d'attirer dans ses États une guerre de gaîté de cœur; mais que s'il voulait établir son séjour sur les terres de son obéissance, il lui donnerait honnêtement de quoi subsister selon sa qualité. Henri fut trop heureux d'accepter ce parti; mais il fut bientôt troublé dans l'asile qu'il avait cherché, car Pierre sachant que le roi d'Aragon l'avait reçu dans ses États et le régalait de son mieux, lui faisant tous les honneurs qu'un souverain réfugié pouvait attendre de sa courtoisie, il écrivit une lettre très-forte à ce prince, dans laquelle il lui mandait qu'il lui savait mauvais gré d'avoir tendu les bras à un bâtard perfide qui lui voulait ravir sa couronne, que s'il lui donnait retraite davantage sur ses terres il lui déclarerait la guerre et le regarderait comme son ennemi; qu'il espérait donc, que pour prévenir les hostilités auxquelles il devait s'attendre, il le chasserait au plus tôt de ses États comme un scélérat qui ne méritait pas qu'aucun prince fût touché de sa disgrâce et de sa misère.

Ce fut à Perpignan que le roi d'Aragon reçut cette lettre. La politique et la raison d'État lui ouvrirent les yeux; il en fit part à la reine sa femme, qui lui représenta le danger qu'il y avait de retenir plus longtemps un tel hôte, et qu'il était de la dernière importance de le congédier au plus tôt, de peur que l'orage qui le menaçait venant à tomber aussi sur eux, ne rendît leur perte commune avec la sienne; qu'il fallait donc le renvoyer sur-le-champ, en lui faisant comprendre qu'il était trop raisonnable pour vouloir que pour sa querelle particulière on risquât, non-seulement la tranquillité, mais aussi la conservation du royaume. Ces remontrances étaient trop sensées pour n'être pas approuvées du roi d'Aragon, qui voyait le péril dans lequel il s'allait plonger s'il épousait ouvertement les intérêts d'Henri contre Pierre, dont toutes les forces viendraient fondre sur ses États, au cas qu'il s'opiniâtrât à vouloir donner au premier un plus long asile en sa Cour. Il le fit appeler pour lui communiquer la lettre de Pierre et les menaces qu'elle contenait, au cas qu'il demeurât plus longtemps avec eux. Henri comprit bientôt ce que cela voulait dire. Il lui déclara qu'il allait empêcher, par un prompt départ, que le repos de ses peuples ne fût troublé, qu'au reste il espérait que Dieu serait le protecteur de son bon droit, et lui inspirerait les moyens de monter un jour sur le trône de ses pères, qu'un usurpateur avait envahi, qu'il le désirait avec d'autant plus de passion qu'il se verrait alors en état de reconnaître les bons offices qu'il avait reçus de lui. Ces paroles prononcées par un prince malheureux touchèrent si fort le roi d'Aragon, qu'il ne put s'empêcher de s'attendrir sur le déplorable état auquel il se voyait contraint de l'abandonner. Il ne put donc le voir sortir de sa Cour sans pleurer et sans lui témoigner la part qu'il prenait à son infortune. Henri répondit de son mieux à ce mouvement de tendresse et de compassion, l'assurant que l'absence et l'éloignement de sa Cour ne lui feraient jamais perdre le souvenir de ses honnêtetés.

CHAPITRE XVI.

Comment Bertrand fit un corps d'armée de tous les vagabonds de France, et les mena en Espagne contre Pierre le Cruel, pour venger la mort de la reine Blanche et faire monter Henri sur le trône.

Toute la France apprit avec douleur l'inhumanité de Pierre envers la reine Blanche; les circonstances aggravaient le crime de Pierre et rendaient le sort de cette princesse encore plus déplorable. La reine de France, sa sœur, et le duc de Bourbon, son frère, furent indignés; le roi Charles le Sage entrait fort dans leur ressentiment et ne cherchait que l'occasion de le faire au plus tôt éclater. Elle se présenta la plus favorable du monde. Le royaume de France regorgeait de bandits et de vagabonds qui le désolaient par leurs brigandages. On ne pouvait empêcher ce désordre, parce que la foule de ces voleurs grossissait tous les jours; beaucoup d'Allemands, d'Anglais, de Navarrais et de Flamands infectaient les campagnes, brûlaient les châteaux après les avoir saccagés et mettaient à rançon la noblesse. Les édits du prince étaient méprisés. La force et la violence faisaient la souveraine loi de l'Etat, si bien qu'il semblait que la France était devenue la proie de ces enragés.

Le roi Charles voulant arrêter le cours de tant de maux, assembla les plus sages têtes de l'Etat, pour aviser ensemble aux moyens d'apporter un prompt remède à tant de malheurs, sans en venir à une guerre ouverte contre ces brigands. Bertrand le tira de peine en lui suggérant le spécieux prétexte de venger en Espagne la cruelle mort de la reine *Blanche* sa belle-sœur, et l'assurant que s'il pouvait s'aboucher une fois avec cette troupe de vagabonds, il les cajolerait si bien, qu'il les ferait entrer dans ses sentiments, et leur inspirerait le désir de tourner leurs armes contre le roi Pierre, dans l'espérance de s'enrichir des dépouilles de l'Espagne qui leur serait ouverte par la guerre qu'on déclarerait à ce prince. Il s'offrit même de se mettre à leur tête et de les commander pour faire réussir une si juste expédition, représentant au roi que par ce moyen il purgerait la France de ces étrangers, et les emploierait utilement ailleurs contre les ennemis de la couronne. Charles donna les mains à la proposition de Bertrand, et dépêcha sur l'heure un héraut auprès des chefs et généraux de tous ces gens ramassés pour en obtenir un sauf-conduit, afin qu'il pût ensuite leur envoyer quelqu'un qui s'abouchât avec eux en sûreté.

Ce trompette les trouva campés assez près de Châlon-sur-Saône; ils le reconnurent d'abord parce que les armes du roi qu'il portait sur son hoqueton, firent découvrir qu'il venait de la part de Sa Majesté. Quelques soldats le conduisirent pour le faire parler à ceux qui tenaient le premier rang dans leur armée : sa présence les surprit un peu quand il les trouva tous à table. Les premiers auxquels il adressa la parole furent Hugues Caurelay, Mathieu de Gournay, Nicolas Strambourt, Robert Scot, Gauthier Huet, le chevalier Vert, le baron de Lermes, le seigneur de Presses, et Jean d'Évreux qui furent tous d'avis de ne pas refuser le passeport qu'on leur demandait. Hugues de Caurelay s'intéressa à ce qu'on l'accordât au plus tôt, disant qu'il mourait d'envie de revoir Bertrand pour lui faire boire de son vin; il chargea le héraut de lui faire ses compliments. Celui-ci revint en grande diligence mettre le passeport entre les mains de Bertrand, qui sans perdre de temps les alla trouver. Aussitôt qu'il parut, ils lui firent mille caresses, Hugues de Caurelay par-dessus les autres, se jetant à son cou, l'assura qu'il le suivrait partout, pourvu qu'il ne lui fît pas prendre les armes contre le prince de Galles son seigneur. Bertrand lui répondit, que ce n'était pas à lui qu'on en voulait, et qu'il pouvait là-dessus compter sur sa parole. Caurelay, transporté de joie, versa du vin de sa propre main; Bertrand fit quelque façon de prendre le verre; mais il lui fallut enfin condescendre à la volonté d'un ami qui le lui présentait de si bon cœur. Quand ils se furent tous salués en buvant les uns aux autres, Bertrand leur déclara le sujet qui l'avait fait venir auprès d'eux, leur disant que le roi de France, ulcéré contre Pierre, avait dessein de le faire repentir de la mort cruelle qu'il avait fait souffrir à la reine Blanche, sa belle-sœur, et que pour punir ce cruel prince d'un si noir attentat, il avait résolu de porter la guerre dans le sein de ses Etats : que le roi son maître l'avait chargé de leur dire de sa part, que s'ils voulaient épouser un si juste ressentiment, et lui prêter leurs troupes et leur secours, il leur ferait payer non-seulement la somme de deux cent mille livres comptant, mais leur ménagerait encore auprès du Saint-Père l'absolution de tous les péchés qu'ils avaient commis ; qu'il leur conseillait de prendre ce parti, d'autant plus qu'ils iraient dans un pays opulent, dont la dépouille les enrichirait.

Hugues de Caurelay prenant la parole, lui répéta ce qu'il lui avait déjà dit, qu'à l'exception du prince de Galles, il le servirait envers et contre tous. Bertrand lui ayant confirmé ce qu'il lui avait déjà répondu, que le roi de France ne songeait point à ce prince, le conjura d'engager les autres capitaines dans son projet. Caurelay gagna tous les chefs Gascons, Anglais, Bretons, Navarrais, qui lui donnèrent leur parole de marcher sous les enseignes de Bertrand, au premier ordre qu'ils en recevraient. Il y en eut quelques-uns qui se laissèrent seulement entraîner par le plus grand nombre, et qui regrettaient de sortir de France, dont le pays leur paraissait plus doux et plus agréable, et dont les dépouilles les accommodaient bien mieux que celles qu'on leur faisait espérer en Espagne, où l'on ne pouvait aller sans essuyer des fatigues incroyables, et sans franchir des montagnes escarpées. Cependant il fallut céder au torrent et donner avec les autres leur parole à Bertrand, qui prit congé d'eux, en leur promettant de leur donner de ses nouvelles au premier jour, et qu'il allait faire part au roi, son maître, de la résolution qu'ils avaient prise de le servir fidèlement, qu'il leur manderait quand il serait temps de le venir trouver. Il les pria de croire que ce prince leur ferait le meilleur accueil, et qu'ils auraient tout sujet de se louer de lui : ils lui répondirent qu'ils n'en doutaient pas, mais qu'ils avaient plus de confiance en lui seul, qu'en tous les prélats de France et d'Avignon.

Bertrand les voyant en si belle humeur, leur représenta que pour faire les choses de bonne grâce auprès de Sa Majesté, qu'ils devaient voir au premier jour, il leur conseillait de lui rendre auparavant les châteaux et les forts dont ils s'étaient emparés durant les derniers troubles. Ils l'assurèrent qu'il devait y compter, et que ce ne serait pas une affaire pour eux de rendre des places qu'ils n'avaient pas envie de garder : puisqu'ils allaient quitter la France pour jamais.

Guesclin s'en retourna satisfait, et vint à toutes jambes à Paris pour assurer le roi qu'il allait délivrer le royaume de tous les bandits et scélérats qui l'avaient désolé jusqu'alors par leurs pilleries, et que s'il plaisait à Sa Majesté que leurs généraux la vinssent trouver à sa Cour, ils étaient disposés à s'y rendre pour lui confirmer en personne la résolution qu'ils avaient prise de passer en Espagne, pour venger la cruauté exercée contre la reine Blanche, sa belle-sœur. Le roi lui donna l'ordre de les appeler, mais à condition que ce serait à petit bruit et sans éclat qu'ils se rendraient auprès de lui.

Bertrand leur fit aussitôt savoir les intentions de son maître qu'ils exécutèrent ponctuellement, mettant pied à terre au Temple, à Paris, où le roi Charles avait établi sa demeure. Ce prince leur fit mille caresses, les régala de son mieux et les combla de présents pour les engager davantage dans ses intérêts. Les principaux seigneurs de la Cour, ne se contentèrent pas de faire connaissance avec eux, ils voulurent encore lier une amitié très-étroite avec ces généraux avec qui ils avaient à vivre plus d'un jour. Le comte de La Marche, le Bègue de Vilaines, le maréchal d'Andreghem, Olivier de Mauny, Guillaume de Boitel et Guillaume de Lannoy s'approchèrent d'eux et leur déclarèrent qu'ils seraient bien aises de partager les périls de la guerre qu'ils allaient entreprendre. Ces chefs furent ravis d'apprendre leur résolution, en assurant qu'une si noble et si généreuse compagnie leur donnerait encore plus de chaleur à bien combattre. Bertrand les assembla tous à Châlon-sur-Saône, et les fit marcher du côté d'Avignon. Quand la France les vit en marche, elle commença à respirer, s'estimant heureuse d'être délivrée de ces fâcheux hôtes qui l'avaient presque mise à deux doigts de sa perte. Elle donna mille bénédictions à Guesclin de ce qu'il avait trouvé le secret de l'en débarrasser sans effusion de sang.

Le mouvement que cette formidable armée fit du côté d'Avignon, fit trembler le Pape et tout le conclave qui faisaient alors leur résidence dans cette belle ville. Sa Sainteté craignit qu'ils ne vinssent fondre sur la province pour la ravager. Afin de prévenir le danger qui les menaçait tous, il s'avisa d'envoyer au-devant d'eux un cardinal pour apprendre le sujet qui leur faisait faire ces mouvements, avec ordre de leur déclarer de sa part, que s'ils passaient outre pour commettre des hostilités et faire des ravages à leur ordinaire sur les terres de son obéissance, il lancerait contre eux les foudres de l'excommunication pour les ranger à leur devoir, et leur apprendre à vivre en chrétiens, et non pas comme des infidèles. Ce cardinal fit toutes les diligences possibles pour se rendre à leur camp et s'acquitter auprès d'eux de la commission dont le Pape l'avait chargé. Il trouva sur sa route un Anglais qui l'assura qu'il avait à négocier avec des gens tout à fait intraitables. Il lui demanda s'il leur apportait de l'argent, sans quoi il n'y avait rien à faire.

Le prélat fut extrêmement surpris de ce compliment, et vit bien qu'il aurait de la peine à finir avec ces gens-là, sans qu'il en coûtât beaucoup à Sa Sainteté. Quand ils le virent approcher, ils vinrent au-devant de lui. Bertrand du Guesclin, le comte de La Marche, Arnould d'Andreghem, maréchal de France, Hugues de Caurelay, Jean d'Evreux, Gautier Huet, Robert Scot, Olivier de Mauny, le chevalier Vert et beaucoup d'autres officiers voulant lui témoigner le respect qu'ils portaient à son caractère et à sa dignité, s'approchèrent avec de profondes soumissions, et tel qui le voyait revêtu de la pourpre eût voulu volontiers en avoir la dépouille. Quand ce cardinal les vit tous rangés autour de lui dans l'attente de ce qu'il avait à leur dire de la part du Pape, il leur expliqua le plus succinctement qu'il put le sujet de sa commission, les conjurant de ne commettre aucune hostilité, s'ils voulaient obtenir du Saint Père l'absolution de tous les désordres qu'ils avaient commis.

Le maréchal d'Andreghem, homme de bon sens et qui dès sa jeunesse avait été nourri dans le grand monde, prit la parole au nom de tous, lui représentant que cette armée était sortie de France dans le dessein d'expier par une guerre sainte les maux qu'avaient fait dans la chrétienté ceux qui la composaient : mais avant de la commencer, il lui fit entendre qu'ils avaient cru se devoir munir de l'absolution du Saint-Père, et lui demander la somme de deux cent mille livres pour les aider à soutenir les frais et les fatigues du long voyage qu'ils avaient à faire : qu'ils espéraient ce secours du Pape, sachant qu'il avait assez de charité pour ajouter ses aumônes et ses libéralités à l'absolution qu'ils en espéraient.

Le cardinal, qui ne s'attendait pas à ce compliment, parut étonné du second article de la réponse du maréchal, et leur dit à tous qu'il leur répondait seulement de la bénédiction du Saint-Père et de l'absolution de leurs crimes : mais que pour l'argent qu'ils lui demandaient, il n'osait pas s'en rendre garant. Bertrand, qui ne le voulait pas amuser, lui déclara nettement qu'il en fallait passer par là, s'il voulait contenir la licence de ces vagabonds, dont les mains étaient accoutumées au brigandage, et qui se souciaient moins de l'absolution qu'il leur promettait, que des deniers qu'ils lui demandaient, était tous prêts en cas de refus, à faire sur les Etats du Pape, des déprédations horribles. Son Eminence appréhendant le dégât dont on le menaçait, pria Bertrand et les autres de tenir tout en suspens jusqu'à ce qu'elle lui donnât de ses nouvelles. On l'assura qu'on ferait de son mieux pour arrêter le cours des désordres : mais qu'on ne lui promettait pas de tout empêcher, parce qu'il n'était pas possible de faire vivre avec une discipline exacte tant de soldats affamés, qui soupiraient après un prompt secours. Le cardinal se le tint pour dit, et partit sur l'heure pour venir rendre compte au Pape de ce qui se passait. Ceux d'Avignon, dans l'impatience d'apprendre quel serait leur sort l'arrêtèrent sur le chemin pour lui demander où en étaient les affaires et s'il avait de bonnes nouvelles à leur apporter. Je crois, leur dit-il, que tout ira bien si nous leur donnons de l'argent. Le Pape qu'il alla trouver fut bien étonné de ce compliment qu'il lui fit de leur part, disant que c'était bien assez qu'il leur accordât l'absolution, sans leur imposer d'aumône expiatoire.

Cependant après avoir mûrement pesé le tout, il convint

de leur faire toucher cent mille livres : car Bertrand s'était contenté de recevoir seulement la moitié de la somme qu'on avait demandée.

Cette foule de vagabonds, ou plutôt cette armée de brigands n'ayant plus de prétexte assez spécieux pour prendre racine sur les terres de l'Eglise, rebroussa chemin du côté de Toulouse, où le duc d'Anjou faisait sa résidence, et tenait sa Cour. Ce prince caressa si bien Bertrand et les généraux qui portaient les armes sous lui, qu'il les engagea à aller en Aragon pour assister Henri contre le roi de ce pays nommé Pierre le Cruel ; il était devenu l'horreur et l'exécration de toute l'Europe, par le meurtre de la reine Blanche de Bourbon, sa femme. Ce duc exagéra ce crime avec tant de force, et pressa si fort Bertrand de le venger, que ce général lui promit de tout hasarder, pour ôter la couronne de dessus la tête de Pierre, et la mettre sur celle d'Henri.

Les choses étant ainsi concertées, Bertrand prit congé du duc, et fit faire à ses troupes de si longues traites, qu'elles se virent bientôt à la veille d'entrer dans l'Aragon. Leur marche se fit avec tant de bruit et tant de fracas, que Pierre en eut bientôt la nouvelle. Il l'apprit avec douleur, lorsqu'il était à la tête de grand nombre d'Espagnols ravageant les terres d'Henri, portant la désolation, le fer et le feu dans tous les lieux qu'il savait lui appartenir, et le cherchant lui-même en personne pour en faire la victime de sa fureur. Ce pauvre prince, persécuté de tous côtés, se tenait à couvert dans l'un de ses châteaux avec sa femme et ses enfants, appelant auprès de lui ce qu'il avait d'amis et de créatures, pour tâcher de faire quelque diversion contre ce roi cruel, qui s'acharnait à sa ruine : mais quand il apprit l'arrivée de Bertrand avec tout son monde, il regarda ce secours comme un miraculeux effet de la protection du Ciel en sa faveur ; il se déroba secrètement du lieu où il s'était retiré pour le venir trouver, et remettre entre ses mains le soin de sa personne et de ses intérêts. Guesclin l'embrassa tendrement, et lui protesta qu'il ne remettrait jamais le pied en France, qu'auparavant il ne l'eût fait monter sur le trône d'Espagne, qu'il méritait mieux que le renégat Pierre, qui s'en était rendu indigne et par son infidélité à la religion chrétienne, et par l'inhumanité qu'il avait commise à l'égard de sa propre femme.

Henri, ravi de voir que Bertrand avait de si bonnes intentions pour lui, le conjura de venir se délasser avec les principaux officiers de l'armée dans son château, où il les régala magnifiquement, et les confirma, par ses caresses et par ses présents, dans la résolution qu'ils avaient prise d'épouser sa querelle. Cette confédération fut bientôt découverte. Un espion en alla donner avis à Pierre, et lui fit le récit de tout ce qu'il avait vu, circonstanciant les choses avec clarté, annonçant qu'il était sorti de France une fourmilière de troupes, qui venaient fondre sur ses États. Pierre consterné lui demanda le nom de celui qui les commandait; et quand il sut qu'il s'appelait *Bertrand*, il se mit à grincer des dents, à rouler les yeux, et il déchira de rage et de colère les habits qu'il portait.

Un Juif qui pour lors avait entré dans son conseil, et qui fut un des témoins de cet emportement prit la liberté de lui demander le sujet de son désespoir; Pierre ayant repris ses esprits, lui répondit que l'heure fatale était arrivée où on lui arracherait des mains le sceptre d'Espagne : puisque Bertrand, désigné par l'aigle qui lui devait ravir la couronne, était entré dans ses Etats, pour les conquérir au profit de son frère Henri, qui serait couronné à Burgos en sa place. Il n'eut pas plus tôt achevé ces paroles, que l'abattement et le désespoir le firent tomber par terre. Le Juif essaya de le calmer; et le relevant, il l'assura que quand Henri se serait rendu maître de Burgos, de Tolède et de Séville la Grande, par le secours de Bertrand et des Français qu'il commandait, il ne serait pas dit pour cela qu'il fût roi d'Espagne, et qu'il aurait encore bien du chemin à faire, avant que de prendre les villes, dont la fidélité ne devait point lui être suspecte. Ce discours ne fut point capable de consoler Pierre, et de le faire sortir de l'alarme dans laquelle il était. Il semblait au contraire que la terreur en était encore augmentée : car il fit serment de ne pas rester davantage en Aragon, de peur que Bertrand ne l'y vînt accabler. Il donna des ordres fort pressants à ses gens de se tenir prêts pour partir aussitôt. On employa la nuit à plier bagage, et dès le lendemain ce prince prit le chemin de Burgos à la pointe du jour.

Il fit tant de diligence, qu'il gagna Maguelon, frontière d'Espagne. Cette ville était assez importante, ayant un bon château où l'on pouvait se défendre longtemps : mais la crainte dont Pierre était saisi, lui donna des ailes pour se rendre à perte d'haleine à Burgos, qui pour lors était la capitale de la Castille, où l'on avait accoutumé de couronner les rois d'Espagne. Les chrétiens de Burgos voyaient avec un déplaisir extrême la grande liaison qu'il avait avec les Juifs, ils ne se promettaient rien de bon de ce commerce. Cependant Pierre eut si peu d'égard à leurs plaintes, qu'il voulut nouer encore de plus étroites liaisons avec ces ennemis du christianisme ; et comme il avait dessein d'établir sa Cour dans cette grande ville, il la fortifia de nouveau, la faisant revêtir de murailles plus hautes et plus épaisses, et commandant qu'on ouvrît tout autour des fossés plus larges et plus profonds, afin de s'y pouvoir défendre, en cas que son frère Henri, secondé de Bertrand, l'y vînt attaquer.

Il faut remarquer que les soldats de Guesclin se faisaient appeler la *blanche compagnie*, parce qu'ils portaient tous une croix blanche sur l'épaule, comme voulant témoigner qu'ils n'avaient pris les armes que pour abolir le Judaïsme en Espagne, et combattre le prince qui le protégeait. Cette armée fit un mouvement et quitta l'Aragon pour entrer plus avant dans l'Espagne, afin de chercher Pierre, et de ne lui donner ni repos ni trêve. Bertrand s'informa quelle était la route la plus sûre et la plus commode à tenir. Henri, qui connaissait le pays, lui répondit qu'il était nécessaire d'aller jusqu'à Maguelon, que de là on pourrait percer au travers de l'Espagne avec facilité. Guesclin marcha de ce côté-là. L'armée fit de si grandes traites, qu'elle se trouva bientôt aux portes de cette ville. Il y eut ordre de camper devant. Henri voulut tenter si par des voies amicales il ne pourrait pas engager le gouverneur à lui remettre la place entre les mains, avant que d'en venir à la force ouverte. Il se rendit donc aux barrières, et fit appeler le capitaine qui y commandait. Cet homme parut aussitôt pour savoir ce qu'il voulait de lui. Ce prince lui dit qu'il s'appelait Henri, comte de Transtamare, à qui le royaume d'Espagne appartenait de plein droit; et que comme tel il lui commandait de lui ouvrir les portes de Maguelon (1). Le gouverneur lui répondit fièrement qu'il ne le reconnaissait point pour souverain, qu'il tenait la place au nom du roi Pierre, et qu'il ne la rendrait qu'à lui seul; qu'il eût donc à se retirer au plus tôt, et qu'autrement il le ferait charger. Henri indigné de l'insolence de ce capitaine et de la fierté de sa repartie, se sépara de lui, en le menaçant qu'il le ferait bientôt repentir de sa témérité : mais le gouverneur témoigna qu'il se souciait peu non-seulement de lui, mais de toutes les troupes qu'il avait amenées.

CHAPITRE XVII.

Bertrand prend Maguelon et autres fortes villes d'Espagne, en faveur de Henri contre Pierre.

Aussitôt que ce prince eut fait le rapport à Bertrand de la manière insolente avec laquelle le gouverneur avait reçu sa proposition, on résolut d'insulter cette ville et de la prendre d'assaut. Guesclin fit préparer les arbalétriers et les archers pour cette expédition. Les fossés furent remplis de fascines; et l'on en jeta tant, que bientôt elles égalèrent la hauteur des murs. Quoique les assiégés fissent les derniers efforts pour empêcher le travail des soldats qui tâchaient de combler ces fossés, en lançant sur eux des pots pleins de chaux vive : cependant cette résistance ne fut point capable d'intimider les assiégeants, qui poussèrent leur ouvrage jusqu'au bout avec une généreuse opiniâtreté. Quand ils se virent à la hauteur des murs, ils tirèrent sur la ville tant de traits d'arbalètes et de flèches, que ceux de Maguelon n'osaient se montrer. Guillaume Boitel fit d'un autre côté percer le mur à force de pics et d'autres instruments; il s'ouvrit l'entrée de la ville, qui fut mise au pillage après que le soldat victorieux eut tué un grand nombre d'Espagnols et de Juifs qui faisaient mine de résister.

(1) Ou Mugalon.

Les dépouilles furent grandes : car les Juifs qui se rendirent à discrétion, sacrifièrent leurs richesses pour se racheter et payer leur rançon.

Bertrand avait promis le pillage, aussi fallait-il contenter l'avidité de tant de Bretons français, Normands, Liégeois, Wallons, Flamands, Brabançons et Gascons, dont ses troupes étaient composées, et qui ne s'étaient engagés dans cette expédition que pour s'enrichir de la ruine de l'Espagne. Le maréchal d'Andreghem, Hugues de Caurelay, Gautier Huet, et son frère, Guillaume Boitel, le sire de Beaujeu, secondèrent Bertrand avec une bravoure admirable, se mettant chacun d'eux à la tête des gens qu'ils commandaient, et les menèrent à l'assaut, en leur donnant les premiers l'exemple de bien faire.

La prise de Maguelon jeta la terreur en Espagne, et rendit le nom de Bertrand si redoutable, qu'on ne le prononçait qu'en tremblant. Après qu'il eut laissé garnison dans la ville, il poursuivit sa route ; et comme l'expérience qu'il avait dans la guerre ne lui permettait pas de laisser derrière lui aucune place qui pût incommoder sa marche, il fit halte à deux lieues de là devant Borgues, ville importante et forte, dont il crut se devoir assurer, avant d'entrer plus avant dans le pays. Henri, dont on épousait la querelle, voulut faire auprès du gouverneur de cette ville la même tentative qu'il avait déjà essayée auprès de celui de Maguelon, le sommant de lui rendre sa place. Ce capitaine lui témoigna que le roi, son frère, ne lui pardonnerait jamais la trahison qu'il lui ferait, s'il était assez lâche pour lui ouvrir les portes d'une ville dont il lui avait confié la garde, et qu'il ne devait pas trouver mauvais s'il se défendait en homme de cœur, comme son honneur et sa conscience le demandaient. Ce prince lui représenta qu'en cas de refus il allait attirer les Français, dont les armes étaient redoutables, et qui ne lui feraient aucun quartier quand ils auraient pris la ville d'assaut. Le capitaine demeura inflexible, et parut peu sensible aux menaces qu'il lui faisait, si bien que Henri fut obligé de se retirer sans avoir rien pu gagner sur l'esprit de ce gouverneur.

Quand Bertrand à qui il fit part de son peu de succès, eut

appris l'opiniâtreté de cet homme, il fit serment qu'il ne lèverait point le piquet (1) de devant cette ville, qu'il ne l'eût auparavant emportée; il commanda, comme il avait fait devant Maguelon, les archers et les arbalétriers, pour tirer sur les assiégés qui se présenteraient pour défendre les remparts. Il employa les valets et les goujats à remplir les fossés. Ceux de dedans firent de leur mieux pour les écarter en jetant des carreaux de pierres sur eux : mais ils ne purent empêcher qu'à force de pics et de leviers ils n'entamassent leurs murailles, et même qu'on n'y attachât des échelles de corde, à la faveur desquelles plusieurs eurent la hardiesse de monter, quoique les Juifs et les Sarrasins, dont cette ville était remplie, jetassent de l'eau chaude sur eux. Ils entrèrent dans la ville. Il y eut un Normand qui fut assez brave pour planter le premier l'étendard de Bertrand sur le mur; il cria aux autres que la ville était prise, et qu'ils montassent hardiment. Il se vit bientôt suivi d'une foule de déterminés qui s'accrochèrent aux échelles, et le joignirent en grand nombre. De là se répandant en foule dans la ville, ils s'allèrent saisir des portes et les ouvrirent à leurs compagnons, qui s'y jetant à corps perdu, firent crier miséricorde à tous les bourgeois qui, se mettant à genoux avec leurs femmes et leurs enfants, demandèrent quartier, déclarant qu'ils se rendaient au prince Henri, qu'ils voulaient reconnaître à l'avenir pour leur maître et leur souverain.

Ce prince qui voulait se faire un mérite de sa clémence, pour attirer les autres dans son parti, se laissa fléchir à leurs prières : il leur promit que non-seulement ils auraient la vie sauve, mais aussi la jouissance de leurs biens auxquels il défendit de toucher. Il ne voulut avoir cette indulgence que pour les chrétiens : quant aux Juifs et Sarrasins, qu'il savait entièrement dévoués à Pierre, il ne leur fit aucun quartier. Il ne s'agissait plus après cette conquête que de récompenser Bertrand des importants services qu'il lui avait rendus; pour lui témoigner sa reconnaissance, il lui donna le comté de Mo-

---

(1) Lever le piquet ou lever le camp sont synonymes, à cause du piquet qui servait à soutenir les tentes.

lina qui se trouvait enclavé dans les dépendances de cette ville. Après que la compagnie blanche eut fait quelque séjour dans ce pays pour se reposer et se délasser de toutes les fatigues que ces deux siéges lui firent essuyer, ces troupes victorieuses s'allèrent jeter sur Bervesque, place forte, dans laquelle Pierre avait fait entrer une garnison d'Espagnols dévoués à son parti. Le prince Henri les sonda comme les gouverneurs des deux dernières villes, leur représentant qu'ils soutenaient une méchante cause, puisqu'ils appuyaient les intérêts d'un homme qui avait trahi sa foi sans écouter les reproches secrets de sa conscience, qui ne faisait point de scrupule d'avoir un commerce visible avec les Juifs, sans se soucier si cette apostasie lui devait attirer la malédiction de Dieu et des hommes : que s'ils voulaient se donner à lui de bonne foi, ils auraient sujet de s'en louer. Ces paroles, quelque insinuantes qu'elles fussent, ne servirent qu'à les endurcir encore davantage, et à les rendre plus fiers et plus intraitables. Quand Bertrand sut d'Henri la brutalité de ces gens, il jura dans son langage ordinaire en disant à ce prince : *A Dieu le veut, ces gars ne vous doutent en rien, mais je vous le rendray bien brief* (1).

Il fit donc investir cette ville, et se mit à la tête des plus braves pour commencer l'attaque. Les assiégés se présentèrent sur les murs dans la résolution de se bien défendre. Tandis que Bertrand les amusait par les archers qui lançaient contre eux leurs dards et leurs flèches, Hugues de Caurelay choisit quelques troupes des plus aguerries avec lesquelles il s'approcha de la Juiverie, dont il fit entamer les murailles à grands coups de marteau d'acier ; et y ayant ouvert de larges trous, les Juifs craignirent qu'on ne fît d'eux tous une boucherie, s'ils s'opiniâtraient à faire quelque résistance : ils facilitèrent l'entrée de la ville par leur quartier pour sauver leur vie. Il y eut un Breton des gens de Caurelay qui se transporta aussitôt sur les murs, et y arbora l'étendard de Bertrand en criant Guesclin. Ce signal encouragea les autres

---

(1) A la volonté de Dieu ! Ces garçons ne vous redoutent en rien, mais je vous en vengerai bientôt. (N. E.)

à faire les derniers efforts pour monter à la faveur de plusieurs échelles de corde dont ils avaient provision.

Cet assaut fut meurtrier des deux côtés : car tandis que les Français gravissaient les murs, et se prêtaient la main les uns les autres pour gagner le haut du rempart, les Espagnols leur jetaient sur la tête des cuves d'eau bouillante et les faisaient tomber dans le fossé. Cette disgrâce ne refroidissait point l'ardeur des assiégeants qui se relevaient avec plus de rage et de fureur et remontaient à l'assaut avec une nouvelle opiniâtreté. Les assiégés jetaient sur eux des tonneaux pleins de pierres, et de grosses poutres dont ils les accablaient : si bien que cette vigoureuse résistance donnait à douter aux Français du succès du siége. On croyait qu'on perdrait beaucoup de temps, et que peut-être on serait obligé de lever le siége. Henri craignant ce déshonneur, fit aussi les derniers efforts avec ses gens ; Bertrand, qui ne se rebutait jamais, et que la présence du péril rendait encore plus intrépide vint se présenter aux barrières de la porte avec une cognée et déchargea dessus de si grands coups qu'il les abattit. Tous les plus braves, encouragés par son exemple, s'avancèrent en foule, et entrèrent pêle-mêle avec les ennemis dans la ville, dont ils firent un carnage horrible. Ceux qui purent éviter la fureur du soldat par la fuite se cachèrent dans leurs maisons, pensant se mettre à couvert du danger, mais ils n'y furent pas plus en sûreté. Les femmes se mettaient à genoux devant les vainqueurs pour sauver la vie de leurs maris, et les enfants se prosternaient aux pieds des soldats pour les supplier de ne pas donner la mort à leurs pères : mais ces soumissions ne furent point capables d'arrêter le carnage. Il restait à prendre une ancienne tour où quelques Juifs s'étaient retirés : Bertrand en fit brûler les portes par un feu d'artifice qui la mit bientôt à bas. On ne fit aucun quartier aux plus obstinés de ceux qu'on y trouva : mais on eut quelque indulgence pour ceux qui se rendirent à discrétion.

La ville de Bervesque éprouva ainsi le sort des deux autres qu'on avait conquises, et se mit sous l'obéissance de Henri. Pierre le Cruel était à Burgos où il tenait sa cour ; il fut consterné quand deux bourgeois qui s'étaient échappés de Bervesque, lui vinrent annoncer la funeste nouvelle de sa prise, et de la bravoure avec laquelle les Français s'étaient comportés dans l'assaut qu'ils venaient de leur donner, ayant à leur tête un nommé Bertrand, dont les coups étaient autant de foudres dont personne ne pouvait se parer. Ils lui dirent que les ennemis avaient monté comme des singes sur leurs murs avec des échelles de corde, et qu'ils s'étaient ouvert le passage malgré les efforts qu'on avait fait pour le leur disputer : qu'enfin la ville était inondée du sang des Juifs, des Sarrasins et des Espagnols. Ce prince eut d'abord peine à croire cette étonnante conquête, et s'imaginant que ces deux bourgeois avaient vendu la ville à prix d'argent, il les menaça de les faire mourir. Un des deux pour se disculper lui représenta que ceux qui s'étaient emparés de la place n'étaient pas des hommes, mais des diables devant lesquels il n'était pas possible de tenir, que c'étaient des gens qui ne craignaient ni flèches, ni dards, ni blessures, ni mort : qu'ils se faisaient jour au travers de tous les périls, avançant toujours sans jamais reculer, et qu'il ne croyait pas qu'il y eût dans tous ses Etats aucun fort qui pût résister quinze jours entiers à des troupes si déterminées, et qui semblaient sortir de l'enfer.

Ce discours qui n'était que trop véritable, et qui devait faire ouvrir les yeux à Pierre pour se garantir du danger qui le menaçait, fut reçu de ce prince comme une imposture que ces deux bourgeois avaient imaginée pour couvrir la trahison qu'ils lui avaient faite, en vendant cette ville à ses ennemis; il les regarda comme deux perfides. Transporté de colère, il commanda qu'on les menât tout nus au premier bois, et qu'on les pendît tous deux au premier arbre qu'on y trouverait. Il eut tout le loisir de se repentir dans la suite d'une si grande cruauté quand il apprit que ces deux personnes ne lui avaient dit que la vérité pure sans lui rien déguiser; cependant il n'était plus temps de les regretter, puisqu'ils étaient pendus.

Pierre considérant ces merveilleux progrès que faisait Henri dans ses Etats, et le danger qui les menaçait, se tourna du côté du comte de Castres, son intime ami, pour lui confier ses peines. Il lui dit qu'il s'apercevait bien que l'heure fatale était arrivée où il devait être dépouillé de ce qu'il possédait en Espagne, e que la prophétie allait s'accomplir à ses propres dépens. Cette prophétie portait qu'un étourneau viendrait de Bretagne accompagné d'autres oiseaux avec lesquels il se rendrait maître des plus hauts colombiers, et en dénicherait les pigeons : Pierre ajouta que cette prédiction tombait sur Bertrand, originaire de ce pays, qui secondé de la *blanche compagnie*, s'était jeté sur les terres de son obéissance, avait attaqué ses plus fortes places, avait désolé toutes les campagnes et venait encore l'assiéger dans sa capitale sans lui donner ni paix ni trève, rien ne lui tenant plus au cœur que de le renverser de son trône pour y placer Henri. Le comte de Castres essaya de lui remettre l'esprit et de lui relever le courage en l'assurant qu'il avait encore de bonnes places qui lui seraient fidèles, et des troupes réglées qui feraient pour lui les efforts que des sujets zélés ont accoutumé de faire pour leur souverain légitime.

Pierre ne revenant point de son trouble, fit appeler trois Juifs dans lesquels il avait une confiance singulière. Le premier s'appelait Jacob, le second Judas et le troisième Abraham. Il les conjura de lui faire part de leurs lumières et de leurs conseils dans l'état déplorable où sa mauvaise fortune l'avait réduit. Ces trois hommes étaient assez embarrassés eux-mêmes ne sachant quel parti ce prince devait prendre pour se tirer d'un pas si dangereux. Là dessus un quatrième conseiller de la même nation, nommé Manassès, prit la liberté de lui témoigner qu'il ne le croyait pas en sûreté dans Burgos, et qu'il ferait mieux de s'établir dans Tolède, dont la citadelle était bien fortifiée, qu'il était donc d'avis qu'il partît incessamment de Burgos, et que pour ne pas effaroucher les habitants il leur fît entendre qu'il reviendrait au premier jour, puisque le but de son voyage ne tendait qu'à faire cesser par sa présence une sédition qui s'était élevée dans cette grande ville, et qu'après avoir calmé ce désordre il retournerait aussitôt sur ses pas pour venir en personne partager avec eux les dangers et les fatigues de la guerre.

Cet avis était trop sensé pour que ce prince n'y déférât pas : cependant un bourgeois de Burgos voyant que Pierre les allait quitter, ne fut pas satisfait de cette conduite, il s'ingéra de lui représenter que cette capitale, qu'il avait envie d'abandonner, avait toujours été le séjour des rois d'Espagne, dont le couronnement ne s'était jamais fait ailleurs : qu'il n'aurait pas plus tôt pris le chemin de Tolède, qu'ils se verraient en proie à leurs ennemis, qui ne manqueraient pas de les venir assiéger chez eux, et peut-être prendraient durant son absence une ville qu'il aurait après beaucoup de peine à reconquérir. Le roi tâcha de lui faire croire qu'il n'avait point de passion plus violente que celle de revenir au plus tôt à Burgos, et le conjura de ne se point alarmer de ce prompt départ, qui ne serait pas inutile à ses habitants, puisqu'il espérait les revoir avec un grand renfort pour les secourir en cas de besoin.

Ce bourgeois, le plus distingué de toute la ville, ne voulant pas être la dupe de Pierre, se mit en tête de rendre les clefs de Burgos entre les mains de Henri, si ce prince entreprenait d'y mettre le siége pour prévenir le meurtre et le pillage. Pierre pensant avoir mis bon ordre à ses affaires et comptant sur la fidélité de ceux de Burgos, ne songea plus qu'à se mettre en chemin pour se rendre à Tolède, accompagné du comte de Castres et des quatre Juifs, ses confidents; il fut reçu dans cette grande ville avec des acclamations extraordinaires. On y régala magnifiquement ce prince pour lui témoigner combien on était sensible à l'honneur qu'il faisait à ceux de Tolède, de s'établir chez eux. Pierre n'eut pas plus tôt quitté Burgos qu'un espion sortit de cette ville pour en venir donner la nouvelle à Henri, lui disant qu'il avait pris la route de Tolède, où l'on estimait qu'il avait dessein de s'enfermer. Bertrand qui se trouva présent au rapport que fit cet espion, fut d'avis qu'on allât se saisir de Burgos, promettant à Henri de l'y faire couronner roi d'Espagne.

Tout le monde applaudissant à ce conseil, chacun se mit en devoir de partir pour exécuter ce que Bertrand avait suggéré. L'on plia donc bagage toute la nuit afin de couvrir le dessein que l'on projetait. La marche de l'armée commença le lendemain dès la pointe du jour, l'on mit le bagage au milieu, l'avant-garde était conduite par le maréchal d'Andreghem, secondé d'Olivier de Mauny, d'Hugues de Caurelay, de Nicolas Strambourg, de Jean d'Evreux, de Gautier Huet et de beaucoup de chevaliers anglais qui faisaient belle contenance ; l'arrière-garde était commandée par Bertrand, dont le nom était si redoutable, qu'on était persuadé que sa personne seule valait une armée entière. Le comte de La Marche, le sire de Beaujeu, Guillaume Boitel, Guillaume de Lannoy, Henri de Saint-Omer se firent tous honneur d'accompagner un si grand capitaine, et de partager avec lui le péril et la gloire qu'il allait chercher dans cette expédition : mais surtout le prince Henri se promettait qu'elle lui serait avantageuse sous les enseignes d'un général dont les armes avaient toujours été victorieuses.

CHAPITRE XVIII.

De la reddition volontaire que ceux de Burgos et de Tolède firent de leurs villes, aussitôt qu'ils apprirent que Bertrand et la compagnie blanche étaient en marche pour les assiéger.

La ville de Burgos fut fort alarmée de la nouvelle que des espions lui donnèrent, qu'elle était menacée d'un siége, et que les ennemis faisaient un mouvement de ce côté-là. Les habitants coururent aux armes, firent fermer leurs portes et sonner la grosse cloche pour avertir tous les bourgeois. On ne se contenta pas de ces précautions : on s'assembla et on tint conseil pour délibérer sur les mesures qu'il y avait à prendre dans la circonstance. On appela l'archevêque, qu'il était nécessaire de consulter, et dont les avis étaient respectés : car étant regardé comme le père commun de la ville, on était persuadé que la longue expérience qu'il avait acquise dans le maniement des affaires, et la tendresse qu'il avait pour ses propres ouailles, le feraient opiner pour le meilleur parti. En effet, on ne se trompa pas dans l'attente que l'on en avait.

Ce grand personnage ouvrit la conférence en représentant à l'assemblée le danger évident dont tout le monde était menacé, qu'il fallait fouler aux pieds les considérations particulières pour n'envisager que le bien public, et dire chacun librement son avis, afin de dissiper au plus tôt l'orage suspendu sur leurs têtes.

Un Espagnol prit la liberté de l'interrompre, en disant qu'il lui semblait que comme toutes les personnes qui composaient ce conseil, professaient trois religions différentes, il était à propos d'en former trois classes séparées, l'une de Chrétiens, l'autre de Juifs, et l'autre de Sarrasins, qui se retirant chacune à part, pourraient délibérer en particulier sur l'affaire présente, et faire part aux autres chambres de la résolution qu'elles auraient prise réciproquement, afin que se communiquant ainsi leurs avis l'une à l'autre, on en pût former une plus mûre délibération. Cet expédient fut approuvé : chaque nation se retira dans sa chambre pour conférer avec plus de liberté sur l'état des choses.

L'archevêque présidant à celle des Chrétiens, ne balança pas à rompre la glace. Il dit hardiment que Pierre ne lui semblait pas digne de régner, puisque c'était un prince qui n'avait aucune des qualités nécessaires pour bien gouverner; qu'il était violent, brutal, inconsidéré, cruel et sans religion; n'en ayant aucune que celle des Juifs, auxquels il avait donné son oreille et son cœur, n'ayant de déférence que pour ces ennemis du christianisme, qui lui avaient fait commettre le meurtre de la reine Blanche dont le sang criait vengeance devant Dieu et devant les hommes : que le prince Henri, qui lui disputait la couronne, y avait bien plus de droit que lui, puisqu'il était né d'une dame riche et qualifiée, à laquelle Alphonse avait été fiancé, et qu'il avait toujours reconnue depuis pour sa propre femme. Que d'ailleurs ce prince, outre la validité de son titre, avait des qualités qui le faisaient aimer de tout le monde, étant bon, honnête, humain, brave, libéral et pieux catholique : que son avis était donc de le préférer à Pierre, et de l'honorer et recevoir dans l'enceinte de leurs murailles comme leur souverain légitime, à la charge qu'il leur promettrait sur les saints Evangiles de les conserver dans leurs anciens usages et la jouissance de leurs priviléges. Ce sentiment fut universellement bien reçu de tout le monde, et passa dans ce conseil sans aucune contradiction.

Les choses étant arrêtées de la sorte, on fut bien aise de savoir quel avait été là-dessus l'avis des Sarrasins : l'archevêque leur demanda des députés pour apprendre si leur opinion s'accordait avec la leur. Celui qui fut dépêché de la part des Sarrasins, déclara que leur assemblée l'avait chargé de les assurer de sa part qu'ils n'avaient point d'autre intention que de suivre en tout les mouvements qu'il leur plairait de leur inspirer là-dessus. On se loua d'une réponse si honnête et en même temps si soumise : l'archevêque lui dit que toutes les voix, ou plutôt tous les cœurs étaient tournés du côté de Henri. Le Sarrasin lui répondit que leur assemblée avait la même prédilection pour ce prince. Il ne s'agissait plus que de pressentir les Juifs. Celui que leur conseil avait chargé de la réponse, demanda avant de parler, que chacun fît serment de les laisser aller hors de la ville avec toute la sécurité possible, au cas qu'ils trouvassent à propos de prendre ce parti. La condition lui fut aussitôt accordée. Quand le Juif eut par devers lui ce qu'il demandait, il dit que, comme ils n'estimeraient pas un Juif qui se ferait chrétien, de même ils n'estimeraient pas un chrétien qui se ferait Juif, et qu'il les priait de le dispenser de s'ouvrir davantage, puisqu'il leur était aisé d'en faire l'application. Comme c'était sur la personne de Pierre que tombait le sens de cette énigme, chacun fut ravi de voir que les trois sectes différentes n'avaient eu qu'un seul sentiment, et reconnaissaient Henri pour leur roi.

Toute la ville étant donc résolue de se rendre à ce prince, il fallut prendre des mesures pour le lui communiquer. L'ambassade était délicate ; car il était dangereux que Pierre fût informé de la défection de ceux de Burgos. On jeta les yeux sur deux Cordeliers, qui ne refusèrent point de se charger de ce message ; ceux-ci ne manquèrent pas de se rendre avec leurs dépêches à l'armée de Henri qui n'était qu'à dix lieues de là. Quand on vit approcher ces deux Frères-Mineurs, on présuma que la commission qu'ils avaient ne pouvait être que fort agréable. Le plus ancien porta la parole, et dit qu'il était chargé de la part de tous les habitants de Burgos, chrétiens, Sarrasins et Juifs, de présenter au prince Henri leurs soumissions, et de le prier de se rendre incessamment dans cette ville, ne comptant pas seulement lui en ouvrir les portes, mais prétendant encore l'y couronner avec la pompe et la cérémonie qui se sont toujours observées à l'égard des nouveaux rois d'Espagne; pourvu qu'il leur promît de ne donner aucune atteinte à leurs coutumes et à leurs priviléges. Henri, charmé de recevoir une si agréable nouvelle, fit à ces Cordeliers un accueil au-dessus de leur attente même, les gratifia de forts beaux présents, et leur ordonna de retourner sur leurs pas à Burgos, pour assurer les bourgeois de sa bienveillance, et leur déclarer qu'il irait le lendemain les voir en personne, et leur donner des preuves réelles de sa protection.

Les Cordeliers après avoir été bien régalés, reprirent le chemin de Burgos et remplirent la ville d'une joie extrême par leur rapport. Les Espagnols sortirent des portes en bon ordre, à la pointe du jour, pour venir à la rencontre de leur nouveau prince; tout le clergé se mit en marche, porta devant lui la croix et la bannière, remerciant Dieu par des hymnes et des cantiques, de ce qu'il leur donnait un si généreux prince. Les ecclésiastiques étaient précédés des plus notables bourgeois, et il y en avait huit qui portaient au bout de leurs lances les clefs de la ville, à raison de ses huit portes. Les dames parurent aux fenêtres et aux balcons, superbement parées, pour donner plus d'éclat et de lustre à l'entrée du nouveau roi. Les bourgeois allèrent au-devant de lui plus de quatre lieues.

Quand Henri les aperçut, l'excès de sa joie lui fit verser des larmes. Il leur promit qu'il leur donnerait sujet de se louer de lui. Lorsqu'il vit approcher l'archevêque, il mit pied à terre avec Bertrand et plus de cinquante des principaux officiers de l'armée pour recevoir sa bénédiction. Ce vénérable prélat le harangua au nom des bourgeois de la ville qui l'environnaient, le traita de roi, lui présentant les soumissions, les hommages et l'obéissance d'un million de citoyens qui le voulaient reconnaître pour leur souverain, s'il avait la bonté de leur promettre qu'il ne toucherait point aux usages, coutumes et priviléges établis par les rois ses prédécesseurs. Henri y consentit.

Ce prince continuant sa marche avec Bertrand et les seigneurs de sa cour et de son armée, au bruit des acclamations de ceux qui s'étaient rendus auprès de sa personne pour le féliciter de son arrivée dans Burgos, entra dans cette ville avec ce superbe cortége. Toutes les cloches sonnèrent en signe d'allégresse. On logea l'armée dans les faubourgs, et ce nouveau roi se rendit au palais avec Bertrand et les principaux seigneurs qui commandaient ses troupes, où l'attendait un magnifique et splendide souper. Le peuple passa la nuit et le lendemain en réjouissances. Le vin ruisselait dans les rues, et l'on ne vit jamais de si grandes démonstrations de joies. Henri témoigna publiquement qu'il était redevable de ces succès et de ses prospérités à Bertrand.

Henri se croyant au-dessus de ses affaires, se persuada que pour s'affermir encore davantage dans le rang où il se voyait, il était de la politique d'appeler au plus tôt sa femme à Burgos, pour la faire couronner avec lui. Cette princesse étant parfaitement belle et spirituelle, pouvait beaucoup contribuer par sa présence à l'avancement de leurs communs intérêts, et cultiver par là les amis et les créatures de son mari. Ce fut pour elle une joie bien grande, quand elle apprit qu'elle allait devenir reine d'un grand royaume, lorsqu'elle croyait tout perdu pour Henri. Elle se rendit à Burgos dans un pompeux équipage, accompagnée des trois sœurs du roi son mari : mais avant d'y faire son entrée, elle descendit de carrosse aux approches de cette ville, et monta sur une belle mule qui portait une selle couverte de pierreries, d'où pendait une housse de pourpre enrichie d'un brocard d'or. Le harnais était aussi d'un prix proportionné à ces richesses.

On vint dire secrètement à Bertrand que la reine était aux portes de Burgos. Il monta aussitôt à cheval pour lui faire honneur, accompagné de Hugues Caurelay, d'Olivier de Mauny, de Jean d'Évreux et de Gautier Huet. Aussitôt qu'elle les aperçut, elle descendit de sa mule pour leur témoigner qu'elle tenait sa dignité de reine de leur bravoure et de leur valeur, et que sa prospérité ne l'avait pas tellement entêtée, qu'elle lui eût fait oublier sa première condition. Tous ces généraux descendirent la voyant à pied, et la conjurèrent de remonter sur sa mule. Elle ne le voulait pas, disant qu'il était de son devoir d'honorer ceux à qui elle était redevable de sa couronne.

Ces paroles étaient accompagnées de tant de grâce et de majesté, que ces seigneurs en étaient charmés, et se disaient l'un à l'autre qu'une telle dame méritait de régner. Quand ils furent tous remontés auprès d'elle, ses belles-sœurs examinant la mine de Bertrand, dont elles avaient tant entendu parler, s'entretinrent sur son chapitre. L'une d'elles, étonnée de son extérieur ingrat, ne put s'empêcher de dire : *Mon Dieu, qu'il est laid! est-il possible que cet homme ait acquis dans le monde une si grande réputation.* La seconde répondit qu'il ne fallait pas juger des gens par les apparences, et qu'il lui suffisait qu'il fût brave, intrépide, heureux, et sortant toujours avec succès de toutes les expéditions qu'il entreprenait. La troisième enchérit encore sur la seconde, en faisant remarquer aux deux autres, qu'il était d'une taille robuste, qu'il avait les poings gros et carrés, qu'il avait la peau noire comme celle d'un sanglier, et qu'on ne devait pas s'étonner s'il en avait la force et le courage. Tandis que ces princesses observaient ainsi Bertrand depuis la tête jusqu'aux pieds, la reine entra en triomphe dans Burgos, suivie d'un cortége magnifique ; mais ce qui fit naître encore une plus grande vénération pour elle, ce fut la majesté de son visage et cet air de grandeur qu'elle tenait encore plus de la nature que de son rang. Les dames de Burgos s'étaient parées de leurs plus beaux ornements pour se présenter devant elle et lui faire leur cour. Elles la félicitèrent sur la justice que le Ciel lui faisait de l'asseoir sur un trône, dont elle était digne. Elles l'assurèrent qu'elles feraient de leur mieux pour lui plaire, et qu'elles travailleraient à lui donner des preuves de leur obéissance et de leur zèle. La reine se rendit au palais, dont toutes les chambres étaient tendues de tapisseries et de riches draps d'or et de soie.

Le jour de Pâques fut choisi pour le couronnement de Leurs Majestés ; et il y eut un grand banquet. Le comte de La Marche après ces réjouissances se souvenant que la reine Blanche de Bourbon avait reçu la sépulture dans une église qui n'était pas loin de là, fit célébrer plusieurs messes dans le même lieu pour le repos de l'âme de cette princesse, et par l'accomplissement de ce devoir il ralluma dans l'âme de Bertrand et des Français, le juste désir de venger sur Pierre un si cruel meurtre. Tandis que ces seigneurs étaient pénétrés de ces nobles sentiments, et s'excitaient les uns les autres à persévérer dans leur entreprise, il partit secrètement un espion de la ville de Burgos, qui se rendit à Tolède pour avertir Pierre de ce qui se passait.

Ce prince avait en sa compagnie plusieurs Juifs avec qui il s'entretenait sur l'état de ses affaires, qu'il comprit être bien plus déplorable qu'il ne le croyait, par le triste rapport que cet espion lui fit en leur présence, de la reddition ou plutôt de la défection de Burgos et du couronnement de ses ennemis dans cette grande ville. La douleur que Pierre conçut d'une si triste nouvelle, lui fit dire qu'il s'apercevait bien que la prophétie s'accomplirait bientôt à ses propres dépens, et que Bertrand désigné par l'aigle, allait faire une proie de tous ses États. Le comte de Castres son intime ami, le plaignait, quand un Juif nommé David, qui se piquait d'astronomie (1), tâcha de lui remettre l'esprit en lui disant qu'il avait étudié son étoile, qu'il était bien vrai qu'on le ferait descendre du trône; mais qu'il y remonterait ensuite avec plus de gloire; qu'il avait appris par l'inspection des astres, que l'aigle qui le devait dépouiller serait pris à son tour par le vol d'un faucon qui viendrait d'outremer pour le secourir; ce pronostic fut littéralement accompli par la suite.

Bertrand et sa compagnie blanche ayant glorieusement exécuté ce qu'ils avaient entrepris en faveur de Henri, tinrent conseil ensemble, dans la pensée de tourner leurs armes du côté de Grenade contre les Sarrasins qui s'en étaient rendus les maîtres : mais Henri voyant que ce dessein nuirait beaucoup à ses affaires qui tomberaient en décadence s'ils l'abandonnaient, les conjura de continuer à le servir, leur représentant que si c'était un motif de religion qui les engageait à s'armer contre le royaume de Grenade, parce qu'il était

(1) C'est-à-dire l'astrologie.

rempli de Juifs et de Sarrasins, qu'il n'y en avait pas moins dans les terres de l'obéissance de Pierre, qui pourraient servir d'objet à l'accomplissement de leurs pieux desseins, qu'au reste il abandonnerait les dépouilles de toutes les conquêtes qu'ils feraient.

Tandis que Henri insistait auprès d'eux, la reine vint appuyer ce qu'il disait en ajoutant les larmes aux prières et leur représentant que s'il leur plaisait de rester avec eux, elle sacrifierait tout pour reconnaître les bons services qu'ils leur auraient rendus : elle s'y prit si bien que le Bègue de Vilaines, également touché de son discours et de ses pleurs, déclara qu'il avait toujours ouï dire que ce n'était point assez de commencer une affaire si on ne la terminait, qu'enfin si on voulait l'en croire, on irait de ce pas attaquer Tolède pour y surprendre Pierre qui se trouverait pris au dépourvu. La reine charmée d'un projet qui se conciliait avec ses sentiments et ses intérêts, embrassa le Bègue de Vilaines. Bertrand, le maréchal d'Endreghem, Hugues de Caurelay, Gauthier Huet et les autres généraux se laissèrent entraîner à l'avis du Bègue.

Il fut donc résolu que dès le lendemain on marcherait du côté de Tolède. Pierre fut bientôt informé de ce mouvement par un espion, qui vint l'avertir qu'il allait avoir sur les bras Henri secondé de Bertrand et de la compagnie blanche : que la reine y était aussi en personne, que par ses grâces elle les animait tous à le venir assiéger dans cette grande ville. Pierre eut tant de frayeur de cette nouvelle, qu'il n'osa pas les attendre, et déclara dans son conseil qu'il était résolu de sortir de Tolède plutôt que d'y demeurer enfermé davantage. Il appela les principaux bourgeois pour leur faire entendre que sa retraite ne les devait point alarmer, puisqu'elle ne tendait qu'à revenir promptement sur ses pas pour leur amener du secours. Il les exhorta à se bien défendre et à lui garder durant son absence la fidélité qu'ils lui devaient, puisqu'ils avaient de bonnes murailles et des vivres pour plus d'une année. Ceux de Tolède lui promirent de demeurer inviolablement attachés à son service et de tenir bon contre ses ennemis, jusqu'à ce qu'il fût de retour avec le secours qu'ils le priaient d'accélérer.

Les choses étant arrêtées de part et d'autre, Pierre ne songea plus qu'à partir au plus tôt, faisant charger sur des mulets son or, son argent et ses meubles les plus précieux, sans oublier une *table d'or* d'un prix inestimable, et chargée de pierres précieuses et de fines perles d'Orient rondes et fort grosses, dans laquelle on avait enchâssé les portraits en or des douze pairs de France. On ajoute que cette table portait une grosse escarboucle au milieu des autres pierreries, à laquelle on donnait deux propriétés admirables. La première, c'est qu'elle luisait la nuit avec autant de clarté que le soleil fait en plein jour; la seconde, c'est que si l'on en approchait du poison, elle changeait aussitôt de couleur et devenait noire comme un charbon. Ce malheureux prince fit une traite de quinze lieues, et vint coucher à Cardonne, pour de là s'aller cacher dans une forêt longue de cent lieues et large de quinze, tant il était épouvanté du péril qui le menaçait. Henri de son côté continuant sa route, approcha de Tolède avec son armée. Les habitants de la campagne voisine s'y jetèrent avec ce qu'ils purent sauver de leurs biens. Henri, avant d'entreprendre ce siége dans les formes, sonda les principaux bourgeois de la ville pour pressentir s'ils seraient éloignés de capituler avec lui. Il envoya des passeports à ceux qui voudraient le venir trouver pour concerter quelque accommodement. L'évêque de Tolède fit assembler les plus notables bourgeois dans l'hôtel-de-ville, et leur exposa qu'il était évident que Pierre ayant emporté ce qu'il avait de plus précieux, ne comptait pas revenir, et encore moins leur amener du secours : que cependant se voyant hors d'état de se bien défendre, ils devaient aviser à ce qu'ils avaient à faire dans ce péril éminent, et que s'ils étaient pris d'assaut, comme il n'en doutait pas, il leur en coûterait leurs biens et leur vie : qu'il était donc d'avis, pour prévenir un si grand malheur, qu'ils se rendissent au prince Henri, dont ils auraient plus de sujet de se louer que de Pierre le Cruel. Son avis fut applaudi et on lui mit entre les mains les clefs de la ville, en le conjurant de partir incessamment pour les déposer dans celles de Henri. L'évêque partit aussitôt, se faisant accompagner des bourgeois de la ville les plus riches et les plus distingués. Il trouva sur sa route ce prince qui s'approchait. Le prélat fit son compliment au nom des habitants à la tête desquels il était, et lui présenta les clefs de Tolède avec toute la soumission possible. Il lui témoigna qu'il était chargé de lui faire hommage et de le reconnaître de la part de tous les bourgeois de cette grande ville comme leur souverain légitime et leur roi, le priant de souffrir qu'ils se donnassent à lui comme ceux de Burgos.

Henri les reçut sous son obéissance aux mêmes conditions que ces derniers. Ils régalèrent ce prince de fort beaux présents, et logèrent une partie de l'armée dans leurs faubourgs. Henri distribua ces dons aux principaux seigneurs à qui il avait obligation de l'heureux succès de ses affaires. Bertrand et les autres chevaliers qui l'avaient accompagné dans ces dernières expéditions n'y furent pas oubliés. Il apprit que Pierre s'était retiré dans Cardonne : il prit la résolution de l'y poursuivre; mais avant de se mettre en marche pour ce sujet, il voulut régler ses affaires en recevant le serment de fidélité de ceux de Tolède; il y laissa la reine pour entretenir tout le monde dans l'obéissance, et affermir sa domination récente, par les manières engageantes de cette princesse. L'armée se trouva bientôt près de Cardonne, dont Pierre sortit à la hâte après qu'il eut appris qu'il n'était plus maître de Tolède et qu'on le cherchait partout pour le prendre; il vomit des imprécations contre sa mauvaise fortune, disant qu'il n'avait aucun sujet fidèle et que tous se faisaient un mérite de le trahir, les religieux comme les séculiers : et que s'il pouvait jamais tenir Bertrand dans ses mains, il assouvirait sur lui sa rage.

Le comte de Castres lui voyant déplorer son malheureux sort, lui conseilla de s'accommoder avec Henri, à condition de lui laisser Cardonne, Tolède et Séville, dont ce prince lui ferait hommage; qu'il lui rendrait la ville de Burgos; qu'outre cette condition réciproque il pourrait compter à Bertrand la somme de deux cent mille livres pour la partager avec ceux qui l'avaient accompagné dans cette expédition, l'assurant qu'avec ce petit sacrifice cette armée se dissiperait et ne se pourrait jamais rallier, et qu'il lui serait aisé par là de triompher de Henri, qui, privé de tout secours, périrait infailliblement, et ne lui pourrait plus contester la couronne.

Cet avis était si judicieux que Pierre l'adopta. Il fallut donc jeter les yeux sur quelques personnes insinuantes, sages et discrètes, qui pussent ménager avec succès une négociation de cette importance. On choisit des ambassadeurs de cette trempe, qui se rendirent en grande diligence au camp des ennemis; Henri, Bertrand et la compagnie blanche s'y rafraîchissaient. Ces députés s'adressèrent d'abord aux principaux commandants de l'armée, le Bègue de Vilaines, Hugues de Caurelay et Olivier de Mauny. Ils les supplièrent de la part de Pierre qui les avait envoyés auprès d'eux, de vouloir bien s'intéresser à une paix si désirable entre les deux frères aux conditions qu'on avait projetées, ajoutant que si après cette paix ils voulaient tourner leurs armes contre Grenade ou Belmarin, que les Juifs et les Sarrasins possédaient, ce prince leur offrait trente mille Espagnols qui durant trois mois les serviraient gratuitement pour cette conquête.

Cette proposition surprit Henri, qui s'aperçut bien qu'elle tendait à déconcerter les mesures qu'il avait prises contre Pierre. Les seigneurs lui demandèrent ce qu'il en pensait, il répondit que c'était un piége qu'on lui tendait, qu'on lui voulait ôter la force qu'il avait, en le privant des braves qui avaient épousé sa querelle, afin d'avoir ensuite plus de prise sur lui : qu'il entrerait volontiers dans le parti qu'on lui proposait, pourvu que Pierre lui donnât pour otage sa propre fille avec Ferrand de Castres, et cinquante bourgeois des plus riches. Les députés lui déclarèrent qu'ils n'avaient aucun ordre, ni aucun caractère pour transiger là-dessus avec lui. Ce prince ajouta qu'outre ces otages, il voulait encore que Pierre lui mît dans les mains Daniot et Turquant, ses deux principaux affidés, qui avaient tant de part à tous ses conseils; c'étaient les deux scélérats qui n'avaient point rougi de commettre le meurtre du monde le plus exécrable sur la personne de la reine Blanche de Bourbon. Henri ajouta qu'il avait envie de leur faire expier par les flammes un crime si horrible; il pria même ces deux députés de lui faire l'amitié d'arrêter ces meurtriers, en cas que Pierre prît le parti de fuir de Cardonne, comme il avait fait auparavant de Burgos et de Tolède.

Quand ces deux envoyés rapportèrent à Pierre que son ennemi lui demandait pour otage sa propre fille et le comte Ferrand de Castres, il comprit que sa proposition n'aurait aucun succès; elle gâta même si fort ses affaires, que le comte qui lui avait donné ce conseil, voyant qu'on le mettait au jeu, craignit qu'on ne l'embarquât trop avant, et prit la résolution de quitter la cour de ce prince, de peur qu'il ne l'entraînât dans sa perte. Il se déroba secrètement de sa compagnie, sans lui témoigner le sujet de sa retraite, et sans prendre congé de lui. Cette démarche étonna beaucoup ce malheureux prince, et lui fit dire qu'il voyait bien que tout le monde l'abandonnait. Il prit donc la résolution de sortir de Cardonne : mais avant de partir, il assembla les bourgeois, et les conjura de lui être fidèles, en n'imitant pas la défection de Burgos et de Tolède qui l'avaient lâchement trahi. Son évasion fit ouvrir les portes de Cardonne à Henri, aussitôt que Pierre en fut sorti pour se rendre à Séville. Cette dernière ville accueillit ce prince fugitif, et lui fit les honneurs dus à sa qualité : mais sa joie fut troublée, quand il apprit que Cardonne s'était rendue à son ennemi.

Quoique Séville fût extrêmement forte, étant défendue par trois citadelles, dont l'une était occupée par des Juifs, l'autre par des chrétiens, et la troisième par des Sarrasins, cependant Pierre ne s'y trouvait pas plus en sûreté qu'ailleurs; il ne put s'empêcher de faire sentir son chagrin à ces deux Juifs, Daniot et Turquant, qui, par leurs pernicieux conseils, l'avaient embarqué dans les méchantes affaires qu'il avait à soutenir. Il leur reprocha qu'ils étaient la cause de son malheur, depuis qu'ils lui avaient malicieusement conseillé d'assassiner la reine Blanche, s'étant eux-mêmes rendus les ministres et les instruments de cette cruauté, pour assouvir leur vengeance particulière : que depuis ce détestable meurtre, ils lui avaient attiré l'indignation de ses sujets, et la révolte de son propre frère : qu'ils méritaient qu'il les fît punir du dernier supplice, mais qu'il se contentait de les bannir pour jamais de sa cour, dont il leur défendait d'approcher sous peine de la vie.

Ces deux Juifs obéirent, sans entreprendre de se disculper auprès de ce prince, dont ils redoutaient la colère. Ils prirent le chemin de Lisbonne pour se mettre à couvert de l'orage qui les menaçait, mais par malheur ils furent rencontrés un matin par Mathieu de Gournay, chevalier anglais, qui les surprit sortant d'un vallon, comme il allait fourrager. Il ne les aperçut pas plus tôt, qu'il vint à eux l'épée à la main, leur commandant de se rendre, ou qu'il leur en coûterait la vie. Ces deux misérables tremblants de peur, lui crièrent miséricorde : il leur demanda s'ils étaient Juifs ou Sarrasins ; Turquant lui répondit qu'ils étaient Juifs à la vérité, mais que s'il avait la bonté de ne les point faire mourir, ils lui promettaient de lui livrer le lendemain la ville de Séville. Le chevalier les assura que non-seulement ils auraient la vie sauve, mais qu'ils seraient récompensés à proportion d'un service si essentiel, s'ils étaient assez heureux et assez adroits pour faire ce coup. Turquant reprit la parole en lui révélant les moyens dont il se servirait pour en venir à bout. Il lui fit entendre que les Juifs ayant dans Séville un quartier séparé, qu'ils ouvraient et fermaient quand il leur plaisait, il lui serait aisé d'entrer dans le lieu qu'ils occupaient, et d'engager les principaux avec lesquels ils avaient de secrètes intelligences, qu'il tournerait si bien leurs esprits, qu'il les ferait condescendre à ce qu'il voudrait, pourvu qu'on leur promît qu'en facilitant aux troupes de Henri la prise de la ville, on ne toucherait point à leurs biens, encore moins à leur vie.

Mathieu de Gournay goûta cet expédient, et voulut que l'un des deux en fût la caution. Daniot s'offrit de demeurer auprès de lui comme garant du succès de cette entreprise. Mathieu mena l'autre au prince Henri, afin de l'informer des mesures qu'il avait méditées pour l'exécution d'un si grand dessein; les moyens qu'on lui proposa lui parurent faciles, il ne s'agissait plus que d'en faire la tentative.

Turquant se mit en devoir de sonder là-dessus les Juifs, il se coula par une poterne, et se glissant au pied des murailles de la citadelle qu'ils occupaient, il cria d'en bas à ceux qui faisaient le guet sur le haut des murs, qu'ils eussent à lui faire ouvrir le guichet, et qu'il avait une affaire capitale à leur communiquer.

On courut aussitôt à lui pour le faire entrer; on le mena devant les maîtres de la loi qui lui demandèrent le sujet de son arrivée si précipitée. Il leur exposa que Pierre était très-mal intentionné pour eux, et que s'ils ne prenaient contre lui de promptes précautions, ils ne pourraient pas éviter les funestes effets de son ressentiment. Il ajouta qu'il avait déjà commencé à faire voir ses intentions en le bannissant de sa cour avec Daniot, sous des menaces très-sévères, et qu'ils devaient au plus tôt aviser ce qu'ils avaient à faire, s'ils voulaient conserver leurs biens et leur vie. Les plus considérables et les plus distingués de cette nation, consternés d'une nouvelle si étrange, lui demandèrent à lui-même quelles mesures il leur conseillait de prendre dans une si fâcheuse conjoncture. Il leur témoigna qu'il avait déjà fait quelques avances là-dessus en leur faveur, et qu'il avait obtenu de Henri, qu'il ne leur ferait aucun tort, s'ils lui donnaient l'entrée de leur fort pour y mettre ses gens à couvert, en attendant qu'ils épiassent l'occasion d'attaquer la ville, et d'y mettre tout à feu et à sang. Les Juifs ne balancèrent point à entrer dans ce dessein, quelque perfide et lâche qu'il fût : parce qu'ils ne pouvaient se sauver que par là. Le saint jour du dimanche fut choisi pour cette entreprise : car semblables à leurs ancêtres, ils faisaient scrupule d'y travailler un samedi (jour du sabbat), et n'en avaient point de vendre une ville, et de livrer leur prince à ses ennemis. Turquant ayant ainsi tout concerté comme il le désirait, alla en rendre compte à Mathieu de Gournay, qui le mena parler aussitôt à Henri.

L'impatience qu'ils avaient eu tous deux d'annoncer une nouvelle qui devait être agréable à ce prince, ne leur fit pas prendre garde aux gens qui se trouvèrent présents à ce complot; et cette bévue déconcerta l'entreprise : car une Juive s'étant rencontrée là, prêta l'oreille à ce qu'ils dirent, et comme elle était la favorite de Pierre, et qu'elle avait un grand intérêt à sa conservation, elle s'échappa secrètement de nuit pour lui venir dire le secret de la conspiration, lui faisant un détail exact et circonstancié de cette trame, dont les principaux auteurs étaient ces deux scélérats Daniot et Turquant qu'il avait bannis, et qui pour se venger en voulaient à sa vie. Le roi Pierre eut d'abord beaucoup de peine à croire une nouvelle si funeste : mais la Juive la lui confirma par tant de circonstances, et par tant de serments, que ce prince n'en douta plus ; il la remercia de la part qu'elle prenait à ce qui touchait sa personne et ses intérêts. La Juive ayant fait sa cour aux dépens de ceux de sa nation, s'en retourna fort satisfaite de l'avis qu'elle venait de donner à Pierre.

Les Juifs qui savaient ses liaisons avec le roi Pierre, essayèrent de la pressentir sur les plus secrets desseins de ce prince. Cette dame leur dit froidement qu'elle croyait que les approches de Henri l'obligeraient bientôt d'aller en Portugal. En effet, Pierre prit la résolution de quitter Séville dès le lendemain, sur l'avis qu'il avait reçu de la Juive, qu'on en voulait encore plus à sa personne qu'à la ville. Il fit donc charger son bagage en grande diligence, et fit le même compliment à ceux de Séville, que celui qu'il avait fait aux habitants de Burgos, de Tolède et de Cardonne, les conjurant de se bien défendre contre Henri jusqu'à son retour, qui serait prompt, puisqu'il ne partait que pour aller demander du secours aux rois de Grenade et de Belmarin : leur promettant de revenir incessamment, et de fondre avec toutes ses forces sur son frère et sur Bertrand, et si l'un et l'autre tombaient dans ses mains, de ne leur faire aucun quartier. Les bourgeois de Séville lui firent aussi les mêmes protestations de fidélité que ceux des autres villes, et le prièrent de les venir au plus tôt animer par sa présence à soutenir le choc de leurs communs ennemis.

La Juive, qui s'était trouvée présente à la conjuration que Turquant avait tramée contre Pierre, quand il entra dans le quartier des Juifs pour débaucher ceux de cette nation du service de ce prince, remarqua ceux qui lui paraissaient les plus mal intentionnés pour lui ; elle lui en donna la liste par écrit. Pierre, voulant s'en venger, feignit d'avoir besoin de leur cortége sur sa route, leur disant pour les endormir et les engager à le suivre, qu'il les avait toujours reconnu fidèles, et qu'ils lui feraient plaisir de l'accompagner dans le voyage qu'il allait entreprendre. Ils crurent que cette demande était moins un piége qu'un effet de la confiance qu'il avait en eux. Ils se firent donc un mérite de s'acheminer avec lui : mais aussitôt qu'il eut gagné la nuit dans sa route, il les fit tous pendre. Après cette cruelle exécution, il voulut poursuivre sa marche ; mais la grande obscurité le faisant tomber dans l'égarement, il se trouva fort embarrassé, donnant tout au travers des haies et des fossés sans savoir à quoi s'en tenir, tantôt réclamant le secours du Ciel, et tantôt celui des démons.

On avait beau lui remontrer les impiétés qu'il commettait ; il demeurait toujours endurci sans se laisser fléchir par les prières de ses amis, qui l'exhortaient de rentrer un peu en lui-même, et de recourir à Dieu dans le péril où il était.

Le tonnerre vint au secours des hommes, et gronda sur sa tête avec tant de fracas et de bruit, qu'on croyait qu'il se rendrait à cet avertissement du ciel : mais il ne fit pas seulement le signe de la croix, et continua de vomir contre Dieu des blasphêmes encore plus exécrables, disant que s'il était tout-puissant, il ne l'abandonnerait pas de la sorte. Le temps était si noir qu'ils ne pouvaient mettre un pied devant l'autre, quand Pierre s'avisa de faire porter devant eux sa table d'or sur une mule, afin que l'escarboucle dont nous avons parlé, jetant un grand éclat, leur servit de guide et de fanal pour les éclairer au milieu de la nuit. Elle fut d'un grand secours à ce malheureux roi que l'on suivait de près ; car quand ceux de Séville apprirent la cruelle exécution qu'il avait fait faire de leurs principaux bourgeois, ils ne respirèrent plus que vengeance contre ce barbare.

Henri, Bertrand et toute la blanche compagnie, se servirent d'une si favorable occasion pour se présenter devant les murailles de cette ville. L'intelligence qu'ils avaient déjà dans la place avec les Juifs, en facilita la réduction : les chrétiens et les Sarrasins firent quelque mine de résister ; mais les Juifs étant soutenus de Henri, de Bertrand, du maréchal d'Andreghem, de Hugues de Caurelay, de Mathieu de Gournay, de Gautier Huet, du Bègue de Vilaines, tout plia devant eux, et les bourgeois se joignirent avec eux, contre la garnison qui, se voyant attaquée de tous côtés, mit les armes bas, et se rendit à la discrétion du vainqueur, qui aima mieux lui donner quartier, que de répandre le sang de tant de gens qui pouvaient encore combattre pour une meilleure cause que celle de Pierre. Henri fit son entrée dans Séville, à la tête de son armée. Les bourgeois lui en présentèrent les clefs, lui rendirent leurs hommages, et lui prêtèrent le serment de fidélité.

CHAPITRE XIX.

De la vaine tentative que fit Pierre auprès du roi de Portugal pour en obtenir du secours ; et du prix que Mathieu de Gournay, chevalier anglais, remporta dans un tournoi contre des Portugais.

PIERRE voyant ses affaires désespérées, et Henri maître de ses Etats, se persuada que le roi de Portugal aurait quelque compassion de son infortune, et voudrait bien lui prêter la main pour le rétablir sur le trône. Ce fut dans cet espoir qu'il l'alla trouver à Lisbonne. Il lui exposa l'usurpation prétendue, que le prince Henri venait de faire de son royaume, assisté des armes de Bertrand du Guesclin, qui s'était mis à la tête de grand nombre d'aventuriers, pour lui ôter sa couronne. Il le supplia de le vouloir tirer de ce mauvais pas, en lui donnant le secours dont il avait besoin pour reprendre toutes les places que la perfidie de ses sujets lui avait fait perdre. Le roi de Portugal l'assura que son sort était bien à plaindre ; mais qu'il n'avait pas des forces suffisantes pour entrer ouvertement dans son affaire, et s'attirer sur les bras une guerre avec les Français de gaieté de cœur ; que cependant il pouvait compter que s'il voulait établir son séjour en Portugal, il le ferait servir en roi, lui donnant tous les officiers qui sont ordinairement employés auprès de la personne d'un souverain. Pierre le remercia de ses honnêtetés, et dissimula le chagrin qu'il avait dans le cœur de se voir éconduit.

Il s'avisa d'une autre ressource, il se souvint que le prince de Galles avait été souvent aux mains avec les Français, et qu'il n'était pas leur ami.

Ce projet fut applaudi par le roi de Portugal, auquel il s'ouvrit et qui lui conseilla de prendre ce parti, lui disant qu'il n'était pas nécessaire qu'il fît le trajet pour passer en Angleterre, puisqu'il trouverait dans la Guyenne le prince de

Galles, qui, selon toutes les apparences, épouserait ses intérêts avec chaleur, ayant de fort belles troupes, avec lesquelles il avait remporté de grands avantages contre les Français : qu'il pouvait compter d'avance que son voyage aurait un succès infaillible, puisqu'il y avait longtemps que les mains lui démangeaient contre cette nation, sur laquelle il ne cherchait que quelque spécieux prétexte pour faire des conquêtes.

Ces raisons encouragèrent Pierre à prendre le chemin de Bordeaux pour y parler au prince de Galles, qui y tenait sa cour. Il fit donc préparer un vaisseau, sur lequel il chargea ce qu'il avait de plus riche et de plus précieux, sans oublier sa table d'or ; et puis il y monta suivi de vingt-cinq chevaliers, de cinquante écuyers espagnols et de grand nombre de Juifs qui lui faisaient fidèle compagnie. Durant cet embarquement de Pierre pour Bordeaux, Henri, son ennemi, ne s'endormait pas. Il assembla son conseil, auquel assistèrent Bertrand, le maréchal d'Andreghem, Hugues de Caurelay, le sire de Beaujeu, Mathieu de Gournay, et tous les autres généraux les plus distingués de l'armée ; il leur fit part de la nouvelle qu'il avait apprise, que Pierre était allé mendier du secours auprès du roi de Portugal, et leur demanda quelles mesures il fallait prendre pour empêcher ce prince d'entrer dans les intérêts de son ennemi. Bertrand prit la parole, et déclara qu'il était à propos de dépêcher en Portugal quelques chevaliers au plus tôt pour apprendre où en était cette affaire ; et que pour détourner un coup si dangereux, il fallait menacer ce roi d'entrer en armes dans ses États, et de lui donner tant d'occupation chez lui, qu'il n'aurait pas le loisir de songer à secourir les autres : qu'après qu'ils auraient fait la conquête du Portugal, ils pourraient attaquer les royaumes de Grenade et de Belmarin, passer sur le ventre à tant de Juifs et de Sarrasins, dont ils étaient remplis, et de là pousser jusque dans la Terre-Sainte, pour se rendre maîtres de Jérusalem, et reprendre sur les infidèles ce que Godefroy de Bouillon avait autrefois conquis sur eux.

On songea donc à choisir un homme de cœur et de talent pour bien s'acquitter de la commission dont on avait envie de le charger auprès du roi de Portugal. On jeta les yeux sur Mathieu de Gournay chevalier Anglais, qui fut ravi d'avoir cet emploi, parce qu'il mourait d'envie de voir la ville de Lisbonne et la cour du roi de Portugal. Il se mit en chemin, lui dixième, pour ce sujet. Il arriva dans cette ville un peu avant dîner. Il n'eut pas plus tôt mis pied à terre dans l'hôtellerie, qu'il eut la curiosité de demander à son hôte si le roi de Portugal était à Lisbonne, et ce que l'on disait du roi Pierre. Cet homme répondit que Sa Majesté s'allait bientôt mettre à table avec une dame qu'il venait de marier avec un prince de son sang, et qu'il y aurait le lendemain un superbe tournoi, auquel il pourrait prendre part; qu'à l'égard du roi Pierre, il était à Bordeaux auprès du prince de Galles pour lui demander du secours contre Henri, Bertrand, et tous les autres chevaliers français; et que s'il l'obtenait, il lui serait fort aisé de faire lâcher prise à ceux qui l'avaient dépouillé de ses Etats.

Mathieu de Gournay fut surpris de cette nouvelle : et tandis qu'il se préparait pour se présenter devant le roi de Portugal, il ne put s'empêcher de dire qu'étant Anglais de nation, il ne pourrait plus servir Henri contre Pierre, si le prince de Galles, son maître, se déclarait pour ce dernier. Il se rendit ensuite au palais dans un équipage fort élégant. Il rencontra sur les degrés de l'escalier un autre Anglais qu'il connaissait de longue main, pour s'être trouvé ensemble à la bataille de Poitiers; après s'être embrassés, le dernier se chargea d'aller dire au roi la venue de Mathieu, lui promettant qu'il aurait de Sa Majesté le plus favorable accueil qu'il pourrait désirer. En effet, il en fit à son maître un portrait fort avantageux, lui disant que ce chevalier, qui venait de la part de Henri, était un gentilhomme d'un mérite singulier et qui s'était acquis beaucoup de réputation dans les armes.

Quand il eut ainsi pris les devants en sa faveur, il le revint trouver pour le présenter au roi : mais il trouva sur la route les maîtres d'hôtel de Sa Majesté qui venaient à sa rencontre pour lui faire honneur et l'introduire dans la chambre du roi, devant lequel Mathieu de Gournay fit mine de fléchir le genou : mais ce prince ne le voulant pas permettre, le prit aussitôt par la main pour le relever, et lui demanda comment

Henri se portait, et tous les braves qui l'avaient secondé dans son expédition d'Espagne, qui lui avait été plus glorieuse que juste, parce qu'on n'a jamais bonne grâce d'envahir les Etats d'un légitime souverain. De Gournay voyant qu'il était prévenu contre Henri, le désabusa de l'erreur dans laquelle il était, lui représentant qu'il avait plus de droit à la couronne d'Espagne que Pierre, et que le sujet de la commission dont on avait trouvé bon de le charger auprès de Sa Majesté, ne tendait qu'à savoir si dans le fond il était vrai qu'elle voulût embrasser les intérêts de Pierre contre Henri : que si cette nouvelle qui courait était véritable, il avait ordre de prendre aussitôt congé d'elle, et de se retirer. Le roi de Portugal lui dit ingénûment, qu'il s'était ouvert là-dessus en présence de toute sa cour; qu'il était bien vrai que Pierre lui avait demandé du secours, mais qu'il était encore plus vrai qu'il le lui avait refusé, ne voulant pas troubler le repos de ses peuples, en attirant dans ses Etats une guerre étrangère dont il se passerait fort bien.

Mathieu lui témoigna que le prince Henri lui saurait bon gré de ce qu'il avait bien voulu ne lui pas être contraire dans la justice de ses armes. Le roi le fit asseoir à sa table, et le régala de son mieux, le faisant entrer dans tous les divertissements qu'on donnait à la nouvelle épouse, et dans tous les honneurs qu'on lui faisait. On n'y épargna pas les joueurs d'instruments : mais leurs concerts ne plurent aucunement à Mathieu de Gournay qui n'était pas fait à ces sortes de cacophonies, dont les tons étaient si discordants qu'ils lui écorchaient les oreilles. Il ne put dissimuler le peu de goût qu'il prenait à cette grossière symphonie, disant qu'en France et en Angleterre la musique avait bien d'autres charmes, et que les instruments y étaient touchés avec beaucoup plus de délicatesse. Le roi lui fit entendre qu'il avait deux hommes de réserve qui n'avaient point leurs semblables au monde sur cet art, et que quand il les aurait entendus il en serait tellement enchanté, qu'il conviendrait que dans toute l'Europe personne ne pouvait enchérir sur le talent qu'ils avaient d'enlever le cœur par l'oreille. Le chevalier lui témoigna qu'il s'estimerait heureux s'il pouvait avoir part à ce plaisir.

Ce prince les fit appeler, ils entrèrent dans la salle avec une fierté qui surprit Mathieu de Gournay; car outre qu'ils étaient vêtus comme des princes, ils avaient derrière eux chacun un valet qui portait leurs instruments. Ce chevalier s'attendait à quelque chose de fort rare : mais il ne put se tenir de rire quand ils commencèrent à jouer comme ces vielleux, qui vont en France par les villages quêter dans les tavernes et les cabarets. Le roi voulut savoir le sujet de ses rires : mais ce prince fut encore bien plus déconcerté quand le chevalier l'assura que ces instruments étaient le partage des aveugles et des gueux, à qui l'on donnait l'aumône, quand ils avaient joué deux ou trois airs, comme venaient de le faire ces deux hommes qu'il estimait tant.

Il en eut tant de confusion qu'il jura qu'il ne s'en servirait plus. En effet, il leur donna congé dès le lendemain, ne voulant plus retenir à sa cour cette sorte de gens, qui lui faisaient affront devant les étrangers, et qui seraient capables de le tourner en ridicule, quand ils diraient partout que le roi de Portugal n'avait point de plus agréable concert, ni de plus charmant plaisir que celui d'entendre des vielleux qui sont partout ailleurs si communs et si méprisés dans l'Europe.

Le roi de Portugal crut qu'il se tirerait mieux d'affaire en donnant au chevalier de Gournay le spectacle du tournoi, dans lequel il le voulut même engager, et le mettre de la partie, lui disant qu'il avait appris que les Anglais excellaient par-dessus toutes les autres nations dans ces sortes d'exercices, et qu'il lui ferait plaisir de montrer son adresse et sa force dans cette lice en présence de toute sa cour : qu'une si belle assemblée méritait bien qu'un chevalier aussi galant que lui, s'en donnât la peine. Il le cajola si bien, lui vantant la valeur des Anglais que rien n'était capable d'étonner, et qui sortaient avec un succès admirable de toutes les expéditions qu'ils entreprenaient, que ce discours enfla le cœur du chevalier et lui donna tant de vanité qu'il ne feignit point de répondre qu'il prêterait le collet à qui oserait mesurer ses forces avec lui : que depuis qu'il s'était mis sur les rangs dans ces sortes de combats, il avait toujours remporté l'avantage, et que tout le monde lui faisait la justice de croire qu'il avait eu beaucoup de part au gain que les Anglais avaient fait de la bataille de Poitiers. Cette repartie donna plus d'ardeur au roi de le voir entrer dans cette carrière avec les autres, et pour l'échauffer davantage à condescendre à son désir, il lui déclara qu'il destinait un prix pour celui qui ferait le mieux, et sortirait de cette lice avec plus de succès, que le plus adroit aurait pour récompense une belle mule qui valait cent marcs d'argent dont la selle était toute d'ivoire et le harnais d'or. Il la fit même mener sous les fenêtres de son palais afin que tout le monde la vît, et qu'elle excitât davantage l'envie de ceux qui seraient en compétence pour remporter un si riche prix.

Le chevalier se promettait de son expérience, qu'elle ne lui échapperait point. La nouvelle se répandit par toute la cour et la ville de Lisbonne, qu'un Anglais devait faire admirer sa force et son adresse dans le tournoi qui se ferait le lendemain, pour rendre les noces de la princesse d'autant plus célèbres. Ce spectacle extraordinaire attira sur la place tout ce qu'il y avait de gens curieux pour être témoins de la gloire, ou de la honte de ce chevalier. Toutes les dames remplirent les balcons, les fenêtres, et les échafauds, ayant encore plus envie d'attirer sur elles les yeux de tout le monde, que l'Anglais n'en avait de faire admirer le talent qu'il avait de bien manier un cheval, et de le pousser contre un autre pour lui faire perdre les étriers et le renverser par terre. Les chevaliers qui devaient être de la partie parurent sur les rangs pour entrer en lice, et faisaient sur la place fort belle contenance. On trouva bon d'ouvrir ce combat à la pointe du jour pour éviter la grande chaleur qu'il eût fallu nécessairement essuyer, si l'on eût commencé plus tard. Il y eut dans ce tournoi force casques abattus, force lances brisées, et beaucoup de chevaux renversés.

Mathieu de Gournay remporta toujours l'avantage, et renversa par terre plus de cent chevaliers, qui furent culbutés avec leurs chevaux les uns après les autres. Chacun battait des mains en faveur de l'Anglais, dont les coups étaient portés avec tant de raideur, que personne ne pouvait les parer. Le roi de Portugal voyait avec chagrin toute cette manœuvre, disant en soi-même que cet étranger au sortir de la cour parlerait avec mépris des Portugais, et décréditerait leur nation dans toute l'Europe, se vantant qu'aucun d'eux n'avait pu se défendre de faire devant lui la pirouette, et de coucher enfin sur le sable. Ce prince se souvint qu'il y avait parmi ses officiers un Breton nommé La Barre, homme qui avait la réputation d'être un rude joueur en matière de joûte. Il l'appela pour savoir s'il se croyait assez fort et nerveux pour entrer en lice contre l'Anglais. La Barre répondit qu'il lui prêterait le collet volontiers, et qu'il espérait sortir avec succès de cette affaire. On le fit armer pour cet effet, on lui donna l'un des meilleurs chevaux de l'écurie du roi, afin qu'il ne lui manquât rien pour agir avec avantage et triompher de son antagoniste. Il se présenta sur les rangs dans cet équipage. Il vit l'Anglais qui paraissait tout fier de ce qu'il venait d'abattre douze chevaliers : mais sa contenance ne l'intimida point, et lui donna même une plus grande démangeaison de le vaincre.

Tout le monde était dans l'attente et dans l'impatience de les voir aux mains. Cette curiosité fut bientôt satisfaite. La Barre fit son manége avec tant d'habileté, mania sa lance avec tant de force et poussa son cheval avec tant de raideur, qu'il fit tomber l'Anglais par terre, et mordre le sable à son cheval. La chute de Mathieu fut si lourde, qu'il en eut le bras cassé, demeurant tout étourdi du coup qu'il avait reçu, jusque-là qu'il resta longtemps dans cette posture sans pouvoir remuer ni jambes ni bras, et sans pouvoir parler. Le roi de Portugal ne fut pas fâché que l'on crût qu'un écuyer Portugais avait humilié la fierté de l'Anglais, et qu'il y en avait dans sa nation d'aussi braves et d'aussi adroits dans cet exercice que dans l'Angleterre. Il commanda qu'on relevât Mathieu de Gournay pour le faire panser de sa blessure. On lui banda le bras; et ce prince le voyant estropié de la sorte, lui demanda quel sentiment il avait des chevaliers de sa nation. Mathieu lui répondit qu'il avait été bien puni de sa vanité; que celui qui l'avait ainsi traité n'était pas un apprenti. On le fit mener au palais avec beaucoup d'honnêteté pour l'y régaler; et cette petite disgrâce ne lui ôta rien de l'estime qu'il s'était acquise; car le roi sachant bien que ce n'était pas un Portugais, mais un Breton qui l'avait ajusté de la sorte, ne laissa pas de lui faire présent de la mule qu'il avait méritée, puisqu'il avait remporté ce prix sur tous les écuyers de sa nation : mais ce prince lui fit cette petite supercherie pour sauver l'honneur de son pays.

Mathieu s'estima toujours fort heureux de ce que la mule lui avait été livrée, comme le gage et la récompense de la gloire qu'il avait acquise dans une si belle carrière : mais après qu'il eut pris congé du roi de Portugal, il fut un peu mortifié quand on vint lui dire à l'oreille que ce n'était pas avec un Portugais qu'il s'était battu, mais avec un Breton ; ce qui lui fit depuis écrire à ce prince, qu'il n'en avait pas usé dans cette occasion de bonne foi. Ce chevalier reprit aussitôt le chemin de Séville pour rendre compte au prince Henri du succès de sa commission. Quand on lui vit ainsi le bras en écharpe, on lui demanda d'où lui venait cette blessure. Il conta son aventure ; et Bertrand, qui se trouva présent, fut ravi d'apprendre qu'un Breton avait fait ainsi sentir la force de son bras. Quand l'Anglais eut fait son rapport, et témoigné qu'il n'y avait rien à craindre du côté du roi de Portugal, Henri lui demanda ce qu'était devenu Pierre, et ce qu'on en disait. Mathieu l'assura que Pierre avait pris le chemin de Bordeaux pour réclamer contre lui le secours et la protection du prince de Galles, et qu'il était nécessaire qu'il assemblât au plus tôt son conseil là-dessus pour chercher les moyens de parer un coup si redoutable. Cette nouvelle n'accommodait point les affaires de Henri, qui avait intérêt d'avoir moins d'ennemis sur les bras : ce qui lui donna le plus d'inquiétude, ce fut le compliment que lui fit Hugues de Caurelay, l'un des plus braves de son parti, lui disant qu'il était né sujet du prince de Galles, et qu'il ne serait plus en état de le servir, s'il avait la guerre contre lui, parce que ce serait un crime de haute trahison, s'il était pris les armes à la main contre son souverain. Gautier Huet, Jean d'Evreux, et tous les autres chevaliers anglais lui firent la même déclaration.

Henri convint avec eux qu'ils avaient toutes les raisons du monde de garder la fidélité qu'ils devaient à leur prince ; mais il les pria de rester toujours avec lui, tandis que les choses étaient encore incertaines, et de ne le point quitter jusqu'à ce que la guerre eût été tout à fait déclarée par l'Angleterre contre lui. Tous ces braves le lui promirent, si bien que toutes les espérances de Henri ne roulaient que sur la valeur de Bertrand du Guesclin, du Bègue de Vilaines, et du maréchal d'Andreghem, qui l'assurèrent qu'ils le serviraient jusqu'au bout contre le roi Pierre, sans aucune réserve.

CHAPITRE XX.

Comment le feu du ciel tomba miraculeusement sur Daniot et Turquant, ces deux scélérats accusés du meurtre de la reine Blanche, et comment ils voulurent se purger de ce crime.

Nous avons dit que ces deux Juifs avaient rendu le prince Henri maître de Séville par leur perfidie. La récompense qu'ils en eurent fut une autorité presque souveraine qu'on leur accorda sur les bourgeois de la même ville, dont ils abusèrent si fort, qu'elle dégénéra bientôt en tyrannie. Les Juifs se voyant sous le joug de leurs compatriotes, qui ne les traitaient pas mieux que les autres, voulurent le secouer par une accusation qu'ils intentèrent contre eux, déposant qu'ils étaient les deux seuls auteurs de la mort de la reine Blanche, qu'ils avaient tuée sur son lit, tandis que cette princesse était seule enfermée dans sa chambre, faisant ses prières à Dieu dans le silence de la nuit. Henri qui connaissait Daniot et Turquant par le bon office qu'il en avait reçu quand ils avaient tramé la reddition de Séville en sa faveur, fut bien surpris quand il sut qu'ils avaient été les deux conseillers, et ensemble les deux exécuteurs de l'ordre barbare que Pierre leur donna de faire mourir sa propre femme. Il les fit venir devant lui pour les interroger sur un crime si noir, et les menaça de les faire tous deux brûler vifs, s'ils lui cachaient la vérité de ce détestable attentat. Daniot prit la parole, et tâcha de se disculper, en disant qu'il était bien vrai que le roi Pierre l'avait envoyé, comme un huissier, pour autoriser cette exécution par quelque forme de justice, mais qu'il avait eu tant d'horreur d'un si cruel arrêt, qu'il n'avait pas osé seulement mettre le pied dans la chambre, s'étant contenté de se tenir à la porte après avoir essayé cent fois de détourner Turquant de commettre une action si cruelle, qu'il était là pour rendre ce témoignage à la vérité, sans rien déguiser de tout ce qui s'était passé.

Turquant se voyant chargé par son complice, lui donna le change, avouant très-sincèrement qu'ils avaient été tous deux les meurtriers de cette innocente princesse, et priant Henri de ne le point mettre à la torture pour en savoir le détail, puisqu'il se confessait criminel, et qu'il savait bien qu'il ne pouvait pas éviter le dernier supplice, non plus que Daniot et six autres Juifs qui les avaient secondés pour faire ce coup exécrable. Daniot l'interrompit en lui donnant un démenti, soutenant qu'il n'était point entré dans la chambre de cette princesse quand on la fit mourir, et qu'il devait se souvenir qu'il lui avait dit plusieurs fois que cette bonne et pieuse dame n'avait point mérité d'être si cruellement traitée. Turquant voyant que celui-ci cherchait à se tirer d'affaire, contre sa propre conscience, le traita de menteur et d'impudent, ne pouvant comprendre le front qu'il avait de nier un fait plus clair que le jour, dont il marqua le détail et les circonstances avec tant de clarté, que Henri ne put douter qu'ils ne fussent tous deux complices du même attentat. Bertrand pour vider ce différend, déclara qu'il serait à propos de les faire combattre en champ clos, et que celui qui serait victorieux de l'autre, serait reconnu le plus innocent. Henri donna les mains à la proposition de Guesclin, marqua le jour, l'heure, et le lieu où le duel se devait faire entre ces deux Juifs. Ce prince voulut être le spectateur de ce combat, toute sa cour eut la même curiosité.

Les bourgeois de la ville montèrent en foule sur les murs pour jouir du plaisir de voir aux mains ces deux misérables qui furent amenés au champ désigné. Bertrand fut préposé pour veiller à ce que tout se passât dans ce combat singulier, sans aucune supercherie de part ni d'autre. Comme il avait quelque prédilection pour Turquant plutôt que pour Daniot, il dit au premier que s'il pouvait tuer son homme, il lui procurerait sa grâce. En effet, le dernier avait une mine si patibulaire, que tout le monde le condamnait par avance.

Quand on eut fermé le champ de barrières, on les y fit entrer tous deux armés de pied en cap, et fort avantageusement montés; ils s'éloignèrent de concert pour courir l'un sur l'autre avec beaucoup plus de force et d'impétuosité. Ils en vinrent de part et d'autre aux approches avec une égale furie, se chargeant d'horribles coups. Turquant fit un si grand effort contre Daniot, qu'il lui perça le bras de son épée, dont le pré fut tout ensanglanté, lui reprochant qu'il paraissait bien qu'il avait fait un parjure par le public désaveu qu'il venait de faire, qu'il eût trempé dans la mort de la reine, et que Dieu découvrait assez son mensonge par la disgrâce qui venait de lui arriver. Après s'être bien chamaillés, ils se colletèrent avec tant d'acharnement et d'opiniâtreté, que le roi Henri se tournant du côté de Bertrand et de tous les autres spectateurs, ne put s'empêcher de leur témoigner qu'il admirait la force et le courage de ces deux coquins, qui ne pouvaient lâcher prise, et se tenaient tous deux par le corps à force de bras, sans reprendre haleine, et sans que ni l'un ni l'autre voulût céder à son adversaire : mais tandis qu'ils étaient ainsi collés l'un à l'autre, le Ciel voulut, par un miracle, faire une justice exemplaire de ces meurtriers. Tous les spectateurs furent bien surpris de voir une épaisse nuée s'étendre dans l'air sur leurs tête, au travers de laquelle il sortait des éclairs accompagnés d'un tonnerre, qui faisant un bruit et un fracas horribles, fendit la nue pour lancer sa flamme sur ces deux criminels, qui furent brûlés à la vue de tant de personnes, que ce feu voulut épargner, comme s'il eût su discerner les innocents d'avec les coupables.

Ce châtiment tout visible de la main de Dieu, jeta tant de frayeur dans l'âme de ceux qui le virent, que chacun s'en retourna chez soi tout consterné d'une si terrible aventure. On se disait l'un à l'autre que la Providence n'attendait pas toujours à punir les hommes en l'autre vie, puisque dès celle-ci le doigt de Dieu s'était fait connaître à l'égard de ces deux détestables Juifs qui ne méritaient plus de voir le jour, après avoir commis une si indigne action sur une princesse, dont la conduite innocente avait édifié toute la cour d'Espagne. Ce miracle fit un si grand effet sur l'esprit de ceux qui en furent les témoins, que plus de seize cents, tant Juifs que Sarrasins, demandèrent le baptême aux ministres des autels. Henri, Bertrand et tous les seigneurs de l'armée ne doutèrent plus de la sainteté de la reine Blanche, puisque Dieu même avait entrepris de venger sa mort par un miracle qui ne fut pas le seul qui publia ses mérites et ses vertus : car il fut secondé de beaucoup d'autres dans la suite, qui rendirent la mémoire de cette princesse recommandable à tous les siècles. Pierre, qui ne fut pas moins son meurtrier que son mari, reconnut trop tard le crime qu'il avait commis sur elle; et comprit bien que si le Ciel avait fait une si effroyable justice des exécuteurs de ce crime, il en était réservé autant à son auteur. En effet, la déplorable fin de ce prince, que nous apprendrons dans la suite, justifiera sensiblement que tôt ou tard Dieu ne laisse rien d'impuni. Nous allons voir les moyens secrets dont la Providence s'est servie pour châtier ce roi cruel et apostat.

CHAPITRE XXI.

Du secours que le roi Pierre alla demander au prince de Galles, qu'il trouva dans Angoulême, et du présent qu'il lui fit de sa table d'or pour l'engager dans ses intérêts.

Ce malheureux prince, ennuyé de sa mauvaise fortune, se voyant abandonné de tous ses sujets, et poursuivi par Henri qu'il regardait comme un usurpateur, résolut de s'aller jeter entre les bras du prince de Galles, qu'il connaissait assez généreux pour entreprendre de le relever de l'accablement dans lequel il était, et de le faire remonter sur le trône. Il s'embarqua donc avec son monde, son argent et sa table d'or couverte d'un très-riche drap dont l'étoffe était extrêmement curieuse et rare. Il commanda qu'on eût à cingler du côté de Bordeaux, parce qu'étant la capitale de la Guyenne, il devait raisonnablement croire que ce prince y faisait son séjour. Ce fut dans cette espérance qu'il y débarqua, donnant ordre à ses fourriers de prendre les devants, et d'aller toujours marquer son logis dans la ville. Ensuite il monta sur une mule d'Aragon, suivi d'un grand nombre de chevaliers qui lui faisaient cortége chapeau bas, tâchant de cacher son malheur et son inquiétude par un extérieur magnifique et superbe. Il demandait en passant dans les rues, si le prince était dans la ville. Il fut un peu mortifié de ne l'y pas trouver. Il tira du côté d'Angoulême, où on lui dit qu'il était pour lors. L'arrivée d'un roi fit assez de bruit, pour que la nouvelle en vînt bientôt aux oreilles du prince, qui ne témoigna pas peu de surprise d'apprendre qu'on eût ainsi dépouillé de ses États un si puissant souverain, demandant par quel malheureux canal cette disgrâce lui pouvait être arrivé. Chandos était pour lors à sa cour, et n'avait pas peu d'accès auprès de son maître. Il s'étonna beaucoup, quand il lui dit que Bertrand et les Anglais qui servaient sous lui avaient fait cette belle manœuvre, et qu'au lieu d'aller faire la guerre dans le royaume de Grenade contre les Sarrasins, ainsi qu'ils l'avaient projeté, tous ces braves avaient changé de résolution tout d'un coup, et s'étaient attachés au service de Henri contre Pierre, qu'ils avaient enfin chassé de ses États, et contraint de venir en prince mendiant réclamer sa protection.

Ce prince fut touché du pitoyable sort de ce roi, se persuadant qu'il lui devait prêter la main pour le secourir, et que c'était un sanglant affront pour tous les souverains de se montrer insensible aux disgrâces de leurs semblables. Il jura qu'il sacrifierait toutes choses pour le rétablir. Il n'eut pas plus tôt achevé ces paroles, qu'on lui dit que le roi Pierre venait d'entrer dans Angoulême. Il envoya Chandos au-devant de lui pour le recevoir, et le faire descendre dans un hôtel qu'on avait magnifiquement paré pour y loger un si grand roi. Aussitôt qu'il aperçut Chandos, il courut l'embrasser, et lui faisant une sincère confidence de ses déplaisirs, il lui raconta toutes les persécutions qu'il avait souffertes, et comme il avait été chassé du trône par les armes de Bertrand et de beaucoup de chevaliers anglais qui s'étaient fait un mérite de lui arracher le sceptre de gaîté de cœur, pour le mettre dans les mains d'un usurpateur qui n'avait aucun droit à la couronne. Il ajouta qu'il avait été contraint de passer la mer pour venir implorer le secours du plus généreux prince du monde, espérant qu'il ne l'abandonnerait pas dans une si grande décadence de ses affaires. Chandos essaya de lui remettre l'esprit, en lui faisant part des avances qu'il avait déjà faites en sa faveur, et des bonnes intentions dans lesquelles il avait laissé son maître pour lui. Ces assurances calmèrent un peu le chagrin de Pierre; Chandos le mena par la main dans les appartements du prince de Galles qui, n'attendant pas qu'il vînt jusqu'à lui, le voulut prévenir en faisant la moitié du chemin. Cet infortuné roi lui fit une profonde révérence, faisant voir sur son visage et dans son maintien une grande consternation. Ce premier silence fut suivi du triste récit qu'il lui fit de toutes ses disgrâces, lui disant qu'un fils illégitime de son père s'était rendu l'usurpateur de ses États contre tout droit et justice, appuyé par les armes d'un aventurier breton qu'on nommait Bertrand du Guesclin, et par celles de beaucoup de chevaliers anglais qui s'étaient tellement acharnés à sa ruine, qu'ils l'avaient réduit au pitoyable état dans lequel il le voyait, expatrié, chassé de son trône, trahi par ses sujets et banni de son propre royaume par la violence et par l'injustice : qu'il espérait donc qu'un si grand prince serait touché de l'infortune des souverains en sa personne, et qu'il emploierait ses armes, ses forces et sa valeur pour empêcher que toute l'Europe n'eût devant les yeux un si pernicieux exemple de perfidie, de trahison, de révolte et d'ingratitude.

Le prince de Galles s'apercevant que les larmes lui coulaient des yeux et que les sanglots empêchaient qu'il ne prononçât distinctement tout ce qu'il disait, parut si ému de son discours, que sans lui permettre de l'achever, il lui fit mettre son chapeau sur sa tête, lui disant qu'il allait tout risquer, et qu'il sacrifierait sa vie même dans une bataille pour lui mettre la couronne en main, de la même manière qu'il venait de lui faire porter son chapeau sur sa tête pour le faire couvrir. Pierre passa sur l'heure d'une grande douleur à de grands sentiments de joie quand il vit que le prince de Galles entrait de si bon cœur dans ses intérêts. Il lui témoigna qu'il lui serait redevable de sa couronne, et que s'il était assez heureux pour rentrer dans la jouissance de ses Etats par son secours, il lui en ferait volontiers l'hommage et reconnaîtrait les tenir de lui comme vassal. Le prince de Galles fit aussitôt apporter du vin et le lui fit servir par des chevaliers, sachant que Pierre au milieu de ses malheurs n'avait rien perdu de sa première fierté; car il y avait un si grand fonds d'orgueil qu'il ne croyait pas que tous les souverains de l'Europe lui fussent comparables. Tandis qu'ils s'entretenaient ensemble, quatre Espagnols entrèrent dans la chambre portant sur leurs épaules cette table d'or dont nous avons déjà tant parlé; quand elle eut été mise à terre, toute la cour s'approcha pour en admirer la beauté, la richesse et l'éclat. Pierre dit au prince qu'il le suppliait de vouloir accepter ce présent, et que cette précieuse table lui venait d'Alphonse, son père, qui l'avait eue de son aïeul, auquel elle avait été donnée pour payer la rançon d'un roi de Grenade qu'il avait fait prisonnier dans une bataille, et qui n'avait pu recouvrer sa liberté que par le sacrifice qu'il avait fait d'une chose si rare et si curieuse.

Le prince s'estima fort honoré de ce présent et l'assura qu'il l'en récompenserait avec usure. Plus il étudiait cette table et plus il en était charmé. La joie qu'il en eut ne lui permit pas d'attendre plus longtemps à la faire voir à la princesse, sa femme, qui passait pour la plus belle dame de son siècle, elle était à sa toilette lorsqu'on lui vint annoncer ces deux nouvelles à la fois, que le prince, son époux, avait promis du secours à Pierre, et que Pierre avait fait présent de sa table au prince. Elle comprit que ce don leur coûterait un jour bien cher, et ne put s'empêcher de dire à ses dames d'atour et à ses filles qui étaient autour d'elle, que ce cruel prince qui avait trempé ses mains dans le sang de sa propre femme, ne méritait pas de recevoir un si favorable accueil dans leur cour : que la mort d'une si pieuse reine criait vengeance devant Dieu et devant les hommes, et qu'elle s'étonnait comment son mari se laissait aller aux cajoleries de ce prince inhumain qui ne le paierait un jour que d'ingratitude.

Cette sage princesse pénétrant les suites que cette affaire aurait, donna quelques larmes à l'idée qu'elle se fit de tous les malheurs qu'elle devait traîner après elle. Son jeune fils, qui fut depuis roi d'Angleterre sous le nom de Richard II, la voyant pleurer, montra dès lors la tendresse de son naturel, en tâchant de la consoler de son mieux. Elle fut si touché des caresses que son fils lui fit, qu'elle voulut bien essuyer ses pleurs pour l'amour de lui. Comme sa douleur était un peu calmée, son chagrin se renouvela par la vue de cette table qu'un chevalier lui vint présenter de la part de Pierre, roi de Castille. Après qu'elle l'eut un peu regardée, se souvenant que ce présent allait mettre en péril la vie du prince de Galles, son époux, elle tourna la tête de l'autre côté, donnant des malédictions, non-seulement à cette table, mais à la personne qui l'avait présentée, et disant qu'elle leur allait attirer de grands malheurs. Le prince, qui croyait l'avoir bien honorée en faisant transporter dans ses appartements un meuble si précieux, et s'imaginant qu'elle l'aurait reçu comme le plus bel ornement qui devait orner son palais, fut étonné quand le chevalier lui dit qu'elle n'en avait pas paru satisfaite, et qu'elle avait souhaité que Pierre n'eût jamais mis le pied dans sa cour, puisque la protection qu'il lui avait promise occasionnerait une guerre fort périlleuse. Je vois bien, dit le prince de Galles, qu'elle voudrait que je demeurasse toujours auprès d'elle sans jamais sortir de sa chambre : il faut qu'un prince qui veut éterniser son nom cherche les occasions de se signaler dans la guerre et remporte des victoires pour se faire un nom considérable dans la postérité. *De par saint Georges*, s'écria-t-il, *en qui je crois; je rendrai Espagne au droit héritier* (1), *ne jà batard n'en tendra qui vaille un seul gant* (2), *et à ce dussent bien regarder tous princes et barons, car autant leur en pend au nez.*

Ce prince se disposa donc à se mettre en campagne en faveur de Pierre, envoyant ses dépêches partout, et donnant le rendez-vous à Bordeaux, où se devait faire l'assemblée de ses troupes. Pour former un corps d'armée, il manda tout ce qu'il avait de gens d'élite, les gens d'armes et les archers les plus braves et les plus déterminés, avec des ordres pressants

---

(1) A l'héritier légitime. (N. E.)
(2) Et bientôt le fils illégitime n'en retiendra pas l'étendue ou la valeur d'un gant. (N. E.)

et précis de ne pas différer d'un moment à se rendre à cette capitale au jour marqué : car il témoignait tant d'empressement là-dessus, qu'il semblait que cette guerre lui tenait plus au cœur que toutes les autres qu'il avait entreprises; et qu'il n'y avait point de gloire pareille à celle qu'il pourrait remporter, s'il établissait sur son trône un roi banni de ses Etats, et chassé par des sujets perfides et rebelles. Ce qui lui donnait encore plus de chaleur à monter à cheval, c'est qu'il avait un fonds de jalousie contre Bertrand, dont il appréhendait que la réputation n'effaçât celle qu'il avait acquise dans les avantages qu'il avait eus sur les Français, particulièrement dans la fameuse journée de Poitiers, qui lui avait fait prendre un roi dans cette bataille. Il croyait que s'il pouvait en rétablir un autre, ce serait un honneur pour lui qui n'aurait point encore eu d'exemple.

CHAPITRE XXII.

Du cartel, que le prince de Galles envoya à Henri, avec menaces aux Anglais qui servaient sous lui, de confisquer leurs biens, et de les punir comme criminels de haute trahison s'ils ne le quittaient.

Le prince de Galles prit si fort à cœur la défense de Pierre contre Henri, qu'il s'y livra tout entier : il écrivit des lettres si fortes à tous les seigneurs qui dépendaient de lui, qu'aucun n'osa balancer un moment à le venir joindre. Le comte d'Armagnac, le sire d'Albret, Chandos, Aimery, Guillaume et Jean de Felton; les sénéchaux de Poitou et de Bordeaux, le comte de Pembroc, et grand nombre de chevaliers se rendirent auprès de lui; le duc de Lancastre passa la mer avec beaucoup de gendarmes et d'archers pour grossir ses troupes; on ne vit jamais une armée si brillante ni si complète : il semblait que ce prince avait envie de marcher à la conquête de toute l'Europe, tant il avait fait de préparatifs pour cette expédition : mais avant d'ouvrir cette guerre, il voulut braver Henri en personne, en lui dépêchant un gentilhomme, qu'il fit porteur d'une lettre, par laquelle il le défiait et le provoquait à un combat singulier, disant qu'il voulait tirer raison de l'outrage qu'il avait fait au roi Pierre son parent, qu'il avait dépouillé de ses Etats par violence et par injustice, et que s'il n'avait pas assez de cœur pour accepter le parti qu'il lui proposait, il lui commandait de sortir au plus tôt d'Espagne, et de déguerpir de toutes les villes et châteaux dont il s'était emparé par félonie, le menaçant que s'il n'obéissait sur l'heure, il viendrait fondre sur lui pour l'accabler avec une formidable armée : qu'à l'égard des Anglais qui combattaient sous ses enseignes, s'ils ne revenaient dans le jour qu'il leur marquait, il les traiterait comme des traîtres, confisquerait tous les biens qu'ils possédaient en Angleterre, et les ferait condamner à mort.

La lecture de cette lettre déconcerta Henri qui fit aussitôt appeler Bertrand pour lui communiquer une affaire de cette importance. Ce prince tomba dans un si grand abattement de cœur qu'il n'avait presque pas la force de parler, et ce qui lui causait encore plus d'embarras, c'est qu'il se voyait obligé de laisser aller les Anglais, en qui consistait la principale force de ses troupes ; mais Bertrand, que rien n'était jamais capable d'ébranler, lui dit qu'il ne fallait point se laisser intimider par des menaces de fanfaron : que le prince de Galles avait encore bien du chemin à faire avant qu'il pût rétablir Pierre dans ses Etats : puisqu'il aurait en tête plus de cent mille hommes à combattre, *et maudit soit-il qui s'esbahira*. Ce discours diminua la crainte et la consternation de Henri, qui se reposait sur le courage, l'expérience et la fidélité de ce général, qui seul valait une armée toute entière. Hugues de Caurelay, chevalier anglais, vint prendre congé de ce prince, lui témoignant le déplaisir qu'il avait de se voir obligé de quitter son service, l'assurant que sans l'ordre qu'il avait reçu de son maître, il se serait fait un mérite de continuer jusqu'au bout : se tournant ensuite du côté de Bertrand, il l'embrassa pour la dernière fois, l'assurant que si dans le partage qu'ils avaient fait ensemble des dépouilles gagnées dans les combats et par droit de guerre, il avait plus reçu que lui, il était prêt à le dédommager avant que de partir. Comme Bertrand était fort généreux, il l'interrompit là-dessus, lui disant qu'il ne voulait pas descendre dans tout ce détail, et qu'il fallait qu'ils demeurassent tous deux quittes et bons amis : qu'au reste quoique cette séparation lui fût fort sensible, il le louait du zèle et de la fidélité qu'il avait pour son prince, à qui l'on devait tout sacrifier.

Henri se posséda le mieux qu'il lui fut possible, quand il vit sortir de sa cour et de son armée tant de braves chevaliers anglais qui l'avaient servi jusqu'alors. Il les voulut combler de présents, après leur avoir témoigné qu'il ne perdrait jamais le souvenir de tant de belles actions qu'ils avaient faites en sa faveur; mais ils le remercièrent de toutes ses honnêtetés, s'estimant trop bien récompensés de la gloire qu'ils avaient acquise, en portant les armes pour lui. Les choses s'étant ainsi passées avec une satisfaction réciproque, Henri tint conseil avec Bertrand et les autres seigneurs, pour savoir quelle conduite ils devaient garder à l'égard du prince de Galles.

Bertrand le conjura de ne point perdre courage, et de compter non-seulement sur lui, mais sur tant de braves qui lui restaient encore, et qui ne craindraient point de sacrifier leur vie pour le maintenir sur le trône, où ils l'avaient placé. Mais il ne put s'empêcher de lui dire tout bas à l'oreille, qu'il appréhendait que les Espagnols, dans l'occasion, ne se démentissent beaucoup et ne fissent pas bien leur devoir. Il fallut pourtant dissimuler cette crainte et faire toujours bonne mine, comme si l'on n'eût pas douté du courage et de la générosité de ceux de cette nation.

Ce prince assembla donc de tous côtés le plus de forces qu'il lui fut possible, mandant les archers, les gens d'armes et les arbalétriers pour renforcer son armée. Il jouit d'un spectacle fort agréable, quand il vit venir vingt mille hommes de Séville seule, dix mille de Burgos, autant de Sarragosse : si bien que toutes ses troupes pouvaient monter, avec ce qu'il avait déjà, à soixante mille hommes. Il fallait voir le superbe attirail des tentes, pavillons, munitions de guerre et de bouche que cette armée traînait après elle. L'avant-garde était commandée par le Bègue de Vilaines, et le maréchal d'Espagne marchait à la tête du second corps, ayant à ses côtés le comte d'Aine et le prince d'Aragon, tous deux suivis de gens fort brillants, et qui paraissaient déterminés. Le prince de Galles venait aussi de son côté, comptant dans son armée plus de dix-sept mille hommes d'armes, sans le grand nombre d'arbalétriers génois qui servaient dans ses troupes, et qui tiraient avec tant de justesse et de force, que leurs coups étaient sûrs. Ces grands apprêts annonçaient des deux côtés une guerre vive et sanglante. Le prince de Galles demanda passage au roi de Navarre sur ses terres et des vivres en payant. On n'osa pas les lui refuser, de peur qu'il n'y fît des hostilités, et ne s'emparât des meilleures places de ce royaume pour s'en assurer la domination, sous prétexte qu'on n'aurait point eu d'égard à sa demande. Le passage lui fut donc ouvert, mais il trouva peu de quoi subsister dans le pays, ce qui fit souffrir à ses troupes d'étranges incommodités ; les paysans mêmes avaient la malice d'enfouir sous terre leurs blés et leurs provisions, afin que ces étrangers en manquassent, et qu'il ne leur prît pas envie de faire chez eux un plus long séjour. Guillaume Felton, qui commandait l'avant-garde anglaise, fit dans la Navarre des dégâts horribles, pillant, ravageant partout sur sa marche, et faisant enlever par ses gens, bœufs, vaches, moutons, et tout ce qu'ils trouvaient sous leur main.

Bertrand envoya toujours devant quelques espions à l'armée du prince de Galles, pour apprendre ce qui s'y passait, et quel mouvement elle faisait; on lui rapporta qu'on n'avait jamais vu de si belles troupes ; mais qu'elles étaient fort exténuées par la faim qu'elles enduraient. Il demanda comment on appelait celui qui était à la tête de l'avant-garde ; on lui répondit que c'était Guillaume Felton qui n'avait pour lors avec lui que six cents lances, et qu'il s'était fort écarté du reste de l'armée. Bertrand renvoya les mêmes espions sur leurs pas, avec ordre de le venir trouver à Nadres ou Navarrette pour lui rendre compte de ce qu'ils auraient découvert dans l'armée du prince de Galles. Tandis qu'il était dans l'impatience de savoir ce qui s'y passait, il s'entretenait avec le Bègue de Vilaines des forces qu'ils avaient pour tenir tête à leurs ennemis. Celui-ci voyant la contenance fière de tant d'Espagnols qui s'étaient rangés sous les enseignes de Henri, s'en promettait beaucoup ; mais Bertrand lui fit là-dessus confidence de son sentiment, en lui déclarant qu'il comptait peu sur ces sortes de gens qui avaient moins de cœur que de faste, et qu'il était à craindre qu'ils ne saignassent du nez dans l'occasion : qu'il appréhendait enfin qu'ils ne prissent la fuite et ne les laissassent seuls soutenir le choc des Anglais. Il ne put même dissimuler la crainte qu'il avait que Henri ne tombât dans les mains de Pierre, qui le ferait cruellement mourir, s'il était assez malheureux pour ne se pouvoir pas sauver, au cas qu'il perdît la bataille ; disant qu'il aimerait bien mieux être prisonnier lui-même : puisque le paiement d'une bonne rançon lui pourrait procurer le recouvrement de sa liberté : mais qu'il n'en irait pas de même de Henri, qui ne sortirait jamais en vie des prisons de son ennemi.

Pendant qu'ils faisaient tous deux les réflexions nécessaires sur la position de leurs affaires, leurs espions leur vinrent dire que Guillaume Felton faisait de grands ravages partout où il passait. Bertrand se mit en tête qu'on pourrait bien charger ces fourrageurs et les surprendre lorsqu'ils y penseraient le moins. Après qu'il eut fait agréer cette résolution par le maréchal d'Espagne, ils se mirent en marche les enseignes baissées, de peur que les Anglais ne les découvrissent, et détachèrent quelques coureurs (dont un savait l'anglais) pour reconnaître leurs mouvements, et se pouvoir aboucher avec eux avec moins de soupçon. Celui-ci, sous le privilége de sa langue, se mêla dans les troupes de Guillaume Felton, qui venait de faire un butin de près de trois mille bêtes à cornes, destinées à ravitailler l'armée du prince de Galles qui mourait de faim. Bertrand voulant donner dessus, partagea son monde en trois bandes, qu'il mit en embuscade dans un bois : mais il ne put si bien concerter son entreprise, que les coureurs anglais, qui étaient alertes, ne découvrissent une partie de ses gens dans le mouvement qu'ils faisaient, et ils allèrent en donner aussitôt avis à Guillaume Felton, qui leur demanda si les Espagnols qu'ils avaient aperçus étaient en grand nombre. Ils lui dirent qu'ils étaient pour le moins autant qu'eux. Felton déclara que si ces gens-là n'étaient qu'Espagnols, il ne reculerait pas pour eux, et qu'il espérait en avoir bien meilleur marché que si c'étaient des Français ; parce que les premiers avaient plus de fierté que de bravoure, et que les seconds avaient l'autre. Il voulut savoir si Bertrand était de la partie : car il le craignait beaucoup, et ne doutait point que s'il tombait une fois dans ses mains, il aurait une peine incroyable à se racheter.

C'est ce qui lui fit donner de nouveaux ordres, afin qu'on sût positivement à quelles gens il avait affaire, si c'étaient Espagnols, ou Français. Les coureurs qu'il dépêcha pour savoir la vérité, rencontrèrent le comte d'Aine, qui se détacha tout exprès pour leur demander ce qu'ils cherchaient, ils lui dirent que Guillaume Felton les avait envoyés pour savoir si Bertrand était là en personne : le comte répondit que non, que c'était lui seul qui, comme prince-né d'Aragon, commandait ce petit corps d'Espagnols qu'ils voyaient, et qui ne demandaient qu'à combattre contre les Anglais. Ce cavalier répondit qu'ils auraient bientôt satisfaction là-dessus.

Bertrand sachant que Felton le croyait fort loin de là, se tint à couvert dans son embuscade, en attendant l'occasion de faire une sortie sur son ennemi. Les Anglais se persuadant que la défaite des Espagnols ne leur coûterait pas beaucoup, se présentèrent en bataille comme s'ils marchaient à une victoire certaine, et quand ils se virent assez près des Espagnols, ils mirent pied à terre, faisant voltiger leurs enseignes et leurs drapeaux avec une fierté de conquérants. Les Espagnols firent aussi de leur côté bonne contenance. Ces deux petits corps d'armée se tinrent si serrés qu'ils ne pouvaient entrer l'un dans l'autre, et se disputèrent longtemps le terrain pied à pied, sans qu'on pût savoir à qui demeurerait l'avantage : Bertrand sortit de son embuscade et prit les Anglais en flanc avec tant de furie, qu'il les tailla tous en pièces et en tua grand nombre dont Felton fut un des premiers ; il contraignit les autres de fuir ; et il poursuivit les débris de leurs troupes battues jusqu'au camp du prince de Galles, qui fut bien étonné de cette déroute où son général avait laissé la vie.

Pierre à cette nouvelle donna mille malédictions à ce Bertrand qui lui avait été si fatal. Le comte d'Armagnac prit la liberté de représenter au prince qu'ayant une armée si nombreuse, elle ne pourrait encore subsister ni vivre trois jours dans un pays si maigre et si ruiné : qu'il valait donc mieux mourir de l'épée de leurs ennemis que de la faim cruelle qui les consumait. Chandos et les autres seigneurs appuyèrent ce sentiment. Tandis qu'ils délibéraient ensemble, Bertrand prit le parti de s'en retourner à Navarrette avec ses prisonniers et son butin. La joie de Henri ne fut pas petite quand il apprit ce premier succès de ses armes, et que les Anglais manquant de provisions et de vivres seraient bientôt à bout. Guesclin lui conseilla de ne rien hasarder, puisque la famine seule pouvait faire périr toute cette grande armée, qui serait dans peu détruite par elle-même. Il lui fit comprendre qu'ils n'avaient qu'à se retrancher dans de bons fossés et mettre les chariots devant eux, qu'avec ces deux précautions ils seraient entièrement inaccessibles à leurs ennemis, et qu'ils les verraient avant trois jours se débander et se séparer les uns des autres pour aller chercher de quoi vivre dans un pays plus éloigné, qu'étant ainsi dispersés, marchant sans rang et sans discipline et affaiblis par la faim, on pourrait leur courir sus, les charger et les détruire. Le comte d'Aine voulant faire le brave et l'intrépide ne goûta pas un avis si sage. Il lui sembla que Bertrand ne l'avait donné que dans la crainte d'en venir aux mains dans une bataille rangée : il lui reprocha même qu'il avait peur. Cette parole indiscrète piqua Bertrand jusqu'au vif, il dit tout en colère : *Par ma foy, se nous nous battons demain, nous serons desconfits et avendra grand méchief sur le roy.* Cependant pour faire voir que ce n'était point la crainte ni la lâcheté qui lui faisait tenir un pareil discours, il protesta que puisque le comte avait eu le front de l'en accuser, on donnerait le lendemain bataille, dans laquelle il paierait si bien de sa personne qu'il s'y ferait prendre ou tuer, et qu'on verrait qui des deux, ou du comte ou de lui, s'acquitterait mieux de son devoir. Henri, qui connaissait le caractère de Bertrand que la mort ni les dangers n'étaient point capables d'ébranler, en voulut revenir à son sentiment et ne rien tenter mal à propos. Mais Guesclin se sentant trop choqué du peu de justice que le comte lui avait fait de croire que le cœur lui manquait, dit qu'il avait fait serment de combattre et qu'il y aurait bataille le lendemain. On éprouva depuis que Bertrand n'avait rien avancé dans le conseil de Henri que de fort judicieux, et qu'en effet si le comte d'Aine ne lui eût pas ainsi rompu en visière et qu'on eût laissé les ennemis aux prises avec la faim seule, le prince de Galles et toute son armée auraient été sur les dents au bout de trois jours, et peut-être que de tous ces Anglais il n'en serait pas resté trois pour annoncer en Angleterre une si funeste nouvelle.

CHAPITRE XXIII.

De la victoire que le prince de Galles remporta près de Navarrette en faveur de Pierre sur Henri et Bertrand qui fut pris dans cette journée.

La famine avait tellement abattu l'armée du prince de Galles, qu'il lui fallait nécessairement ou combattre ou mourir. Ce besoin extrême lui fit prendre la résolution d'en venir aux mains. Il donna le commandement de l'avant-garde à son frère, le duc de Lancastre, qu'il mit à la tête de quatre mille hommes d'armes. La bannière du duc était portée par un chevalier des plus braves et monté sur une belle mule pour se faire mieux reconnaître et distinguer. Hugues de Caurelay, Nicolas d'Aubéricourt, Gautier Huet, Jean d'Evreux et Thomas d'Agorne secondaient dans ce premier corps d'armée le duc de Lancastre, et menaient avec eux cinq cents archers, tous habiles tireurs. Le chaptal de Buch commandait la bataille; il avait avec lui les seigneurs les plus aguerris, Aimérion, le sénéchal de Bordeaux, Garnier d'Aubécote et Othon, son frère, le comte de Monleson, le comte de Lisse, le sire de Pont, le sire de Mucidan, Foucaut d'Arciart et quatre mille hommes d'armes à la tête desquels on le mit, qui lui furent tous d'un grand secours. Le prince de Galles essaya de l'encourager de son mieux, lui disant qu'il se promettait tout de sa valeur et de son expérience. Le chaptal l'assura qu'il n'avait jamais eu plus de démangeaison de jouer des mains que dans cette journée. Chandos fut chargé de mener l'arrière-garde ; c'était un fameux capitaine qui s'était signalé dans les guerres d'Edouard III et dans celles que le prince de Galles avait faites en France ; il lui donna quatre mille hommes d'armes à commander et lui dit que s'il y en avait aucun qui fît mine de fuir, il ne fallait pas balancer à lui couper la tête. Chandos jura qu'il n'y manquerait pas non plus.

Ce prince, pour les rendre tous encore plus intrépides et plus déterminés, ajouta qu'il leur fallait aller chercher à dîner dans Navarrette et passer pour cela sur le ventre à leurs ennemis. En effet, les Anglais affamés se disaient les uns aux autres qu'ils auraient donné volontiers vingt marcs d'argent pour un morceau de pain. Le prince de Galles voulut commander le corps de réserve. Il avait auprès de lui le comte d'Armagnac, le sire d'Albret, le comte de Pembroc et beaucoup d'autres chevaliers de marque et de distinction qui faisaient tous fort bonne contenance. Ce prince courait de rang en rang, et recommandait à chacun de ne faire aucun quartier aux Espagnols, et de n'en prendre point à rançon de quelque condition qu'il fût, si ce n'était Bertrand, le maréchal d'Andreghem et les Français pour qui l'on pourrait avoir quelques égards et quelque indulgence. Enfin pour les animer tous à bien faire, il leur dit que le roi Pierre, dont il avait épousé la querelle, allait être le spectateur de leur bravoure et qu'il la récompenserait par des bienfaits proportionnés au service qu'ils lui rendraient. Toutes les choses étant ainsi disposées pour la bataille, Chandos prit la parole et dit au prince que les Espagnols ne paraissaient pas, et qu'apparemment ils attendaient que le soleil fût levé pour se faire voir.

On dépêcha sur l'heure un trompette vers Bertrand et ses gens, pour leur déclarer que s'ils refusaient la bataille, on les viendrait charger jusque dans leurs retranchements. Cet homme fut à toutes jambes vers Navarrette, où rencontrant Henri, Bertrand, le comte d'Aine, le maréchal d'Andreghem, Guillaume de Lannoy, Guillaume Boitel, le maréchal d'Espagne et tous les autres commandants, il leur annonça mot pour mot tout ce qu'il était chargé de leur dire, et les pria de lui donner là-dessus une prompte réponse. Bertrand lui voulant donner le change, lui demanda s'ils n'avaient pas bien faim dans leur camp, ajoutant que s'il en avait été cru, on les aurait tous fait périr sans être obligé de combattre : mais qu'il n'était plus temps de prendre contre eux ce parti. Le trompette lui répondit : *Par ma foi, il n'a en notre hôt* (1) *homme qui n'eut bientôt mangé deux œufs pelés s'il les tenoit.* Bertrand ne pouvant se tenir de rire, lui fit aussitôt apporter du vin qui fut un grand régal pour lui. Quand il eut bien bu, Guesclin voulut savoir ce que dans le camp des Anglais pourait bien coûter une bouteille de semblable vin; le cavalier lui dit de bonne foi qu'ils n'en avaient point, et qu'on n'était pas en peine d'y faire choix du bon, ou du mauvais : puisque le jour même de Pâques qui serait le lendemain, on n'y en boirait point du tout. Enfin Bertrand, pour ne point le retarder davantage, lui commanda de dire au prince de Galles qu'on ne refusait point le combat et qu'on lui donnerait làdessus plus de satisfaction qu'il n'en espérait. Il rangea tout aussitôt ses troupes en bataille. Il choisit dix mille Espagnols des mieux faits qu'il posta fort avantageusement, mettant tout exprès une rivière à leur dos pour leur faire perdre l'envie de fuir, et leur inspirer celle de bien combattre. Ils faisaient si belle contenance qu'il semblait que les Anglais ne pouvaient pas tenir contre eux, et qu'il n'y avait point d'armée, si forte qu'elle fût, qui pût résister à des gens si lestes et si déterminés.

Bertrand, qui ne se payait point de cette belle apparence, voulut pressentir le maréchal d'Andreghem sur ce qu'il en pensait; celui-ci lui déclara qu'il croyait que ces gens se conduiraient bien dans une bataille et vendraient chèrement leur vie. Guesclin secouant la tête, répondit qu'il n'en attendait pas grand'chose, et qu'il appréhendait qu'ils ne lâchassent pied dans l'occasion. Cependant Henri comptait beaucoup sur vingt mille arbalétriers génois qui servaient dans ses troupes, et pour les encourager à bien faire, il leur remontra que la victoire leur coûterait peu, puisqu'ils allaient com-

(1) Armée; de *hostis*. (N. E.)

battre des gens qui pourraient à peine soutenir les armes qu'ils portaient ; qu'avec un peu d'efforts ils pourraient affermir sur sa tête la couronne que Pierre lui voulait disputer : qu'il leur croyait à tous trop de cœur et de résolution pour penser à jamais reculer, et que s'ils étaient assez lâches pour en venir là, il ne pardonnerait à aucun d'eux et les ferait pendre sans rémission, sans même épargner leurs femmes et leurs enfants ; enfin que ceux qui paieraient bien de leurs personnes seraient bien récompensés. Ces Génois lui témoignèrent qu'il éprouverait bientôt jusqu'où pourrait aller leur courage et leur fidélité, le conjurant de bannir là-dessus les soupçons qui pourraient tomber dans son esprit. Bertrand, qui ne se trompait jamais dans ses pressentiments, tint conseil avec le Bègue de Vilaines et le maréchal d'Andreghem sur ce qu'ils auraient à faire. Ils furent tous d'avis de ne se point séparer les uns des autres, et de faire des Bretons et des Français un petit corps qui n'aurait avec les Génois et les Espagnols aucune communication dans cette journée. Bertrand se mit à la tête de sept cents hommes d'armes seulement, et commença par faire sonner la trompette comme le signal du combat qu'on allait donner. Les deux armées firent un mouvement de part et d'autre pour s'approcher. Les Anglais s'avancèrent au nombre de trois mille archers pour tirer sur les Espagnols qu'ils se promettaient bien de défaire.

Jamais armée ne parut plus belle que celle de Henri : car outre vingt mille chevaux Espagnols, dont les escadrons étaient tous de fer, il avait vingt mille arbalétriers génois et trente mille fantassins espagnols ; aussi ce prince, fier de se voir à la tête de tant de belles troupes, voulut ouvrir le combat en chargeant le corps d'armée que commandait le chaptal de Buch, il entra dans les rangs de ce général le sabre à la main ; il y tua plus de dix personnes, et s'enfonça toujours davantage dans les escadrons des ennemis avec une intrépidité surprenante ; il poussa son cheval avec tant de force, qu'il passa tout au travers d'un gros corps de troupes, sans être tué, ni pris, ni blessé. Bertrand, qui voyait le prince se commettre si témérairement, et s'exposer comme un aventurier, appréhenda qu'il ne demeurât engagé sans se pouvoir tirer d'affaire. Ce fut la raison pour laquelle il partit avec le Bègue de Vilaines pour l'aller dégager : mais ils furent agréablement surpris quand ils le virent revenir sur ses pas pour les rejoindre. Guesclin prit la liberté de lui dire qu'il ne devait pas hasarder ainsi sa vie comme celle d'un simple soldat, et qu'il fallait qu'un prince comme lui travaillât à se ménager davantage : mais Henri lui fit connaître qu'il aimait mieux se faire tuer dans une bataille que de se laisser prendre, de peur que Pierre ne lui fît ensuite porter sa tête sur un échafaud. Chandos, à la tête de ses Anglais, faisait cependant les derniers efforts contre les Espagnols, dont il ouvrit les rangs à force de dards et de flèches. Bertrand qui vit le péril de leurs troupes tourna aussitôt de ce côté-là, suivi de ses sept cents hommes, et se mêla bien avant dans la bataille se faisant passage à grands coups de sabre, et charpentant partout avec tant de rage et de furie, qu'il abattait tout ce qui se trouvait devant lui. Les gens d'armes qui le suivaient animés par son exemple, se jetaient à corps perdu sur leurs ennemis, et se faisaient jour au travers de tous les obstacles qui se présentaient, de sorte qu'il semblait que ce fut une troupe de lions déchaînés qui ne respiraient que le sang et le carnage.

Le chaptal de Buch qui les aperçut, se souvint de la bravoure qu'ils avaient fait paraître à la bataille de Cocherel, où il avait été pris, et craignant le même malheur, il défendit à ses gens d'éprouver leurs forces contre ces gens-là, leur commandant de tourner leur pointe contre les Espagnols, dont ils auraient meilleur marché que de ces Français qu'il était impossible d'entamer, ni de rompre. Cette petite troupe se signala plus toute seule sous la conduite de Bertrand, du Bègue de Vilaines, de Guillaume Boitel et du maréchal d'Andreghem, que tout le reste de l'armée. Jean de Chandos faisait aussi beaucoup de fracas contre les Espagnols, dont il fit une grande boucherie, suivi de ses Anglais ; mais le maréchal d'Espagne arrêta sa fougue et sa saillie par un coup d'épée, dont il renversa mort par terre son chambellan, pour lequel il avait une affection toute particulière. Ce malheur le jeta dans une si grande rage, qu'il fit attaquer ce maréchal de tous côtés, et l'on s'acharna si fort sur lui, qu'il fut bientôt abattu par terre, dont il ne se serait jamais relevé, s'il n'eût été promptement secouru par Henri, qui le voyant dans ce péril, poussa son cheval et fendit la presse pour venir à lui, ce qu'il fit avec tant de succès, qu'il le remit bientôt sur ses pieds, en lui témoignant l'estime qu'il faisait de son courage et de sa valeur : tous deux repoussèrent Chandos assez loin, soutenus de quelques braves qui ne les abandonnaient point.

Le prince de Galles voyant le combat assez engagé, voulut être de la partie, s'avançant avec ses gens, et faisant sonner ses trompettes d'argent, dont le bruit s'étendait bien loin, disant qu'il voulait exposer sa vie pour remettre la couronne sur la tête du roi Pierre. Il aperçut toute la cavalerie espagnole qui se tenait fort serrée. Ce fut à elle qu'il voulut aller, avec ses enseignes déployées, où l'on voyait arborés les lys de la France, et les léopards d'Angleterre; il était accompagné du roi Pierre, du comte d'Armagnac, du sire d'Albret, des sénéchaux de Poitiers et de Bordeaux, du sire de Mucidan, du comte de Lisle, et des seigneurs de Pons, d'Auberoche et de La Réole. Il avait bien six mille hommes d'armes à sa suite, tous gens d'élite. Les Espagnols qu'il voulait attaquer étaient plus forts que lui, car ils étaient bien dix mille, sans un autre corps de semblable nombre que l'on avait posté tout auprès pour les secourir en cas de besoin. Le roi Pierre qui brûlait du désir de se venger de ses infidèles sujets de Séville, de Burgos et de Tolède, dont il voyait les drapeaux au milieu de ses ennemis, supplia le prince de Galles de lui permettre de commencer l'attaque contre ces rebelles qui l'avaient dépouillé de ses États pour en revêtir un usurpateur : et suivant les mouvements et les saillies de sa colère, il poussa son cheval en désespéré tout au travers d'eux, les menaçant de les faire tous pendre aux arbres de la forêt voisine. Ces lâches ne firent aucune résistance, et se mirent aussitôt à fuir du côté de la rivière qu'ils avaient à leur dos sans oser jamais tourner visage. Le prince de Galles voulant profiter du désordre dans lequel une terreur panique les avait jetés, les fit poursuivre par ses gens la lance dans les reins.

La peur qui leur donnait des ailes, en fit jeter plusieurs dans la rivière, aimant mieux se noyer que de combattre. Le corps de réserve destiné pour les secourir, s'alla cacher dans le fond d'un bois, dans la crainte de tomber dans les mains des Anglais, dont l'intrépidité les étonnait beaucoup : si bien que toute cette armée qui paraissait si formidable, se dispersa d'elle-même, et fut tout à fait dissipée. Gautier Huëte tua plus de trente Espagnols dans l'eau; il les assommait à coups de hache, et les faisait plonger dans le fond de la rivière, afin qu'ils n'en pussent échapper. Henri voyant cette déroute, ne savait quel parti prendre, et ne pouvait fuir sans être bientôt aperçu. C'est ce qui l'obligea de rester sur le champ de bataille en attendant quelque favorable occasion de se dégager. Quand Bertrand eut appris la lâcheté des Espagnols qui, bien loin de soutenir le combat, avaient aussitôt pris la fuite, il fit convenir le Bègue de Vilaines qu'il ne s'était pas trompé dans le pressentiment qu'il en avait eu; mais comme il appréhendait que Henri ne tombât dans les mains de Pierre, qui l'aurait fait cruellement mourir, il partit aussitôt pour le chercher et le tirer du danger dans lequel il pouvait être, et fendant la presse à grands coups d'épée, se fit jour au travers des troupes ennemies pour joindre ce prince, et prenant son cheval par la bride, il le tira de la mêlée, lui disant qu'il eût à se sauver au plus tôt, parce que tout était perdu (les vingt mille Espagnols ayant lâché pied pour se jeter les uns dans la rivière, et les autres dans le fond des bois, comme il l'avait bien prévu); qu'il devait se souvenir que le comte d'Aine lui avait attiré ce malheur pour n'avoir pas voulu suivre son sentiment, en s'opiniâtrant à combattre des gens que la famine allait contraindre de se rendre. Ce pauvre prince voyant ses affaires désespérées, et Bertrand qui l'allait quitter, lui témoigna le regret que lui causait cette triste séparation, l'assurant qu'il était au désespoir de l'avoir embarqué dans son parti, puisque sa perte allait devenir commune avec la sienne. Bertrand le conjura de ne point se mettre en peine de lui, puisque Dieu protégeait ceux qui épousaient le parti le plus juste comme le sien.

Ce prince, prenant congé de lui, dit qu'il allait en se retirant décharger sa colère sur un escadron d'Anglais, au travers duquel il lui fallait passer pour faire sa retraite. En effet, il se jeta au milieu des rangs, frappant d'estoc et de taille, tuant, renversant tout ce qu'il rencontrait : il fut assez heureux pour s'ouvrir ainsi le passage de l'autre côté, sans être blessé.

Bertrand et le Bègue de Vilaines qui furent les témoins de cette heureuse témérité, se regardèrent l'un l'autre, admirant le courage et la valeur de ce malheureux prince qui se retira lui quatrième, disant : *Aide Dieu, douce Vierge Marie! que m'est-il arrivé en cette place où ay perdu toute terre qui étoit gagnée.* Quand il eut un peu calmé sa douleur, il détacha l'un de ses cavaliers qui l'avaient suivi, pour aller avertir à toute bride la reine sa femme de s'aller incessamment mettre à couvert dans Transtamare avec toute sa Cour, contre la mauvaise fortune qui venait de leur arriver. Le reste de la troupe de Henri ne fit aucun devoir. Ces arbalétriers génois qui devaient si bien se conduire, ne firent aucune résistance; les Anglais les chassaient comme des moutons devant eux. Le peu d'Espagnols qui resta se tenait caché derrière les Français, dont la cavalerie les couvrait. Elle faisait toujours bonne contenance, criant tantôt Andreghem et tantôt Guesclin. Celui-ci disputait toujours le terrain pied à pied, faisant sentir à ceux qui l'approchaient la force de son bras aux dépens de leur propre vie. Chandos, qui voyait cette poignée de gens se défendre avec tant de courage, en voulut épargner le sang, en les conjurant de se rendre, et de ne plus si témérairement exposer leur vie : mais ni lui ni le Bègue de Vilaines n'en voulurent point entendre parler, encourageant toujours leurs gens à ne point désespérer encore du combat : mais les Espagnols ne tenaient point ferme. Les Anglais les perçaient par derrière en fuyant; et le roi Pierre, qui s'acharnait sur eux comme sur des traîtres, commandait aux Anglais d'en faire une cruelle boucherie.

Bertrand et le maréchal d'Andreghem soutenus des Bretons, Normands et Français, éclaircissaient les rangs qui se présentaient devant eux à force de coups d'estramaçon dont ils assommaient les Anglais, jusque-là que le maréchal arracha l'étendard d'Angleterre des mains de l'officier qui le tenait ; et le jetant par terre le foula aux pieds, et Bertrand charpentait toujours avec une égale furie, quand il leur fallut enfin céder à la multitude : car le prince de Galles et le duc de Lancastre s'apercevant qu'il n'y avait plus de résistance de ce côté-là, firent un dernier effort pour les envelopper, et les obliger à se rendre. Le prince de Galles leur criait à haute voix de se remettre entre ses mains, et qu'il aurait pour de si braves gens tous les égards qu'ils pourraient attendre de lui.

Le roi Pierre lui proposa de ne leur faire aucun quartier, parce que c'était ceux qui l'avaient chassé de ses Etats. Bertrand ayant entendu ces paroles, lui déchargea sur son casque un grand coup de sabre, dont il l'étourdit ; il l'allait achever, s'il n'en eût été sur l'heure empêché par un cavalier qui le saisit au cou par derrière, et lui dit qu'il se rendît, et qu'il devait être content de ce qu'il avait fait après avoir si bien payé de sa personne. Bertrand jetant les yeux de tous côtés, et voyant que tous ceux de son parti étaient pris ou tués, éleva la voix en disant qu'il se rendait au prince de Galles ; le Bègue de Vilaines et le maréchal d'Andreghem suivirent son exemple. Le cruel Pierre qui ne se croyait pas bien victorieux, tandis que ces trois hommes demeuraient encore au monde, conjura le prince de les lui livrer pour assouvir sur eux sa vengeance, lui promettant de lui donner autant d'argent que Bertrand en pourrait peser ; mais ce généreux seigneur ne le voulut pas écouter. Il lui remontra qu'il ne commettrait jamais une si grande lâcheté que d'abandonner à sa discrétion de fameux généraux, qui selon les lois de la guerre, s'étaient rendus à lui de bonne foi sur la parole qu'il leur avait donnée de leur sauver la vie : qu'ils étaient ses prisonniers, et qu'il ne permettrait pas qu'on leur fît aucune indignité. Ce prince appela aussitôt le chaptal de Buch, et le chargea de la garde de ces trois braves capitaines ; celui-ci dit obligeamment à Bertrand qu'il avait son tour cette fois, et qu'ayant été son prisonnier à la bataille de Cocherel, il était devenu le sien dans cette journée. Guesclin lui répondit en riant qu'il y avait quelque différence, qu'à Cocherel il l'avait fait son prisonnier, et que le chaptal n'avait pas eu le même avantage sur lui, puisque ce n'était pas lui qui l'avait contraint de se rendre.

Pierre après un si grand succès crut que sa victoire ne serait pas entière, ni complète, s'il n'était maître de la vie de Henri qu'il voulait immoler à sa vengeance et à sa cruauté. C'est la raison pour laquelle il envoya partout le chercher : mais ceux qu'il dépêcha pour cette recherche n'en purent apprendre aucune nouvelle, et d'ailleurs ils étaient si affamés qu'ils furent contraints d'entrer dans Navarrette pour chercher des vivres. Le prince de Galles fit apporter sa table au milieu du champ de bataille pour rendre sa victoire encore plus célèbre, et voulut être servi sur le pré, quoiqu'il fût tout couvert de morts et de mourants. Le chaptal de Buch qui connaissait la valeur et le mérite de Bertrand lui fit l'honnêteté de lui dire qu'il ne le confinerait dans aucune prison s'il lui voulait donner sa parole de ne point s'évader sans le congé du prince de Galles, et qu'il aurait liberté entière de se promener et de vivre avec eux, s'il voulait en homme d'honneur faire serment de n'en point abuser. *Et par Dieu*, dit Bertrand, *j'aurois plus chier être mort* (1) *que mon serment eusse faussé ne rompu.* Si bien qu'il s'estima heureux de voir que ses ennemis avaient tant de considération pour lui.

CHAPITRE XXIV.

De la reddition volontaire de Burgos, Tolède et Séville entre les mains de Pierre, et de l'ingratitude qu'il commit à l'égard du prince de Galles.

Après cette grande et fameuse victoire, la ville de Burgos ouvrit de fort bonne grâce ses portes au vainqueur. Le prince de Galles s'entretenant avec les courtisans des promesses solennelles que le roi Pierre avait faites, qu'au cas qu'il mourût sans enfants la couronne d'Espagne lui serait dévolue à lui et à ses héritiers, fut bien désabusé de la bonne opinion qu'il

---

(1) J'aimerais mieux être mort. (N. E.)

avait conçue de ce prince infidèle qui se moquait de ceux dont il avait tiré les services qu'il en attendait. Le prince de Galles fut étonné d'apprendre de l'évêque de Burgos que c'était là le vrai caractère de Pierre. Il l'assura qu'il ne devait point compter sur tous les serments qu'il pouvait lui avoir faits, quand même ce serait sur le Saint-Sacrement; mais que s'il avait juré sur l'Alcoran, alors il serait un fort religieux observateur de sa parole.

Ce prince fut encore plus surpris quand il sut que Pierre avait plus de penchant pour les Sarrasins que pour les chrétiens; il commença alors de craindre qu'il n'eût employé ses armes pour un ingrat et pour un malhonnête homme. Il voulut sonder le caractère de ce roi, qu'il s'avisa d'entretenir en particulier pour voir s'il avait à s'en défier comme on le lui disait. Il lui représenta que les Espagnols se louaient peu de sa conduite et qu'il ne savait à quelle cause imputer cette universelle aversion de ses sujets pour lui : qu'à l'égard de ce qui le regardait en particulier, il était bien aise de savoir de lui quelle récompense il aurait pour avoir exposé sa vie et celle de toute la fleur d'Angleterre pour le faire triompher de ses ennemis, et remporter cette célèbre victoire qui l'allait remettre sur son trône, et qui leur avait coûté des frais et des fatigues incroyables : qu'il devait se souvenir de la promesse qu'il lui avait faite et scellée de son propre sceau, qu'après son décès la couronne d'Espagne serait reversible à lui prince de Galles et à ses héritiers : que s'il savait qu'il eût aucune pensée de lui faire là-dessus la moindre infidélité, il passerait la mer pour le punir de sa perfidie qui ne lui coûterait pas seulement ses États, mais sa propre vie, qu'il lui ferait perdre avec honte, s'il était assez scélérat pour le jouer après avoir reçu de lui de si grands services.

Pierre voyant que ce prince était extrêmement prévenu contre lui, tâcha de lui remettre l'esprit en l'assurant qu'il ne devait pas douter qu'il n'exécutât ponctuellement tout ce qu'il avait promis et que même il irait encore au-delà s'il était nécessaire, et ferait l'impossible pour lui témoigner combien il était sensible à toutes les grâces qu'il lui avait faites. Le prince de Galles s'imaginant qu'il lui parlait sincèrement lui fit une autre proposition qui ne tendait qu'à lui concilier l'amour de ses sujets. Il lui déclara qu'il était à propos de les ramener en mangeant avec eux et leur faisant toutes les honnêtetés qu'un bon prince fait à ses peuples. Pierre n'osa pas aller contre le torrent, et fit paraître qu'il était ravi d'entrer dans cet expédient qui lui pourrait concilier l'esprit de ses vassaux, mais dans le fond du cœur il se promettait d'en tirer une vengeance sanglante, quand le prince de Galles se serait retiré, regrettant le présent qu'il lui avait fait de sa riche table, et disant entre ses dents qu'il était bien fâché de s'être dépouillé d'un si grand trésor. Cependant il lui fallut faire bonne mine et soutenir un personnage qui ne lui plaisait guère. Aussitôt qu'il fut entré dans Burgos avec le prince, toutes les bourgeoises qui connaissaient le mauvais fond de Pierre, qui ne savait ce que c'était que de pardonner, vinrent au-devant de lui, le mouchoir dans les mains et les larmes aux yeux pour lui faire perdre tout le ressentiment qui lui pouvait rester dans le cœur contre la ville de Burgos, qui s'était contre son gré soumise à l'obéissance de son ennemi.

Le prince, pour cimenter davantage la paix qu'il voulait ménager entre le roi et ceux de Burgos, le mena jusqu'à la cathédrale, il voulut après une messe solennelle qu'il lui fit entendre avec lui, qu'il fît serment sur plusieurs reliques dont Charlemagne avait autrefois fait don à cette église, et sur le corps même de saint Jacques qui reposait, à ce que les Espagnols prétendent, dans ce temple (1), que jamais il n'aurait contre les bourgeois de Burgos aucun ressentiment de tout ce qu'ils avaient fait contre lui : qu'il leur pardonnait le passé et qu'il aurait à l'avenir pour eux des bontés paternelles, pourvu qu'ils y répondissent par la fidélité que des sujets doivent à leur souverain. Ces protestations furent suivies d'un grand repas que le roi Pierre donna au prince de Galles, qui voulut que les dames fussent de la partie pour mieux couronner cette prétendue réconciliation.

(1) C'est à Saint-Jacques de Compostelle, en Galice, et non à Burgos, que les Espagnols prétendaient posséder le corps du saint apôtre. Voyez sur ces précieuses reliques, en Espagne et en France, la *Vie des Saints*, par le P. Giry, édition Contant-Laguerre, tome III, au 25 juillet. (N. E.)

Le roi Pierre poussa la dissimulation jusqu'au bout, et comme il n'avait plus besoin du prince de Galles il en souhaitait le départ. Il vint un jour le cajoler sur la générosité qu'il avait fait éclater en sa faveur, et lui dit que tout l'argent de son royaume ne serait jamais suffisant pour reconnaître le bon office qu'il venait de lui rendre en le rétablissant dans ses États : qu'il le priait de trouver bon qu'il allât amasser une somme considérable pour le dédommager de ses frais, et le récompenser de tout ce qu'il avait eu la bonté de faire pour lui : qu'il était au désespoir de ce que son pays était trop stérile pour nourrir le grand nombre de troupes qu'il commandait : mais que s'il lui plaisait de les faire retirer pour les mettre plus à leur aise et lui marquer l'endroit où, quand il aurait ramassé son argent, il le pourrait trouver pour le lui porter, il ne manquerait pas de s'y rendre à jour nommé afin de le satisfaire et de lier ensemble une amitié éternelle. Le prince de Galles, naturellement généreux et sincère, ne pénétrait pas dans le cœur de Pierre, et croyant qu'il lui parlait avec franchise, il se contenta de lui répondre qu'il allait assembler son conseil.

Il fit appeler pour ce sujet le duc de Lancastre, son frère, le comte d'Armagnac, Jean de Chandos, le chaptal de Buch, Hugues de Caurelay, le sire de Mucidan, le comte de Pembroc, et tous les seigneurs de sa cour auxquels il exposa la pressante nécessité dans laquelle ils étaient de vider ce pays, où ses troupes ne pouvaient plus trouver de quoi subsister : que le roi Pierre lui avait proposé de se retirer du côté de la Navarre où il y avait abondance de vins et de vivres, et qu'il s'y rendrait au premier jour pour leur apporter les sommes qu'il leur avait promises et qu'il allait lever sur ses peuples. Il n'y en eut pas un qui ne donnât dans ce panneau, tant ils avaient tous le désir de revoir leurs femmes et leurs enfants et de s'aller délasser chez eux des fatigues que cette guerre et la famine leur avaient fait essuyer.

Cette résolution prise, on en fit part au roi Pierre qui ne demandait qu'à les voir partir. On eut soin d'emmener Bertrand, le Bègue de Vilaines et le maréchal d'Andreghem auxquels on donna de bons chevaux. Guesclin ne faisait paraître aucune

consternation sur son visage, se soutenant dans sa mauvaise
comme dans sa bonne fortune sans se démentir. Il n'osait
faire aucune avance au prince de Galles pour sa liberté : parce
qu'il savait que cette démarche aurait été non-seulement prématurée, mais inutile. Cependant Hugues de Caurelay voulut
bien rompre la glace en faveur de Bertrand qu'il aimait. Il prit
la liberté de représenter à son maître qu'un si brave général méritait bien qu'on eût pour lui quelque indulgence, et
qu'ayant un plus grand fonds de valeur que de biens, il se
promettait de sa générosité qu'il lui ferait quelque grâce pour
sa rançon. Le prince ne reçut pas bien ce compliment, il témoigna au contraire que cette même bravoure de Bertrand
était une raison pour le retenir : car s'il lui donnait une fois
la clé des champs, ce serait déchaîner contre eux un lion
furieux qui serait capable de les dévorer : que cet homme ne
pouvant contenir son ardeur guerrière, ne manquerait pas de
leur faire la guerre aussitôt qu'il se verrait en liberté : qu'il
était donc plus à propos de ne point lâcher sur eux ce dogue
de Bretagne si fatal aux Anglais. Caurelay n'ayant pas réussi
dans sa tentative, fit part à Guesclin de ce peu de succès et
l'assura que c'était avec bien du chagrin qu'il se voyait obligé
de lui faire ce triste rapport. Bertrand le remercia de son
zèle et des soins qu'il avait bien voulu prendre pour sa délivrance, lui disant que c'était un ouvrage qu'il fallait laisser
faire à Dieu et au temps. Le prince de Galles cependant eut
une grande mortification quand il éprouva l'infidélité de
Pierre dont il était devenu la dupe : car s'étant retiré dans la
Navarre avec ses troupes, il n'y trouva pas de quoi vivre,
toute la moisson ayant été consommée. Le grand nombre de
gens de guerre qu'il traînait à sa suite manquèrent de tout,
et Pierre qui lui devait apporter tant d'argent, tant de richesses et tant de trésors, le laissa se morfondre avec tout
son monde dans la Navarre.

Ces deux perfidies le firent repentir de la démarche qu'il
avait faite pour ce misérable qui le jouait, après en avoir tiré
de si grands services. Dans l'indignation qu'il en conçut, il
voulut sur-le-champ l'aller chercher en personne pour assouvir
sur lui sa rage et sa fureur : mais ses généraux lui firent con-

naître qu'il ne pouvait entreprendre ce voyage sans passer par des lieux incultes et déserts qui le feraient périr avec toute son armée : qu'il valait donc mieux reprendre le chemin de Bordeaux pour y faire les provisions nécessaires pendant cinq ou six mois, et retourner ensuite au printemps fondre sur ce prince infidèle et lâche, et le payer de ses trahisons et de ses félonies par une mort infâme. Pierre s'étant ainsi débarrassé des Anglais, s'alla présenter devant Tolède et demanda qu'on lui fît l'ouverture des portes. Les bourgeois appréhendant qu'il ne se ressentît de l'outrage qu'ils lui avaient fait, balancèrent longtemps à se rendre : mais enfin voyant bien qu'ils ne pourraient faire qu'une vaine résistance ils aimèrent mieux franchir honnêtement ce pas que de l'aigrir encore davantage contre eux.

Il dissimula d'abord le ressentiment qu'il leur gardait, pour ne les point effaroucher, mais il leur en fit sentir dans la suite de cruels effets. Séville ayant su que Burgos et Tolède avaient subi le joug de leur premier maître, se vit contrainte de céder au torrent, et de se rendre au vainqueur. Les bourgeois allèrent au-devant de lui pour tâcher de fléchir la miséricorde d'un prince dont ils connaissaient l'humeur implacable. Les chrétiens, les Juifs et les Sarrasins firent à l'envi de leur mieux pour l'adoucir, se prosternant en terre et lui demandant pardon à genoux, et tâchant de se disculper sur leur défection ; disant qu'ils avaient été entraînés par la multitude et par la populace, dont ils n'avaient pu réprimer la rébellion : qu'ils bénissaient le Ciel d'avoir exaucé leurs vœux en le rétablissant sur son trône ; et que la vie qu'ils lui demandaient ne leur serait à l'avenir d'aucun usage que pour la sacrifier contre ses ennemis.

Ils n'oublièrent rien pour lui témoigner la joie que leur donnait le rétablissement de sa domination sur eux. Toute la ville fit retentir à son entrée des concerts de musique. A peine pouvait-il passer dans les rues tant la foule était grande. Toutes les cloches se firent entendre avec grand bruit. Les feux de joie que l'on faisait partout, éclairaient les tables que l'on avait dressées dans les places publiques pour y servir des viandes à tout venant. La noblesse castillane courut à Séville pour féliciter ce prince sur son rétablissement et lui rendre de nouveaux hommages. Ferrand de Castres, qui l'avait abandonné dans sa disgrâce, vint le rejoindre dans sa prospérité : mais ces démonstrations de joie, ces démarches de soumission et de respect ne furent point capables d'adoucir le cœur inhumain de ce tyran, qui s'était fait une loi de ne jamais pardonner les injures qu'on lui avait faites ; il se réservait toujours le droit de s'en venger dans son temps, comme il ne l'a que trop fait paraître dans la suite.

CHAPITRE XXV.

De l'artifice dont se servit Henri pour parler au roi d'Aragon, qu'il alla trouver déguisé sous l'habit d'un pèlerin de Saint-Jacques.

Henri s'étant retiré dans la terre de Transtamare auprès de la reine sa femme, consterné de la perte qu'il venait de faire de tout un royaume dans la funeste journée de Navarrette, se mit en tête d'aller à la cour du roi d'Aragon pour se découvrir à ce prince au cas qu'il vît jour à l'engager dans ses intérêts. Comme le roi Pierre avait partout posté des gens sur les chemins pour l'observer et se saisir de sa personne, il partit, lui troisième, travesti en pèlerin, pour faire son voyage à coup sûr. La reine sa femme ne le put voir partir dans ce triste état sans verser des larmes : mais il fallut s'accommoder au temps, et tout attendre de la Providence. Il fit avec ses deux compagnons de si grandes traites à pied, qu'il arriva dans deux jours à Perpignan sans être reconnu de personne. Un chevalier d'Aragon l'ayant rencontré sur sa route, lui demanda s'il venait de Saint-Jacques et quelles nouvelles on y disait de Henri. Ce faux pèlerin lui répondit qu'il le croyait à Transtamare, fort déconcerté de la perte qu'il avait faite de tous ses États à la bataille de Navarrette, qu'il avait perdue contre le prince de Galles et le roi Pierre, par la perfidie, ou au moins par la lâcheté des Espagnols qui l'avaient abandonné dans le combat, se jetant au travers des bois et de la rivière pour se sauver.

Ce chevalier plaignit beaucoup le sort de cet infortuné prince, disant qu'il souhaitait fort que le Ciel le prît sous sa protection. La curiosité le menant plus loin, il lui demanda si Bertrand du Guesclin, le Bègue de Vilaines, et le maréchal d'Andreghem avaient été pris dans cette journée. Les pèlerins l'assurèrent que oui, sur quoi le chevalier continuant de s'entretenir avec eux, dit qu'il croyait que le prince de Galles n'était pas à se repentir d'avoir si bien servi le roi Pierre, qui n'était qu'un ingrat et qui ne l'avait payé que de belles paroles, sans lui donner un seul denier de ce qu'il lui avait promis. Henri ne voulut point se découvrir au chevalier, qui leur dit que s'ils avaient besoin de son service, il les mènerait jusqu'au palais, où par son crédit il leur ferait donner du meilleur vin qu'ils boiraient en l'honneur de saint Jacques, afin qu'il se rendît intercesseur dans le ciel pour le roi Henri dont la cause lui paraissait si juste et si raisonnable. Les pèlerins lui sachant bon gré de ses offres obligeantes, le suivirent jusqu'au palais du roi d'Aragon. Ce chevalier les posta dans un lieu vis-à-vis de la table où ce prince mangeait, afin qu'il les pût découvrir de loin. Cette situation dans laquelle il les avait placés, fit tout l'effet qu'il s'en promettait : car le roi les ayant aperçus, leur envoya quelques mets de sa table ; et quand il eut achevé son repas, la curiosité le fit approcher de Henri, pour apprendre de lui quelque nouvelle, lui disant : *Où voulez-vous aller, pèlerin ?* Celui-ci lui dit qu'il s'en allait droit à Paris pour servir le roi de France son maître, dont il était sergent d'armes. Je vous prie, ajouta le roi d'Aragon, de lui faire mes compliments. Là-dessus Henri voyant que ce prince ne le reconnaissait point, demanda de lui parler en particulier. Ils se retirèrent tous deux à l'écart, afin qu'il n'y eût aucun témoin de leur entretien. Ce fut pour lors que Henri lui faisant une profonde révérence, se découvrit à lui, le conjurant de lui vouloir garder le secret. Il lui déclara qu'il était ce même Henri qui venait d'être dépouillé de tous ses États, et qui s'était travesti pour se rendre à coup sûr auprès de sa personne, lui demander son secours et sa protection.

Le roi d'Aragon le regardant plus attentivement lui fit mille excuses de ce qu'il ne l'avait pas reconnu plus tôt, lui témoignant la part qu'il prenait à son infortune, et qu'il ferait de son mieux pour le secourir. Henri lui rendit grâces de ses honnêtetés, et lui dit qu'il allait en France à la cour du duc d'Anjou, dans l'espérance que ce prince ne l'abandonnerait point, et voudrait bien faire quelque effort en sa faveur. Le roi d'Aragon s'étant informé de l'état auquel il avait laissé la reine sa femme, lui promit qu'au retour du voyage qu'il allait faire, il lui donnerait deux cents hommes d'armes qui le serviraient gratuitement quatre mois entiers. Henri se sut bon gré d'avoir trouvé accès auprès d'un souverain si généreux, et ne perdit pas l'espérance de remonter un jour sur le trône, si le duc d'Anjou lui faisait un semblable accueil. Il prit donc congé du roi d'Aragon, le priant de lui conserver durant son absence les sentiments favorables qu'il lui montrait. Il prit ensuite le chemin de Bordeaux avec ses deux compagnons portant l'écharpe au cou et le bourdon en main. Ces deux hommes qui l'accompagnaient lui remontrèrent le danger où il allait se plonger s'il était une fois découvert dans une ville ennemie, où le prince de Galles, son vainqueur, faisait sa résidence et tenait sa cour : mais il avait un si grand désir de s'aboucher avec Bertrand, le Bègue de Vilaines et le maréchal d'Andreghem, qui y étaient prisonniers, qu'il résolut d'affronter tous les périls pour se satisfaire.

Il entra donc sur le soir à Bordeaux et s'alla loger dans une hôtellerie. Ses compagnons tremblaient de peur qu'il ne fût reconnu. Ce prince travesti soupa tranquillement avec eux et s'alla coucher avec autant de sécurité que s'il eût été dans Transtamare. Il rêva toute la nuit aux moyens de pouvoir parler à Bertrand. Il se leva de grand matin, reprenant ses habits de pèlerin de Saint-Jacques, et s'en alla droit à l'église de Notre-Dame pour y recommander ses intérêts à Dieu. Tandis qu'il était à genoux avec ses compagnons, plusieurs chevaliers qui s'étaient trouvés à la bataille de Navarrette, et même dans le parti de Bertrand, jetèrent attentivement les yeux sur lui, sans pourtant le remettre ; et quand la messe fut finie, la curiosité leur fit joindre ces étrangers, en leur disant : *Pèlerins, vous venez d'un pays où vous avez eu pauvre encontre* (1).

Henri prit la parole, en leur déclarant qu'il en avait eu sa bonne part et qu'il s'en souviendrait toute sa vie. Dans le temps qu'il s'entretenait avec eux, il reconnut un chevalier qu'il avait vu plusieurs fois avec Bertrand, et le tirant à l'écart, il lui demanda des nouvelles de cet illustre prisonnier, et s'il travaillait à payer sa rançon. Cet homme lui répondit que le Bègue de Vilaines et le maréchal d'Andreghem se tireraient aisément d'affaire; mais qu'à l'égard de Bertrand le bruit courait que le prince de Galles avait fait serment de ne le jamais relâcher ni pour or ni pour argent, parce qu'il appréhendait que sitôt qu'il serait en liberté il ne renouvelât la guerre avec plus de chaleur que jamais. Henri voulut pressentir ce chevalier pour savoir si par son canal il ne pourrait point s'aboucher avec Bertrand. Le chevalier lui demanda s'il était Breton, puisqu'il avait tant d'envie de parler à Guesclin.

Henri l'entretenant toujours fit si bien qu'il le mena jusqu'à son hôtellerie. Ce fut là qu'il s'ouvrit à lui tout à fait, lui disant qu'il le connaissait pour l'avoir vu souvent avec Bertrand; qu'il le priait de lui garder le secret sur tout ce qu'il avait à lui révéler, et qu'il était le malheureux Henri, roi d'Espagne, qui s'était déguisé de la sorte pour pouvoir avec plus de facilité découvrir où était Bertrand, et s'entretenir avec lui sur leurs affaires. Ce chevalier, ravi de ce qu'un si grand prince lui confiait sa personne et sa vie, le pria de venir avec ses gens dans son auberge, afin qu'ils pussent avec plus de loisir et de liberté en conférer ensemble.

Ils concertèrent ensemble les moyens de gagner le geôlier pour parler à Bertrand. Le chevalier les pria de demeurer là clos et couverts, tandis qu'il irait solliciter le geôlier pour lui faciliter l'entrée de la prison. Cet homme pour l'engager à lui permettre de parler à son prisonnier, prit le prétexte qu'il allait en Bretagne chercher de l'argent pour payer sa rançon, disant que Bertrand étant son compatriote, il était bien aise d'apprendre de lui s'il n'avait rien à mander à son pays. Le

(1) Malheureuse aventure. (N. E.)

geôlier en homme intéressé lui répondit que ces sortes de grâces ne s'accordaient pas pour rien. Le chevalier l'assura que Bertrand étant libéral le récompenserait honnêtement. Le geôlier avoua que c'était un galant homme, et qu'il souhaitait qu'un aussi brave prisonnier ne sortît jamais de ses mains, tant il avait sujet de s'en louer. Enfin le chevalier joua si bien son rôle auprès du geôlier, à qui il promit de l'argent à son retour, que celui-ci lui permit d'entrer dans la chambre de Bertrand ; mais en lui disant que s'il lui manquait de parole il n'y mettrait jamais le pied.

Quand Guesclin l'aperçut, il s'imagina que ce chevalier lui venait emprunter de l'argent pour payer sa rançon ; il lui dit d'avance qu'il n'en avait point, mais qu'il espérait en recevoir incessamment pour avoir de quoi se racheter tous deux. Le chevalier le surprit beaucoup quand il lui déclara que ce n'était pas là le sujet qui l'avait fait venir auprès de lui, mais que c'était pour lui donner avis de l'arrivée du roi Henri dans Bordeaux sous les habits d'un pèlerin de Saint-Jacques, et qu'il s'était travesti de la sorte pour lui pouvoir plus aisément parler.

Bertrand pensa tomber de son haut à cette nouvelle, s'étonnant comment il avait osé se commettre si témérairement ; et ne doutant point qu'il ne fût perdu sans ressource, s'il était découvert ; d'ailleurs il représenta au chevalier que ce prince avait fait un voyage inutile, puisqu'il ne savait pas comment ils se pourraient parler. Le messager répondit que le geôlier étant un homme mercenaire, on pourrait avec de l'argent obtenir cette entrevue de lui. Bertrand dit qu'il n'en avait point sur lui, mais qu'il y avait un Lombard (1) dans la ville qui prenait soin de ses affaires, et qui lui en donnait, quand il en avait besoin. Là-dessus il fit appeler le geôlier ; il lui exposa qu'il y avait dans Bordeaux un pèlerin natif de Bretagne, et l'un de ses vassaux qu'il estimait : que cet homme

---

(1) On sait le rôle financier que les Juifs et les Lombards jouèrent au moyen-âge. Un grand nombre de Lombards étaient venus, à la fin du XIIe siècle, établir des maisons de prêt à Paris, dans la rue qui porte encore aujourd'hui le nom *des Lombards*. (N. E.)

allant à Saint-Jacques dans un esprit de dévotion pour demander à Dieu la délivrance de son seigneur, il était bien aise de reconnaître son bon cœur, en le régalant et l'assistant de quelque argent pour achever son voyage ; que n'en ayant point sur lui, il le priait d'aller demander de sa part quatre cents florins à son Lombard, et qu'il y en aurait cent pour lui. Le geôlier se le tint pour dit, trouvant bien son compte à la proposition de Bertrand qui lui donna son cachet afin que le Lombard ne fît au geôlier aucune difficulté de lui délivrer cette somme. A l'aspect du cachet, le Lombard la lui donna.

Bertrand lui en laissa cent florins ; après quoi l'on fit entrer le roi pèlerin sur l'heure de midi, un grand repas étant préparé pour le mieux recevoir. Ils s'abouchèrent secrètement. Henri lui fit part du dessein qu'il avait d'aller trouver le duc d'Anjou, dans l'espérance qu'il avait que ce prince ne l'abandonnerait pas. Bertrand goûta fort le parti qu'il prenait : mais il le pria qu'en parlant au duc, il ne lui proposât point d'offrir aucune somme au prince de Galles pour sa délivrance : car, dit-il, *c'est le plus orgueilleux qui fut oncques né de mere, et ne oncques pour priere ne s'est voulu amollier* (1). Tandis qu'ils étaient dans cette conférence secrète, l'hôtesse les interrompit en leur venant dire que tout était prêt, qu'ils n'avaient plus qu'à se mettre à table, et que les viandes se refroidissaient. Ils se mirent aussitôt à manger : mais pendant qu'ils faisaient grande chère le geôlier tira sa femme à l'écart, et lui déclara le soupçon qu'il avait que ce pèlerin ne tramât quelque chose avec Bertrand contre le service du prince de Galles, et qu'il avait envie d'aller de ce pas pour lui en donner avis. La femme appréhendant que la résolution que prenait son mari n'attirât quelque affaire à Bertrand qu'elle considérait, l'alla tout aussitôt avertir qu'il se tînt sur ses gardes, parce que son époux le voulait accuser de quelque trahison. Guesclin surpris de l'ingratitude du geôlier, auquel il venait de donner une assez grosse somme d'argent, ne lui donna pas le loisir de passer le guichet pour l'aller dénoncer au

(1) Adoucir. (N. E.)

prince. Il lui déchargea sur la tête un si grand coup de bâton, qu'il le fit tomber sur ses genoux, et lui tirant les clés de sa poche, il en ouvrit la porte à Henri et à ses deux compagnons, qui s'évadèrent aussitôt avec le chevalier qui les avait conduits dans ce lieu. Bertrand ne se contentant pas de cela, referma vitement la porte sur eux, de peur qu'on ne courût après, et se saisissant des clés, il revint au geôlier, qu'il enferma dans une chambre après l'avoir tant battu qu'il ne put être sur ses pieds de huit jours, et sans son valet de chambre qui se trouva là fort à propos pour modérer un peu la furie de son maître, il l'aurait assommé.

La geôlière qui lui avait attiré ce mauvais traitement, en révélant à Guesclin le mauvais tour qu'il avait envie de lui faire, raccommoda tout. Le geôlier en fut quitte pour les coups de bâton qu'il avait reçus et les reproches que lui fit Bertrand de son ingratitude; et durant tout le temps qu'il fallut employer pour faire cette paix et remettre le geôlier sur ses pieds, les pèlerins eurent tout le loisir de sortir des terres du prince de Galles.

Quand Henri se vit hors de danger, il quitta son habit de pèlerin, prenant son chemin par le Languedoc; et s'arrêtant à Béziers, il y rencontra le frère du Bègue de Vilaines, qui le reconnut aussitôt, et lui offrit de le servir et de le suivre où bon lui semblerait. Henri lui raconta ses infortunes : il lui dit qu'il allait trouver le duc d'Anjou pour tâcher de ménager auprès de ce prince quelque ressource à son malheur, et que s'il l'y voulait accompagner, ils voyageraient ensemble. Le chevalier se fit honneur d'escorter ce prince jusqu'à Villeneuve, près d'Avignon. Ce fut là que le roi Henri se présenta devant le duc, qu'il trouva dans sa chapelle. Le duc prit ce roi par la main, le mena dans ses appartements; et le faisant asseoir sur un lit de repos, ils s'entretinrent des affaires de Henri.

Quand ce prince lui eut fait la triste peinture de sa condition, dont le prince de Galles était le seul auteur, le duc lui témoigna qu'il n'était pas surpris des hostilités qu'il avait commises, et que la maison de France en avait ressenti la première de vives atteintes; que ce n'était pas d'aujourd'hui

que la couronne d'Angleterre était jalouse de celles de toute
l'Europe; que le prince de Galles avait hérité d'Édouard III,
son père, la haine qu'il portait aux Lys : mais qu'il espérait
que le Ciel, qui de tout temps en avait été le conservateur, les
ferait triompher des léopards de la Grande-Bretagne, et leur
donnerait lieu de le rétablir sur son trône, et de rompre les
fers de Bertrand, du Bègue de Vilaines et du maréchal d'Andreghem. Henri répondit à ces honnêtetés avec reconnaissance. Le duc le traita comme un souverain. La table et son
buffet étaient chargés de tant de vaisselle d'or et d'argent,
qu'on n'en avait jamais vu de si riche, ni en si grand nombre. Henri ne pouvait se lasser de la regarder avec admiration. Le duc s'en apercevant dit qu'il lui faisait présent de tout
ce qu'il voyait pour lui payer sa bienvenue. Henri, qui ne
s'attendait pas à ce compliment, en fut transporté de joie,
d'autant plus qu'il avait grand besoin d'argent dans la décadence de ses affaires. Ces deux princes montèrent ensuite à
cheval pour aller parler au Pape, qui faisait alors son séjour
dans Avignon. Le Saint-Père sachant leur arrivée donna l'ordre à quelques archevêques et évêques de venir au-devant
d'eux. Il y envoya même toute sa compagnie de gendarmes
pour leur faire honneur; et quand ils furent arrivés, il conféra secrètement avec eux.

CHAPITRE XXVI.

*De la délivrance du maréchal d'Andreghem et du Bègue de
Vilaines accordée par le prince de Galles et de la reddition de
Salamanque entre les mains de Henri.*

Un jour que le prince de Galles était de bonne humeur, il
fut si puissamment sollicité de rendre la liberté au Bègue de
Vilaines par les amis que celui-ci avait à la cour de ce prince,
qu'il s'avisa de le faire venir devant lui. Il lui demanda, quand
il parut en sa présence, s'il était ce redoutable Bègue qui s'était tant de fois signalé dans les guerres qui l'avaient mis aux
mains avec les Anglais, auxquels il avait si souvent fait sentir

la force de son bras, jusque-là qu'il avait été contraint bien des fois de le souhaiter bien loin d'eux. Le Bègue qui n'était pas moins bon courtisan que brave soldat, au lieu de s'entêter de cette louange, s'humilia davantage devant ce prince, en lui répondant qu'il n'était qu'un fort petit chevalier, qui n'était point capable de faire de la peine à un souverain comme lui, qui par sa valeur savait ôter et donner les couronnes à qui bon lui semblait : que pour ce qui le regardait personnellement, il se piquait moins de bravoure que de la fidélité qu'il devait au roi de France son seigneur, et que si le Ciel l'eût fait naître son sujet, il aurait sacrifié sa vie pour lui comme il avait fait pour son maître.

Un discours si soumis et si adroit échauffa la générosité du prince de Galles, qui, pour lui donner obligeamment le change, lui dit en présence de Hugues de Caurelay, de Jean de Chandos et des deux seigneurs de Clisson, que si Philippe de Valois, et Jean, son fils, eussent eu trois chevaliers de la trempe et du caractère du Bègue, le roi Edouard, son père, ne se serait pas avisé de passer la mer pour faire des conquêtes en France : mais qu'il aurait pris le parti de s'accommoder avec eux plutôt que de tout risquer en faisant la guerre à des princes servis par de si fameux généraux.

Après qu'il l'eut cajolé de la sorte, il le mit lui et le maréchal d'Andreghem à une rançon : mais il ne voulut point encore entendre parler de Bertrand. Aussitôt que le Bègue eut recouvré sa liberté pour fort peu de chose, il alla trouver le duc d'Anjou, qui le combla de caresses et de bienfaits et lui donna quelques troupes à commander pour le service de Henri, qui fortifié de ce secours alla se présenter devant Salamanque en Espagne et la serra de si près qu'elle fut obligée de se rendre. Il manda ce succès à la reine, sa femme. Cette habile princesse écrivit dans toutes les terres de son obéissance pour amasser des troupes, dont elle fit un corps assez considérable. L'archevêque de Tolède se rendit auprès de sa personne avec ce qu'il put assembler de gens, pour lui donner des preuves de sa fidélité. La reine fit sommer cette grande ville de lui ouvrir ses portes sous de grosses menaces; mais le gouverneur de la ville, qui tenait pour le roi Pierre, appela les principaux bourgeois devant lui, pour leur dire que si l'un d'eux remuait en faveur de Henri, il le ferait pendre aussitôt en présence des autres, et qu'il ne ferait quartier à personne. Ils lui répondirent qu'ils seraient fidèles à leur roi jusqu'au dernier soupir : que si la famine les pressait, ils mangeraient plutôt leurs chevaux que de penser à capituler et qu'il se reposât sur eux. Le gouverneur, satisfait de les voir dans cette résolution, munit sa citadelle des munitions de guerre et de bouche nécessaires à sa défense. Henri sachant que ceux de Tolède demeuraient fermes dans l'obéissance de Pierre, et qu'on ne pouvait s'en rendre maître que par un siége dans les formes, jura que quand il y devrait employer une armée entière il la prendrait, ou d'assaut, ou par famine. Toutes les autres villes ne lui furent pas si contraires. Madrid ne balança point à lui ouvrir ses portes.

Ce prince tourna donc toutes ses pensées du côté de Tolède, résolu de faire les derniers efforts contre cette ville. Il enrôla sous ses étendards tous les gens de la campagne pour grossir son armée, dont il donna l'avant-garde à commander au Bègue de Vilaines. Avant d'ouvrir ce siége, il fit sommer ce même gouverneur de lui rendre la place : mais celui-ci ne voulant rien entendre, il l'assiégea dans les formes. Le Bègue se posta par-delà la rivière, et se trouvant assez près d'un bois il en fit couper un grand nombre d'arbres, dont il forma une haie où il enferma tout son monde et s'y retrancha. Henri se campa d'un autre côté afin de serrer la ville de toutes parts. Il avait avec lui le comte Ferrand de Castres, le comte d'Auxerre, le comte de Dampierre, le grand-maître de l'ordre de Saint-Jacques, Pierre de Larmonte et l'archevêque de Tolède qui s'était sauvé de cette ville, après y avoir fait d'inutiles remontrances aux habitants. Henri s'acharna à ce siége avec tant d'opiniâtreté, ne se souciant point d'y souffrir les rigueurs de l'hiver, et toutes les chaleurs de l'été, qu'il fit consommer aux assiégés tous leurs vivres, et manger jusqu'à la chair de leurs chevaux. Cependant ils aimèrent mieux essuyer ces extrémités que de jamais parler de se rendre. Il y eut plus de trente mille hommes tant Juifs que Sarrasins qui furent emportés par la famine. Ceux qui leur survécurent écrivirent au roi Pierre, qu'ils étaient aux abois, et qu'ils n'étaient plus en état de tenir, s'il ne leur envoyait un prompt secours. Ce prince leur manda qu'ils persévérassent toujours dans la fidélité qu'ils lui avaient gardée, sans rien craindre et sans se relâcher, et qu'il viendrait dans peu fondre sur les assiégeants avec un secours très-considérable, qu'il allait tirer des rois de Grenade et de Belmarin. Tandis que le siège se continuait avec la dernière vigueur et qu'on se défendait de même, Bertrand demeurait toujours dans les prisons de Bordeaux au désespoir de ne pouvoir être devant Tolède avec le Bègue de Vilaines et les autres.

Il arriva pour lors une conjoncture qui facilita sa délivrance. Le prince de Galles ayant fait un jour grande chère avec les premiers seigneurs de sa cour, et s'étant au sortir de sa table retiré dans sa chambre avec eux, la conversation tomba par hasard sur les batailles qu'ils avaient gagnées et les prisonniers qu'ils avaient faits. On y parla de saint Louis qui fut obligé de racheter à prix d'argent sa liberté. Le prince prit occasion de dire que quand une fois on s'est laissé prendre dans un combat, et qu'on s'est mis entre les mains de quelqu'un pour se rendre à lui de bonne foi, l'on ne doit faire aucune violence pour sortir de prison, mais payer sa rançon de fort bonne grâce, et qu'aussi celui qui la doit recevoir ne doit pas tenir la dernière rigueur à son prisonnier, mais en user généreusement avec lui. Le sire d'Albret, qui voulait ménager quelque chose en faveur de Bertrand, ne laissa pas tomber ces paroles à terre. Il prit la liberté de demander à ce prince la permission de lui déclarer ce qu'il avait en son absence entendu dire de lui. Vous le pouvez, répondit-il, et je n'aurais pas sujet de me louer d'aucun de mes courtisans, qui ne me rapporterait pas tout ce qu'on aurait avancé contre mon honneur et ma réputation. D'Albret lui trancha le mot en lui déclarant qu'on ne trouvait pas qu'il fût juste de retenir dans ses prisons de gaîté de cœur un chevalier sans vouloir recevoir le prix de sa rançon. Ce discours fut appuyé par Olivier de Clisson, qui lui confirma qu'il en avait entendu parler de la sorte. Le prince se piqua d'honneur et voyant bien qu'on lui voulait par là désigner Bertrand, il commanda sur l'heure qu'on le fît venir, disant qu'il le ferait lui-même l'arbitre du prix de sa rançon, dont il ne paierait que ce qu'il voudrait. Les gens qu'il envoya pour le tirer de la prison, le trouvèrent s'entretenant avec son valet de chambre pour se désennuyer. Il les reçut avec d'autant plus d'honnêteté, qu'il apprit d'eux qu'ils avaient ordre de lui annoncer une nouvelle qui ne lui déplairait pas. L'un d'eux lui dit qu'il avait de fort bons amis à la cour de son maître, qu'ils avaient si bien travaillé en sa faveur, qu'à coup sûr il serait bientôt élargi, et qu'il avait ordre de le mener à l'instant chez le prince. Bertrand leur témoigna beaucoup de joie, de ce qu'enfin le prince avait pour lui des sentiments si généreux : mais que pour sa rançon, bien loin de donner de l'argent il n'avait ni denier, ni maille pour se racheter, et que même il avait emprunté dans Bordeaux plus de dix mille livres qu'il avait dépensé dans sa prison, dont il aurait beaucoup de peine à s'acquitter. Ces députés eurent la curiosité de lui demander à quel usage il avait pu employer tant d'argent : à boire, à manger, à jouer, à faire quelques largesses et quelques aumônes, leur répondit-il, en les assurant qu'il ne serait pas plus tôt mis en liberté que ses amis ouvriraient leur bourse pour le secourir. L'un d'eux lui dit qu'il s'étonnait comment il avait si bonne opinion de ceux qu'il croyait ses amis, et qui peut-être lui pourraient bien manquer au besoin. Bertrand lui témoigna qu'il était de la gloire d'un brave chevalier de ne jamais tomber dans le découragement et le désespoir pour quelque mauvaise fortune qui lui pût arriver, et de ne se jamais rebuter au milieu des plus grandes disgrâces.

Ils arrivèrent au palais du prince de Galles auquel ils présentèrent Guesclin vêtu d'un gros drap gris et malpropre, comme un prisonnier qui dans son chagrin ne daigne prendre aucun soin de sa personne. Olivier de Clisson, Chandos, le comte de Lisle, le sénéchal de Bordeaux, Hugues de Caurelay, le sire de Pommiers, et beaucoup d'autres chevaliers étaient dans la chambre du prince de Galles qui se prit à rire quand il vit Bertrand dans un état si négligé, lui demandant comment il se portait : *Sire,* lui répondit-il, *quan il vous plaira il me sera mieux, et ay ouy longtemps les souris et les rats, mais le chant des oiseaux n'ouïs-je piéça* (1). Le prince lui dit qu'il ne tiendrait qu'à lui de sortir de prison le jour même, s'il voulait faire serment de ne jamais porter les armes contre lui pour la France, ni contre le roi Pierre en faveur de Henri : que s'il voulait accepter cette condition qu'il lui proposait, non-seulement il ne lui en coûterait rien pour sa rançon, mais même qu'on le renverrait quitte et déchargé de toutes les dettes qu'il pouvait avoir contractées depuis qu'il était prisonnier. Bertrand lui protesta qu'il aimait mieux finir ses jours dans sa captivité que de jamais faire un serment qu'il n'aurait pas dessein de garder, que dès sa plus tendre jeunesse il s'était dévoué au service du roi de France, des ducs d'Anjou et de Bourgogne, de Berri et de Bourbon, qu'il avait toujours porté depuis les armes dans leurs troupes, et qu'on ne lui reprocherait jamais de s'être démenti là-dessus : au reste il le conjura de lui donner la liberté, puisqu'il y avait si longtemps qu'il le tenait captif dans Bordeaux, et que sa première vue quand il était sorti de France, ne tendait qu'à faire la guerre aux Sarrasins pour le salut de son âme et la gloire de la religion chrétienne. Pourquoi donc, lui dit le prince, n'avez-vous pas passé plus outre? Bertrand lui fit un long récit des justes motifs qui l'avaient arrêté en Espagne, en lui représentant que le prétendu roi Pierre étant pire qu'un Sarrasin puisqu'il avait commerce avec les Juifs, dont il était lui-même originaire, et d'ailleurs ayant commis une exécrable cruauté sur le noble sang de saint Louis en la personne de Blanche de Bourbon, sa femme, qui descendait en droite ligne de ce grand roi, il avait cru ne pouvoir mieux employer ses armes et son temps que contre ce tyran, qui ne méritait pas de porter une couronne qui n'était due qu'au roi Henri, comme légitime héritier d'Alphonse, qui avait été fiancé avec sa mère. Qu'il était bien vrai que les armes anglaises avaient rétabli ce prince sur son trône : mais qu'il devait bien se souvenir qu'il n'avait été payé que d'ingratitude : que les troupes qu'il avait fait passer en Espagne avaient pensé mourir de faim : qu'après s'être épuisées pour le service de

---

(1) Mais je n'ai pas entendu depuis longtemps le chant des oiseaux. (N. E.)

ce malheureux et de cet impie, on les avait congédiées et envoyées dans la Navarre pour achever de les faire périr, et qu'au lieu d'apporter des trésors et les sommes immenses que Pierre avait promises, il l'avait joué de gaîté de cœur, se moquant ouvertement de lui, sans se mettre en peine de garder aucunement la parole qu'il lui avait donnée.

Le prince de Galles sentant la vérité de ce qu'il venait de dire, ne put se défendre d'avouer hautement que Bertrand avait raison. Tous les chevaliers qui l'environnaient convinrent qu'il n'avait avancé que la vérité toute pure, et que cet homme était d'une trempe et d'une franchise qu'on ne pouvait assez estimer. Enfin le prince de Galles, se souvenant qu'on avait publié partout qu'il ne le retenait prisonnier que parce qu'il le craignait, lui déclarant que pour faire voir qu'il ne l'appréhendait pas, il lui donnait carte blanche, et qu'il n'avait qu'à voir ce qu'il voulait payer de rançon. Guesclin lui représenta que ses facultés étant fort petites et fort minces, il ne pouvait pas faire un grand effort pour se racheter : que sa terre était engagée pour nombre de chevaux qu'il avait achetés, et que d'ailleurs il devait dans Bordeaux plus de dix mille livres : que s'il lui plaisait le relâcher sur sa parole, il irait chercher dans la bourse de ses amis de quoi le satisfaire. Le prince touché de ses reparties honnêtes et judicieuses, lui déclara qu'il le faisait lui-même l'arbitre de sa rançon : mais il fut bien surpris quand Bertrand au lieu de n'offrir qu'une modique somme, voulut se taxer à cent mille florins, que l'on appelait *doubles d'or*, et regardant tous les seigneurs qui l'environnaient, il dit : *Cet homme se veut gaber* (1) *de moy*. Bertrand craignant qu'il ne s'offensât, le pria de le mettre donc à soixante mille livres : le prince en convint volontiers. Guesclin comptant sur sa parole lui fit connaître que le paiement de cette somme ne l'embarrasserait pas beaucoup, puisque les rois de France et d'Espagne en paieraient chacun la moitié : que Henri qu'il avait servi jusqu'alors avec tant de zèle et de succès ne balancerait pas à sacrifier toutes choses pour le tirer d'affaire, et le mettre en

(1) Moquer. (N. E.)

état de reprendre les armes pour lui : que le roi de France s'intéressait à le tirer de ses mains, que si les finances étaient épuisées, il ferait filer toutes les filles de son royaume afin qu'elles gagnassent de quoi le racheter. Le prince de Galles ne put dissimuler l'étonnement que l'assurance de cet homme lui donna, et il confessa qu'il l'aurait quitté pour dix mille livres.

Jean de Chandos qui connaissait sa bravoure et sa valeur pour l'avoir souvent éprouvée, lui voulut donner des marques de son estime et de son amitié, s'offrant de lui prêter dix mille livres. Guesclin lui sut bon gré de son honnêteté, le priant pourtant de trouver bon qu'il allât auparavant faire auprès de ses amis les diligences nécessaires pour recueillir la somme entière. La fierté que Bertrand fit paraître en se taxant à soixante mille livres fut bientôt sue de toute la ville. Chacun courut en foule au palais pour regarder en face un homme si extraordinaire, et quand les gens du prince virent tant de peuple assemblé, ils conjurèrent Bertrand de contenter la curiosité des bourgeois de Bordeaux et de se mettre aux fenêtres pour se faire voir. Il voulut bien avoir cette complaisance, et vint avec eux sur un balcon faisant semblant de s'entretenir avec quelques officiers du prince. Il ne pouvait s'empêcher de rire en voyant l'avidité de ces gens à le regarder, et à l'étudier avec tant d'empressement. Ils se disaient les uns aux autres que le prince de Galles, leur seigneur, ne lui devait pas donner la liberté : car un tel ennemi lui ferait un jour de la peine. D'autres s'ennuyant de perdre leur temps à le voir, prirent le parti de se retirer en disant dans le langage du quatorzième siècle : *Pourquoi avons-nous icy musé et notre métier délaissié à faire pour regarder un tel damoisel, qui est un laid chevalier et mau taillis* (1). La mauvaise opinion qu'ils avaient de lui, leur fit croire qu'il pillerait la plaine pour trouver de quoi payer sa rançon sans tirer un sou de sa bourse : mais il y en avait aussi qui le défendaient, sachant la réputation qu'il avait acquise dans le monde, non-seulement par sa valeur, mais aussi par sa généreuse honnê-

---

(1) Un homme mal taillé. (N. E.)

teté. Ils assuraient qu'il n'y avait point de si fortes citadelles, dont il ne vint à bout, et qu'il était si estimé dans toute la France qu'il n'y avait personne qui ne s'y cotisât volontiers pour le tirer d'affaire.

En effet, Bertrand devint si fameux, que la princesse de Galles en ayant entendu parler, vint tout exprès d'Angoulême à Bordeaux pour le voir et pour le régaler, et ne se contentant pas de le faire asseoir à sa table, elle poussa si loin la bienveillance qu'elle avait pour lui, qu'elle lui dit qu'elle voulait contribuer de dix mille livres au paiement de sa rançon. Bertrand, comblé de tant de faveurs, sortit de la cour de Bordeaux avec joie.

L'on avait stipulé avec lui qu'il retournerait dans un temps fixé auprès du prince pour apporter la somme à laquelle il s'était taxé : que cependant il ne lui serait pas permis de porter aucune arme sur lui : que s'il n'avait pas son argent dans le jour marqué, les choses demeureraient comme non avenues et qu'il rentrerait en prison. Hugues de Caurelay, son ami, le voulut conduire bien loin pour lui faire honneur, et lui dit sur le chemin qu'ayant servi tous deux dans la dernière guerre d'Espagne, qu'ils avaient entreprise en faveur de Henri contre Pierre, ils avaient fait quelque butin ensemble, et qu'il croyait lui être redevable de quelque chose, le partage n'ayant pas été fait égal entre eux deux. Bertrand lui témoigna là-dessus un entier désintéressement, ce qui servit de motif à Caurelay pour lui faire offre de vingt mille doubles d'or, qui valaient une livre, ou vingt sous chacun. Guesclin, ne pouvant assez reconnaître une si grande générosité, l'embrassa tendrement, et ces deux braves, tout intrépides qu'ils étaient, ne se purent séparer sans pleurer.

Bertrand avait à peine fait une lieue de chemin qu'il rencontra un pauvre cavalier qui vint à lui chapeau bas pour le féliciter de ce qu'il le voyait sur les champs n'étant plus dans les mains du prince de Galles. Il le reconnut aussitôt pour avoir servi sous lui dans les dernières guerres. Il lui demanda d'où il venait, pourquoi il était à pied, quel était son sort, et où il allait coucher. Cet homme lui répondit qu'il retournait sur ses pas à Bordeaux pour se remettre en prison faute d'avoir trouvé de l'argent pour payer sa rançon. *Et combien te faut-il?* lui dit Bertrand : l'autre l'assura qu'avec cent livres il serait entièrement quitte et déchargé. Bertrand commanda sur l'heure à son valet de chambre de lui compter non-seulement cent livres, mais encore cent autres pour se monter et s'armer, disant qu'il connaissait ce cavalier pour un brave homme, et qu'il le pourrait bien servir encore dans les guerres à venir : qu'il le manderait pour cet effet quand il en serait temps. Le pauvre homme tout transporté de joie donna mille bénédictions à son libérateur, lui promit de le suivre jusqu'au bout du monde, et l'assura qu'en lui donnant cette somme dont il venait de le gratifier, il l'avait tiré des mains d'un bourreau qui l'avait tenu quinze jours entiers les fers aux pieds.

Guesclin voulut savoir le lieu d'où il venait. Il lui répondit que c'était de la ville de Tarascon, devant laquelle le duc d'Anjou avait mis le siége pour la prendre sur la reine de Naples avec laquelle il était en guerre. Quoique Bertrand ne pût manier aucune arme, jusqu'à ce qu'il eût payé sa rançon, selon la parole qu'il en avait donnée, il alla trouver le duc pour l'assister au moins de ses conseils, s'il ne pouvait pas lui prêter la force de son bras. Il fit tant de diligence, qu'il se vit bientôt auprès de Tarascon. Le duc fut agréablement surpris de le voir, s'informant de lui en quelle situation étaient ses affaires. Bertrand, qui ne s'alarmait jamais de rien, lui répondit qu'à sa rançon près tout irait fort bien. Ce prince qui l'honorait et estimait beaucoup, l'assura que s'il ne s'agissait que de trente mille livres pour la payer, il les lui donnerait volontiers. Guesclin lui sut bon gré de son honnêteté, lui témoignant qu'il n'oserait pas refuser une grâce qu'il lui offrait avec une sincérité si généreuse, après quoi le duc l'entretint au sujet de la guerre qu'il avait avec la reine de Naples, qui prétendait injustement avoir quelque droit sur la ville d'Arles, et sur plusieurs autres citadelles et forteresses, qui lui devaient appartenir bien plus légitimement qu'à elle. Bertrand, qui naturellement avait de l'inclination pour ce prince, lui promit qu'il ne sortirait point d'auprès de sa personne qu'il ne l'eût rendu maître de Tarascon.

Le duc, sensiblement touché de son affection, le pria de ne se point mettre en peine de sa rançon, puisqu'il en faisait son affaire. Tandis qu'ils s'entretenaient ensemble, un espion partit pour aller de ce pas avertir le gouverneur et les bourgeois de Tarascon, qu'il avait vu le fameux et redoutable Bertrand dans le camp du duc, et qu'il avait amené deux cents hommes d'armes avec lui, gens intrépides et aguerris. Cette nouvelle étonna beaucoup les assiégés, qui voyaient bien que le duc, fortifié de ce secours, n'avait pas envie de les ménager : mais ils furent encore bien plus déconcertés quand ils surent qu'Olivier Guesclin, frère de Bertrand, Olivier de Mauny, et Henri, son fils, Alain de Mauny, Petit Cambray, Alain de La Houssaye, et son frère l'Escouet, étaient arrivés à ce siége, avec un grand renfort de cavalerie. Bertrand les conjura de faire de leur mieux pour la satisfaction du duc, dont la cause était la plus juste, et qui ne laisserait pas leurs services sans récompense ; leur promettant qu'après la conquête de cette ville, il les mènerait en Espagne pour faire la guerre au roi Pierre, en faveur de Henri que les Anglais avaient chassé de ses Etats, et qu'ils auraient là de riches dépouilles à partager ensemble.

Tous ces généraux s'attachèrent donc au siége de Tarascon, ville située sur le Rhône. Le duc avait fait faire un pont de bateaux sur cette rivière, et l'avait rempli de gens pour arrêter ceux qui se seraient mis en devoir d'aller au secours de cette place. Par ce stratagème il fit rebrousser chemin à toutes les troupes que la reine de Naples avait envoyées pour se jeter dans Tarascon. Ce fut avec un grand acharnement que ce prince en pressa le siége. Il avait pour ce sujet fait conduire devant la place dix-huit grosses batteries, ou engins, dont on lançait des pierres fort pesantes, avec lesquelles on nettoyait les remparts de tous ceux qui se présentaient pour leur défense. Bertrand, que rien n'était capable d'intimider, se mêlait avec les ingénieurs qui faisaient agir ces machines et les encourageait à bien faire. Ils lui témoignaient aussi que la présence d'un si grand capitaine les animait beaucoup, et qu'ils étaient sûrs de réussir dans leur manœuvre, puisqu'un général comme lui voulait bien partager avec eux les travaux et les dangers. On avait déjà donné plusieurs assauts à la ville, mais sans aucun effet, parce que la défense n'en était pas moins opiniâtre que l'attaque. Bertrand se mit en tête de s'aller présenter aux barrières de la ville, pour en intimider le gouverneur et les bourgeois, et les obliger à se rendre. Il monta pour ce sujet à cheval, sans oser mettre une épée à son côté, de peur de violer la parole qu'il avait donnée de ne porter aucune arme : mais tenant seulement une baguette dans sa main, dont il se servit comme d'un bâton de commandement. Il ne fut pas plus tôt arrivé là, qu'il fit signe qu'il avait à parler non-seulement au gouverneur, mais même aux principaux bourgeois de la ville. On alla leur en donner avis; ils se rendirent de ce côté, pour apprendre de lui ce qu'il avait à leur dire. Bertrand leur représenta qu'ils ne connaissaient pas leurs intérêts, et qu'ils devaient ouvrir les yeux sur le danger qui les menaçait, eux, leurs femmes, et leurs enfants, et s'ils ne se rendaient au plus tôt, *que par Dieu et par saint Yves* (1), il planterait le piquet devant Tarascon, jusqu'à ce qu'il l'eut emporté d'assaut, et qu'il ferait ensuite trancher la tête à tous les bourgeois qu'il trouverait dans cette ville, et qu'à l'égard des moyennes gens, il les ferait dépouiller nus comme la main par ses Bretons, qui n'avaient point accoutumé de faire quartier à personne : qu'ils devaient considérer que reconnaissant pour leur souverain le duc d'Anjou, frère du roi de France, ils auraient incomparablement plus d'appui et de protection, que de la reine de Naples, qui tenant sa cour aux confins de l'Italie, ne pourrait pas leur envoyer de si loin des forces et des secours.

Ces raisons étaient assez pressantes pour tenir en balance les esprits du commandant et des bourgeois de Tarascon. Quand ils furent rentrés dans la ville, ils appelèrent auprès d'eux ce qu'il y avait de gens les plus distingués dans la

---

(1) Saint Yves est le patron très-populaire de la Bretagne. Il naquit au diocèse de Tréguier en 1253. Etant official, soit de Rennes, soit de Tréguier, il montra une telle sagesse et sut défendre si bien la cause des pauvres et des petits, que les avocats l'ont pris pour leur patron, aussi bien que la religieuse province qui lui avait donné le jour. Le P. Giry raconte sa vie d'une manière fort intéressante ; tome II de l'édition Contant-Laguerre, au 19 mai. (N. E.)

place, et leur exposèrent les menaces que Bertrand leur avait faites, s'ils ne se rendaient pas incessamment, et le danger dans lequel ils étaient de perdre leurs biens et leur vie, s'ils se laissaient prendre d'assaut. Ils furent tous d'avis de capituler, et comme ils étaient sur le point de le faire, les Provençaux vinrent se poster sur une montagne voisine pour attaquer l'armée du duc; mais les coups qu'ils tiraient ne portaient point sur les assiégeants; et quand ils eurent jeté leur premier feu, Olivier de Mauny, suivi de ses gens, alla droit à eux et les fit décamper de là à grands coups de sabres et d'épées. Les assiégés voyant que le secours qui venait pour les dégager avait été défait entièrement, ne balancèrent plus à prendre le parti que Bertrand leur avait insinué. Ils dépêchèrent auprès du duc quatre des plus notables bourgeois de Tarascon, pour lui déclarer qu'ils étaient dans la résolution de lui ouvrir leurs portes, et de réclamer sa miséricorde.

Ils le trouvèrent dans sa tente, ayant auprès de lui l'élite et la fleur de toute sa noblesse; le sire de Rabastin, Perrin de Savoie, Jacques de Bray, le Borgne de Melun, Guillaume le Baveux, le comte Robert d'Otindon, Robert Papillon, et grand nombre d'autres seigneurs environnaient ce prince, quand les députés de Tarascon vinrent se mettre à genoux devant lui, comme se voulant prosterner à ses pieds pour le fléchir encore davantage. Celui qu'on avait chargé de porter la parole, débuta par présenter les clés de la ville au duc, lui disant que les cœurs de tous les bourgeois de Tarascon lui seraient ouverts de même que leurs portes, s'il lui plaisait de leur pardonner, et qu'ils avaient plus de passion d'être ses sujets, qu'il n'en avait d'être leur souverain. Le duc feignit de ne les pas écouter, et leur fit une réponse fort sèche : parce qu'il avait perdu beaucoup de monde devant cette place, dont la conquête lui avait extrêmement coûté. Bertrand, qui les avait engagés à se rendre, se crut obligé de s'intéresser en leur faveur, et de prier ce prince d'avoir pour eux quelques sentiments d'indulgence. Le duc lui répondit qu'il le faisait là-dessus arbitre de tout, et que comme c'était par son ministère qu'ils s'étaient rendus, il voulait aussi que ce fût par son canal que se terminât cette affaire. Bertrand se voyant le maître de tout, alla planter l'étendard du duc sur le haut du donjon de la ville. Il fit ensuite ouvrir les portes au vainqueur. Les bourgeois en sortirent en foule pour venir au-devant de leur nouveau seigneur, devant lequel ils se présentèrent dans une posture humiliée, pour témoigner le déplaisir qu'ils avaient d'une si longue résistance. Les dames les plus qualifiées se réunirent pour paraître toutes aux yeux de ce prince avec un maintien contrit et affligé. Le duc, de concert avec Bertrand, agréa leurs hommages et leurs soumissions, conserva la ville de Tarascon dans ses priviléges, et se contenta d'y coucher seulement une nuit, après avoir établi dans la place un gouverneur affidé, qu'il y laissa avec une bonne garnison.

Ce prince dès le lendemain alla s'assurer de la ville d'Arles, dans laquelle il avait des intelligences, ce qui le dispensa de l'assiéger. Il avait fait auparavant un traité secret qui contenait les conditions proposées pour faciliter la reddition d'une ville si importante, et dont la prise, ou la cession lui paraissait nécessaire au bien de ses affaires.

Bertrand voyant qu'il n'avait plus rien à faire auprès du duc d'Anjou, prit la liberté de remontrer à ce prince qu'il allait le quitter pour se rendre en Bretagne auprès du seigneur de Craon, et de ce qu'il avait d'amis dans cette province, afin d'amasser les sommes nécessaires au paiement de sa rançon, et qu'il espérait trouver en Espagne, auprès de Henri, de quoi les rembourser, parce que rien ne lui tenait plus au cœur que le rétablissement de ce prince qui l'attendait au camp de Tolède, devant laquelle il avait mis le siége avec le Bègue de Vilaines : il ajouta qu'après qu'il serait tout à fait sorti d'affaire avec le prince de Galles, il ne perdrait pas un moment pour retourner en Espagne, et seconder Henri dans la guerre qu'il avait entreprise. Le duc d'Anjou goûta fort la conduite qu'il voulait tenir : mais il l'assura qu'il ne se devait pas si fort mettre en peine de sa rançon, dont il lui allait faire compter vingt mille livres : qu'il ménagerait si bien les choses en sa faveur auprès du Pape, qu'il en obtiendrait encore autant pour lui de Sa Sainteté : qu'enfin le roi de France, son frère, serait assez généreux pour faire le reste ; et que si toutes ces sommes payées, il avait encore besoin de quelqu'autre secours, il n'avait qu'à s'adresser à lui, que sa bourse serait toujours ouverte pour le garantir de tous les besoins dans lesquels il pourrait tomber.

Bertrand n'eut point de paroles assez fortes pour marquer au duc sa reconnaissance. Il eut donc l'esprit en repos de ce côté-là, et ses soins se tournèrent du côté de l'Espagne. Il engagea ses cousins-germains, Olivier de Mauny et ses frères, à se tenir prêts pour s'y rendre quand il serait temps de les y appeler, et prenant congé du duc, il emporta les vingt mille livres dont ce prince le gratifia; mais avant qu'il fût arrivé à Bordeaux, il avait déjà dépensé toute cette somme : car il était si libéral et si généreux, que quand il rencontrait sur sa route quelque pauvre cavalier démonté, qui n'avait pas encore payé sa rançon, aussitôt il ordonnait à son trésorier de lui compter l'argent dont il avait besoin pour se tirer d'affaire. Un jour il en trouva dix sur son chemin, qui lui parurent fort délabrés. Ils se disaient les uns aux autres les mauvais traitements qu'on leur avait fait souffrir à Bordeaux, dont on leur avait permis de sortir sur leur parole pour aller chercher leur rançon. Les uns faisaient serment qu'ils ne s'aviseraient plus d'aller faire la guerre en Espagne, de peur de retomber dans la peine et l'embarras où ils étaient alors : d'autres témoignaient qu'ils y retourneraient encore volontiers, s'ils étaient sûrs de servir sous Bertrand, qui ne serait jamais indifférent à leurs misères, et ferait généreusement les derniers efforts pour les en tirer.

Ces dix hommes chemin faisant arrivèrent enfin dans une hôtellerie. Leur air pauvre fit appréhender au maître du logis qu'ils n'eussent pas de quoi payer leur souper et leur gîte. Il balança quelque temps à leur faire donner du vin, leur demandant s'ils avaient de l'argent pour le satisfaire : l'un d'eux répondit que son inquiétude là-dessus était prématurée, qu'ils avaient encore assez de quoi le contenter, quoiqu'ils eussent essuyé beaucoup de misère à Bordeaux, dont ils venaient de sortir avec Bertrand, qui s'était taxé lui-même à soixante mille doubles d'or; et que la somme étant excessive, il aurait assez de peine avec tout son crédit à la trouver dans la bourse de ses amis. Quand l'hôte les entendit parler de Bertrand, pour qui il avait une vénération singulière, il leur dit qu'il se saignerait volontiers pour contribuer à le tirer d'affaire, qu'il avait encore dix chevaux dans son écurie, cinq cents moutons dans ses bergeries, presque autant de porcs dans ses étables, et plus de trente muids dans sa cave, qu'il vendrait de bon cœur pour en assister ce brave général, *et par Dieu qui peina en croix et le tiers jour suscita, qu'il vendroit aussi tous les draps que sa femme avoit agnatez quand ils furent mariez* (1). Enfin le nom de Guesclin mit cet hôte de si belle humeur, qu'il dit à ces dix aventuriers qu'il les voulait régaler gratuitement pour l'amour de lui : qu'il leur ferait servir des pâtés, du rôti, et du meilleur vin, sans qu'il leur en coûtât un denier, pour les récompenser du plaisir qu'ils lui faisaient de lui parler du plus généreux, du plus intrépide et du plus fameux capitaine qui fût dans toute l'Europe.

En effet, il leur tint parole de fort bonne grâce, et comme ils étaient tous à table, Bertrand vint par hasard descendre dans cette hôtellerie pour y dîner avec tout son monde. Aussitôt que ces dix prisonniers l'aperçurent, ils se levèrent par respect pour lui faire honneur. Il les reconnut et les voyant si mal en ordre, il leur demanda s'ils avaient fait sur les chemins quelque mauvaise rencontre de voleurs qui les eussent mis dans un état si pitoyable, puisqu'il les avait vus à la bataille de Navarrette dans un assez bon équipage. L'un d'eux prit la parole pour les autres, avouant qu'ils avaient été faits prisonniers dans ce combat, et qu'ils étaient tombés entre les mains de gens qui les avaient traités comme des brigands et des meurtriers ; et que leur misère était d'autant plus grande, que n'ayant pu trouver dans leur pays de quoi se racheter, ils étaient obligés de retourner en prison à Bordeaux, de peur de violer le serment qu'ils avaient fait de se remettre dans les mains de leur geôlier, s'ils ne payaient pas leur rançon : que bien loin d'avoir les sommes suffisantes pour recouvrer leur liberté, ils n'avaient pas même de quoi payer leurs hôtes sur les chemins, et que celui-ci les avait bien

---

(1) Avait reçus en dot. (N. E.)

voulu recevoir et nourrir pour rien pour l'amour de lui, sur ce qu'ils avaient seulement prononcé son nom; leur ayant dit qu'il vendrait volontiers sa maison, ses meubles et ses bestiaux pour le racheter.

Bertrand voyant le bon cœur de cet homme qu'il ne connaissait point, ne se contenta pas de l'embrasser, mais il voulut aussi le faire asseoir à table et manger avec eux : il leur commanda de ne se point lever puisqu'ils étaient ses camarades, et qu'il voulait les tirer de la peine où ils étaient, en leur donnant de quoi se racheter, et quand il leur eut fait raconter toutes leurs aventures, il leur demanda quelle somme il leur fallait à tous pour payer leur rançon, ils lui dirent, après avoir entre eux supputé le tout, que cela pourrait bien monter à quatre mille livres. Ce n'est pas une affaire, leur répondit-il, je vous donnerai de plus deux autres mille livres pour vous remonter, vous équiper et vous défrayer sur les chemins; et ce bon hôte qui vous a si bien régalés pour l'amour de moi mérite que je reconnaisse son affection. Là-dessus il fit appeler son valet de chambre et lui commanda de donner mille livres au cabaretier qui avait témoigné pour lui tant de zèle. La générosité qu'il fit éclater à l'égard de ces dix prisonniers et de leur hôte, augmenta beaucoup la réputation de Bertrand : cet événement fut bientôt public, car ces dix hommes rentrant dans Bordeaux fort avantageusement et lestement équipés, on alla s'imaginer qu'il fallait qu'ils eussent détroussé les passants et fait quelque vol considérable sur les chemins pour s'être si vite remis en bon état. On les menaça même de les accuser devant le sénéchal et de les faire pendre comme des scélérats. Ils furent cités devant lui pour rendre compte de leur conduite et d'expliquer comment il se pouvait qu'en si peu de temps ils eussent trouvé tant d'argent. Ces gens lui relevèrent le mystère et lui firent un récit exact des honnêtetés de Bertrand, et un détail circonstancié de tout ce qui s'était passé chez leur hôte, où il ne s'était pas contenté de manger indifféremment avec eux, mais même leur avait donné de quoi payer leur rançon, se monter, s'armer, s'habiller et se défrayer. Ils ajoutèrent que ses libéralités s'étaient étendues jusqu'à leur hôte même, auquel il avait fait compter la somme de mille livres en leur présence, parce qu'il les avait bien régalés pour l'amour de lui. Le sénéchal apprenant les actes de générosité de Bertrand, ne pouvait comprendre comment un homme si laid pouvait avoir une âme si bien faite. Il se rendit de ce pas au dîner du prince et de la princesse de Galles, auxquels il fit part de cette nouvelle en présence de toute leur cour qui les voyait manger. La princesse ne se put tenir de dire qu'elle ne regrettait point l'argent qu'elle avait donné à Bertrand et qu'il en méritait encore davantage, et le prince avoua que ce chevalier avait de si grandes qualités, tant de valeur et de générosité, qu'il n'avait point son semblable au monde.

CHAPITRE XXVII.

De la rançon que paya Bertrand au prince de Galles, et du voyage qu'il fit en Espagne, pour se rendre avec tout son monde au siége de Tolède, qui tenait encore contre Henri.

Bertrand poursuivant toujours sa première route avec le dessein d'arriver en Bretagne, pour chercher dans la bourse de ses amis de quoi payer la rançon qu'il devait au prince de Galles, n'eut pas beaucoup de peine à faire la somme entière dont il avait besoin : car le seigneur de Craon, le vicomte de Rohan, Robert de Beaumanoir, Charles de Dinan, l'évêque de Rennes et ses autres amis se cotisèrent tous pour le tirer d'affaire. Il reprit donc le chemin de Bordeaux avec cet argent ; mais étant arrivé à La Rochelle, il y trouva beaucoup de chevaliers mal vêtus, qu'on y retenait prisonniers. Ce spectacle le toucha si fort, qu'il donna toutes les sommes qu'il avait pour les racheter, ayant plus de soin de leurs personnes que de la sienne propre, et aimant mieux demeurer engagé tout seul, que de voir les autres dans la misère et la captivité. Il continua toujours son chemin pour aller à Bordeaux ; mais comme il y arriva les mains vides, il surprit fort le prince de Galles, quand il lui dit qu'il ne lui restait pas un denier de tout l'argent qu'il avait apporté de Bretagne, et qu'il croyait l'avoir fort utilement employé, en procurant la délivrance de tant de braves gens qu'il avait vus dans les prisons de La Rochelle. Le prince lui témoigna que c'était pécher contre le bon sens et le jugement, que d'en user de la sorte, puisqu'un prisonnier doit commencer par rompre ses chaînes, avant de songer à briser celles des autres. Bertrand l'assura que ses amis ne lui manqueraient pas au besoin; qu'il attendait dans peu des nouvelles, et espérait que Dieu bénirait la charité qu'il avait faite à ceux qu'il avait tirés de la servitude et de la disgrâce dans laquelle il les avait trouvés.

Son attente ne fut pas vaine là-dessus : car peu de temps après il arriva des gens à Bordeaux qui comptèrent toute la somme dont on était convenu pour la rançon de Guesclin. Le prince demanda par curiosité d'où provenait cet argent? On répondit que la liberté de Bertrand était si précieuse et si nécessaire, que s'il s'agissait de dix millions pour le racheter, toute la France se serait volontiers épuisée en cette occasion. Enfin Bertrand sortit de Bordeaux sans y laisser la moindre dette, emportant avec lui le regret et l'estime de la cour et de la ville. Il se rendit à Brest où il appela son frère Olivier, les deux Mauny, le chevalier de La Houssaye, Guillaume de Lannoy. Ce fut là qu'il assembla bien mille combattants, à la tête desquels il se mit, et passant par Roncevaux, il entra en Espagne, et s'alla rafraîchir avec eux quelque temps dans sa comté de Molina.

De là sans perdre de temps il se rendit à grandes journées devant Tolède, au camp du roi Henri, qui n'avait pas encore beaucoup avancé le siége de la place, quoiqu'il eût avec lui le Bègue de Vilaines et l'archevêque de la ville. La résistance des assiégés avait été jusque-là très-opiniâtre, car le gouverneur était tout à fait dans les intérêts du roi Pierre, et quand il sortait de la citadelle pour parler aux bourgeois, il prenait si bien ses précautions auprès d'eux, qu'avant de descendre dans la ville, il lui fallait donner en otage cinq ou six des principaux de Tolède, parce qu'il appréhendait qu'ils ne se saisissent de sa personne et ne l'obligeassent à se rendre. Pierre était cependant à Séville, où il s'était retiré depuis son retour du royaume de Belmarin.

Ce malheureux prince y était allé dans le dessein d'en tirer du secours, et pour l'obtenir il ne rougit point de faire deux infâmes démarches. La première, ce fut l'alliance qu'il n'eut point de scrupule de contracter avec un roi infidèle : la seconde, ce fut la promesse qu'il fit de renier la foi même de Jésus-Christ si on lui donnait du secours. On s'obligea sous ces deux étranges conditions, de lui mener dix mille Sarrasins pour faire lever le siége de Tolède. Les assiégés, sur l'avis qu'ils en eurent, se proposèrent de se partager en deux, une moitié demeurant pour garder la ville, et l'autre allant au-devant du secours.

Le Bègue de Vilaines ayant eu vent de cette résolution, se tenait au guet pour les observer : il les aperçut sur la pointe du jour, sortant de la ville pour aller joindre le roi Pierre et pour soulager d'autant Tolède, où la famine commençait à faire un grand ravage. Le Bègue s'alla poster dans une embuscade, à dessein de les couper à leur passage et de les tailler en pièces : il prit si bien ses mesures qu'il les chargea lorsqu'ils y pensaient le moins, et en tua la meilleure partie : le reste fut pris, ou mis en fuite. Quand ceux qu'on avait laissés dans la ville virent cette déroute, ils firent sonner le tocsin pour courir aux armes. Leur porte était encore ouverte et leur chaîne lâchée, ce qui donna cœur aux assiégeants pour se présenter aux barrières, ayant le roi Henri à leur tête, qui tenant un dard dans sa main, le lançait contre les bourgeois, leur reprochant leur félonie, et de l'avoir trahi pour se donner à son ennemi, qui venait d'abjurer le Christianisme ; il les menaçait de les faire tous pendre, sans pardonner à aucun, s'ils se laissaient prendre d'assaut, et que pour ce qui regardait les Juifs et les Sarrasins, il les ferait sans rémission brûler tout vifs. Ce prince poussant toujours son cheval et ses gens contre eux, les recogna jusque dans leurs portes.

Le gouverneur encore plus aigri de toutes les tentatives de Henri, fit jeter une grêle de cailloux et de pierres sur lui, criant que tous ses efforts étaient vains, puisqu'il était résolu de se faire ensevelir sous les ruines de la ville de Tolède plutôt que de la rendre : qu'ils mangeraient leurs chevaux pour vivre, et que quand cet aliment viendrait à leur manquer, ils se mangeraient eux-mêmes : et qu'il n'y avait que la mort du roi Pierre qui pût le rendre maître de la ville. Henri ne se rebuta point de toutes ces rodomontades espagnoles. Il fit recommencer l'assaut avec plus de chaleur, et le continua jusqu'à la nuit avec la dernière opiniâtreté; mais outre que les murailles de Tolède étaient fort hautes et fort épaisses, et les fossés fort profonds, les assiégés espérant du secours à tous moments, se défendaient fort vigoureusement. Le Bègue de Vilaines s'avisa d'un stratagème pour faire hâter la reddition de la place en intimidant les bourgeois. Il fit planter autant de potences à la vue des assiégés qu'il avait de leurs prisonniers dans ses mains, et ne se contentant pas de cet appareil menaçant, il en fit monter à l'échelle plus de deux douzaines, qui passèrent par les mains des bourreaux. Ce spectacle horrible les épouvanta si fort, qu'un des plus riches bourgeois de la ville demanda à parler à Henri, priant qu'on fît suspendre cette funeste exécution, jusqu'à ce qu'il eût entretenu ce prince sur une affaire importante qu'il avait à lui communiquer. Il ne se fut pas plus tôt présenté devant lui, que Henri lui demanda d'où venait cet acharnement que ceux de Tolède avaient à lui résister. Ce bourgeois l'assura que s'il voulait lui donner la vie, il lui révélerait un secret qu'il était nécessaire qu'il sût. Ce prince lui promit de bonne foi qu'il ne le ferait point mourir s'il lui disait sans déguisement tout ce qu'il savait. Cet homme lui dit que le roi Pierre avait obtenu de celui de Belmarin, dix mille hommes qui venaient par mer à leur secours, et que Pierre lui-même était en personne à la tête de vingt mille Sarrasins qui marchaient de nuit, et ne paraissaient point de jour, se cachant dans les bois et dans les forêts, où ils vivaient des provisions qu'ils avaient apportées de chez eux, et qu'ils espéraient le surprendre et venir fondre sur lui devant Tolède, lorsqu'il y penserait le moins.

Henri voulant profiter d'un avis si essentiel, écrivit à Bertrand le détail de cette affaire, et le conjura de se rendre incessamment avec tout son monde auprès de lui, afin de conférer ensemble sur les mesures qu'ils prendraient pour repousser Pierre. Bertrand monta aussitôt à cheval avec ce qu'il avait de Bretons : il fit une si grande diligence, que

Henri sut bientôt sa venue, dont il eut une grande joie : parce qu'il comptait fort sur l'expérience et la valeur de Guesclin, qui ne fut pas plus tôt arrivé, qu'il envoya des espions pour observer le mouvement que l'armée de Pierre pouvait faire. Il apprit qu'il était sorti de Séville avec dix mille Espagnols, et qu'il avait encore dans son armée plus de vingt mille, tant Juifs que Sarrasins, et qu'il approchait de Tolède. La nouvelle était sûre, et de plus l'amiral du roi de Belmarin venait de débarquer avec dix mille hommes aguerris. Celui-ci les présentant au roi Pierre, lui déclara qu'il avait ordre de lui dire de la part de son maître qu'il lui envoyait ce secours, à la charge qu'il garderait fidèlement les deux paroles qu'il lui avait données solennellement, dont la première était de renoncer au Christianisme, et d'embrasser la loi de Mahomet; et la seconde d'épouser sa fille, et de la faire couronner reine d'Espagne; qu'en exécutant ces deux conditions, on lui livrerait entre les mains la personne de Henri, qu'il pourrait ensuite faire pendre comme un larron. Pierre lui promit qu'il exécuterait ponctuellement tout ce que son maître attendait de lui, et le pria de s'avancer, afin que marchant de nuit, ils pussent surprendre l'usurpateur devant Tolède à la pointe du jour.

Bertrand était aux écoutes, et n'était qu'à deux lieues de là dans une embuscade. Il dépêcha des courriers à Henri pour lui dire qu'il lui conseillait de laisser la reine sa femme et l'archevêque, avec quelques troupes devant Tolède, et d'en décamper sans bruit, avec ce qu'il avait de gens des plus déterminés, et des plus intrépides, pour venir couper le chemin à Pierre, tandis qu'il l'attaquerait par derrière de son côté. Ce prince goûta fort le conseil de Bertrand, et monta bientôt à cheval pour l'exécuter; le mouvement qu'il fit ne fut pas si secret qu'un espion n'en donnât bientôt la nouvelle à Pierre. Cela lui donna quelque chagrin; mais comme il n'était plus temps de reculer, il voulut pousser jusqu'au bout le dessein qu'il avait entrepris. Il se mit donc en devoir d'encourager ses gens au combat. Pierre était monté sur un cheval tigré dont le roi de Belmarin lui avait fait présent, et qu'il avait eu du roi de Damiette. C'était un fort beau cheval de Syrie, si vite à la course, qu'on ne pouvait jamais atteindre le cavalier qui le montait, et d'ailleurs si infatigable, qu'il ne se ressentait presque point de la marche de toute une journée. Les deux armées s'étant rencontrées, se choquèrent avec une égale vigueur ; il fallait voir l'acharnement que les deux frères avaient l'un contre l'autre. La haine et l'ambition dont ils étaient dévorés tous deux, les animaient encore à combattre avec plus de chaleur. Pierre s'élança tête baissée la lance à la main au travers de ses ennemis, renversant à droite et à gauche tout ce qui se présentait devant lui.

Ce cheval fougueux sur lequel il était monté, faisait plus de la moitié de la besogne : le Bègue de Vilaines arrêta sa furie, en se présentant devant lui la hache à la main. Sa contenance fut si fière, que ce prince n'osant pas se commettre avec lui, prit le parti de reculer et de rentrer dans le gros de ses troupes, pour s'y mettre à couvert du bras de ce chevalier, qui faisait un fort grand fracas dans cette mêlée. Henri payait aussi fort bien de sa personne. L'amiral de Belmarin qui tenait pour Pierre, était aussi fort redouté ; tout le monde lui faisait place au milieu du combat, tant ses coups étaient formidables, et les troupes de Henri commençaient à plier, quand Bertrand, secondé de son frère Olivier, des deux Mauny, du brave Carenlouet, et de tous ses Bretons, rétablit le combat et vint fondre sur Pierre et sur ses Espagnols et ses Sarrasins avec tant d'impétuosité, qu'il en éclaircit les rangs à grands coups de sabre et d'épée. Ce succès releva beaucoup le courage et les espérances de Henri, qui s'attacha particulièrement à l'amiral, qu'il perça d'outre en outre de sa lance. Ce coup mortel le fit tomber à terre, et les Sarrasins voyant leur général abattu, perdirent cœur à ce spectacle, et ne combattirent plus qu'avec beaucoup de tiédeur et de découragement. Ce Carenlouet dont nous avons parlé, fit une action qui fut d'un grand poids pour les affaires de Henri : car rencontrant sous sa main Jean de Mayeul, principal conseiller du roi Pierre, et qui avait ses secrets, il lui donna de sa hache un si grand coup sur l'épaule, qu'il le fendit presque par le milieu du corps, et le fit tomber mort à terre. Le Bègue de Vilaines voyant la bravoure de Carenlouet ne put s'empêcher de lui dire : *benoite* (1) *soit la mere qui te porta.*

Pierre fut si touché de la perte de son favori, qu'il ne se posséda plus. La crainte et l'étonnement le saisit si fort, qu'il s'alla cacher dans un bois fort épais et se mit à couvert de peur d'être assommé comme les autres. Il vit de là la déroute de tout son monde et la terre jonchée d'Espagnols, de Juifs et de Sarrasins à qui l'on venait de faire mordre la poussière. Cette défaite fut si grande, que de dix mille Sarrasins que l'amiral avait amenés, il n'en resta pas seulement cinq cents. Il ne s'agissait pour achever cette victoire que de trouver Pierre dans cette forêt où il était entré fort avant afin de s'y mieux garantir du danger qui le menaçait : mais Bertrand craignant qu'il n'y eût là quelque embuscade n'osa pas entreprendre de l'y forcer. Il se contenta de détacher quelques coureurs à qui il donna ordre de veiller et de voltiger autour de la forêt pour voir s'ils ne découvriraient rien. Pierre s'apercevant qu'on le cherchait eut recours à la vitesse de son cheval que jamais on ne put atteindre. Il fit une si grande traite qu'il arriva le soir à Montesclaire, dont il sortit bientôt, après s'y être un peu rafraîchi, tant il appréhendait que Bertrand ne lui vînt tomber sur le corps. Henri poursuivant toujours sa victoire arriva jusqu'à Montesclaire, et se présenta devant cette ville enseignes déployées. Il trouva bon de mettre pied à terre pour se rendre aux barrières, et tâcha d'engager le gouverneur à lui rendre la place, se persuadant qu'après une si grande victoire cet homme se verrait obligé de céder au torrent. Il ne se trompa pas dans son espérance, car après qu'il l'eut un peu cajolé, en disant qu'il lui saurait bon gré s'il lui ouvrait ses portes, et reconnaîtrait fort honnêtement l'obéissance qu'il attendait de lui dans cette occasion, il ajouta qu'après avoir pris Tolède et gagné la bataille sur Pierre, il se promettait qu'il ne balancerait pas à se donner à lui. Le gouverneur se fit un mérite de la nécessité dans laquelle il se voyait de ne lui pas disputer l'entrée de la ville; il vint au-devant de lui pour lui en présenter les clés avec beaucoup de soumission. Ce prince n'y voulant pas faire un long séjour

(1) Bénie. (N. E.)

n'y coucha qu'une nuit, et pour récompenser le Bègue de Vilaines qui l'avait si bien servi jusqu'alors, il lui fit présent du domaine de cette place.

Le lendemain toute l'armée de Henri décampa et continua sa marche en s'assurant de tous les forts qu'elle rencontrait sur sa route. Ce prince encourageait tout le monde à bien faire, promettant de grandes récompenses à ceux qui se signaleraient le plus. Tous les généraux l'assurèrent qu'ils poursuivraient Pierre jusqu'à la mer, et qu'ils ne mettraient point les armes bas qu'ils ne l'eussent livré dans ses mains mort ou vif. Comme Henri se reposait avec ses gens auprès d'une abbaye fort riche, un espion lui vint dire qu'il trouverait Pierre à Montjardin, qu'il l'avait vu auprès des portes de cette ville. Cette nouvelle les fit tous monter à cheval pour le suivre. Ce prince fugitif avait fait les derniers efforts pour s'emparer de cette place. Mais le gouverneur lui en avait fermé les portes en lui donnant mille malédictions, et lui reprochant que ce n'était pas sans raison que tout le monde l'abandonnait à cause de sa cruauté et de son apostasie; qu'il était bien raisonnable qu'ayant renié Jésus-Christ, tout le monde le reniât aussi. Le commandant poussant encore plus loin l'indignation qu'il avait contre lui, jura tant qu'il vivrait, il ne souffrirait pas qu'il mît les pieds dans sa ville, et que s'il ne se retirait au plus tôt, il le ferait écraser sous une grêle de cailloux et de pierres. Cet infortuné prince voyant qu'il perdait son temps auprès de cet homme qu'il ne pouvait fléchir, et plaignant son malheureux sort, poursuivit tristement son chemin ne sachant plus où donner de la tête; mais il n'eut pas plus tôt fait six lieues que rencontrant un Espagnol il lui demanda qui il était, et où il allait. Ce cavalier lui répondit qu'il avait ordre de le venir trouver de la part de Ferrand, comte de Castres, et du grand-maître de Saint-Jacques, pour lui dire qu'ils approchaient avec quinze cents hommes d'armes et qu'ils venaient à son secours.

Cette agréable nouvelle le fit respirer un peu dans sa disgrâce, voyant qu'il lui venait une ressource à laquelle il ne s'attendait pas. Il renvoya l'Espagnol sur ses pas pour dire à Ferrand, comte de Castres, qu'il n'oublierait jamais le bon office qu'il lui voulait rendre, et qu'il le joindrait au plus tôt pour réunir leurs forces contre leurs communs ennemis. Pierre fit tant de diligence qu'il trouva ce comte qui se rafraîchissait avec sa cavalerie, dans un pré proche d'une fontaine où ils avaient mis pied à terre, et fait leurs logements de feuillées pour se garantir de la grande chaleur. Le cheval tigré sur lequel il était monté le fit aussitôt reconnaître. Il en descendit pour embrasser le comte et le grand-maître de Saint-Jacques auxquels il fit un triste récit de toutes les fâcheuses aventures qui lui avaient été suscitées par Henri, Bertrand, le Bègue de Vilaines et les autres. Le comte lui témoigna qu'il entrait dans ses peines et qu'ils n'étaient armés lui et les siens que pour l'en tirer. Tandis qu'ils s'entretenaient de leurs affaires, il vint un coureur qui leur dit qu'il paraissait un petit corps de deux cents hommes d'armes, qui s'étaient approchés pour étudier la contenance qu'ils faisaient. Pierre s'imaginant que ce serait un beau coup de filet que de faire tomber ce petit nombre de gens dans une embuscade, pria le grand-maître de Saint-Jacques de prendre seulement cinq cents hommes pour les aller surprendre. Ce général se mit à la tête d'un pareil nombre de gendarmes, et pour n'être pas découvert, il s'alla poster avec eux derrière une haie, et leur commanda de descendre de leurs chevaux, afin qu'on les aperçût moins.

Carenlouet qui marchait à la tête de ces deux cents hommes, et qui ne se défiait pas du piége qu'on tendait, donna justement dans l'embuscade, et comme il vit qu'il ne pouvait pas éviter le combat, il s'y prépara de son mieux, en rangeant ses gens et les mettant en état de se défendre, et criant à haute voix *Guesclin*, sachant que ce nom seul était si redoutable aux Espagnols, qu'il ne fallait que le prononcer pour les faire trembler. Il ouvrit le combat le premier, en poussant son cheval contre le grand-maître de Saint-Jacques, sur la tête duquel il déchargea son sabre avec tant de fureur, qu'il abattit par terre et le cheval et le cavalier, après l'avoir fort dangereusement blessé. Carenlouet et ses gens n'eurent pas beaucoup de peine à l'achever et à le laisser mort sur le champ de bataille. Les Espagnols voyant leur général par terre, s'acharnèrent avec plus de rage sur ceux qui l'avaient tué.

Le désir de la vengeance les rendit encore plus intrépides, et plus acharnés contre les Français qu'ils surpassaient en nombre; ils étaient au moins cinq contre deux. Ces derniers furent accablés par la multitude. Carenlouet voyant que tout son monde était battu sans ressource, se jeta lui neuvième dans les bois et se coulant au travers des ronces et des épines il s'ensanglanta le visage et les mains pour se cacher et se garantir de la mort. Les Espagnols étant demeurés les maîtres du champ de bataille, enlevèrent le corps du grand-maître de Saint-Jacques et lui firent des funérailles proportionnées à sa qualité. Carenlouet demeura toujours tapi dans la forêt jusqu'à ce que les ennemis se fussent retirés, et que le péril fut passé. Quand il ne vit plus personne, il marcha toute la nuit à pied à travers champs, sans passer par les grands chemins, et se rendit enfin à l'armée de Bertrand, auquel il conta la disgrâce qu'il venait d'essuyer; mais qui n'avait pas peu coûté aux ennemis : puisqu'ils avaient perdu le grand-maître de Saint-Jacques, capitaine qui s'était acquis beaucoup de réputation dans la guerre. Guesclin le consola beaucoup en lui disant que la mort de ce général était d'un plus grand poids pour le bien de leurs affaires, que la déroute de deux cents hommes, et que les armes étant journalières, on ne pouvait pas toujours réussir; il détacha quelques coureurs pour observer la marche et la contenance de Pierre.

Aussitôt qu'il eut appris qu'il approchait, il rangea son monde en bataille pour aller au-devant. La mêlée fut rude d'abord : mais Bertrand fit tant d'efforts, et paya si bien de sa personne, qu'il fit plier les troupes de Pierre qui se vit contraint de prendre la fuite et de se sauver à son tour dans les bois avec Ferrand, comte de Castres, et quelque trois cents hommes. C'était à qui gagnerait du terrain, et ferait plus de diligence pour s'évader. Le comte Ferrand était au désespoir de ne pouvoir suivre le roi Pierre qui le devançait d'une lieue entière à cause de la vitesse de son cheval. Quand il le vit bien loin sur une montagne, il prit à l'instant la résolution de l'abandonner et de le laisser là, se souvenant que toutes ses affaires étaient désespérées, et qu'il n'était pas sûr pour lui d'être davantage dans ses intérêts. Cette considération lui fit aussitôt tourner bride du côté de la Galice, où il prit le parti de se retirer, se contentant d'être à l'avenir le spectateur de la tragédie qui devait finir par la mort de Pierre, sans y vouloir jouer aucun personnage. Ce malheureux prince après avoir couru quelque temps à perte d'haleine, tourna visage pour voir ce qui se passait : mais il fut étonné, quand il s'aperçut que personne ne le suivait, et qu'il restait seul abandonné de tout le monde : il vomit mille blasphêmes et donna mille malédictions à cet usurpateur qui le poursuivait avec Bertrand et le Bègue de Vilaines : mais son tigre plus vite qu'un cerf, le tira d'affaire, et courut avec tant de force, qu'il le mena jusqu'à Monracut, petite ville dans laquelle il n'osa coucher ni s'y enfermer, de peur d'être livré par les habitants à ses ennemis.

CHAPITRE XXVIII.

De la grande bataille que Bertrand gagna sur le roi Pierre, qui, cherchant du secours chez les Sarrasins, tomba malheureusement entre les mains d'un Juif, auquel il fut vendu comme esclave.

Ce prince infortuné n'osant pas entrer dans les villes, dans un équipage si triste et sans aucun cortége, et craignant d'être connu, rôdait seul autour des bois, côtoyait la mer dans le dessein d'y trouver quelque vaisseau pour s'embarquer, et se mettre à couvert par là de la poursuite de ses ennemis. Il se rendit exprès à un port que l'on nommait Orbrie : ce fut là qu'il rencontra par hasard une frégate qui devait aller en Syrie. Pierre demanda à parler au pilote, qu'il pria très-humblement de lui vouloir sauver la vie, lui disant que s'il lui faisait cette grâce, il lui donnerait plus d'argent, que ne valaient toutes les marchandises dont il avait chargé son vaisseau. Le pilote voulut savoir quel était l'homme qui lui parlait. *Le plus malheureux*, lui dit-il, *qui fut jamais au monde, traînant partout ma mauvaise fortune.* Cette réponse ne fit qu'augmenter la curiosité du personnage, qui ne voulut pas se payer de ces vagues paroles. Il le pressa de ne le pas tenir plus longtemps en suspens, lui témoignant qu'il avait bien la mine d'être quelqu'un des fuyards, qui s'échappaient de la dernière bataille.

Pierre lui avoua de bonne foi que sa conjecture était véritable, et qu'il avait été si malheureux, que tous ses gens l'avaient abandonné. Le pilote voulut absolument qu'il lui dît le nom qu'il portait, ajoutant qu'il lui paraissait homme à n'avoir pas toujours eu le pied dans un vaisseau; que le cheval sur lequel il était monté le faisait bien voir.

Tandis que le pauvre roi cherchait à gagner l'esprit du pilote, afin qu'il le reçût dans son vaisseau, sans qu'il fût obligé de lui révéler ni son nom, ni sa condition, l'énigme se découvrit par un Juif natif de Séville, nommé Salomon, qui se présenta pour s'embarquer avec les autres; regardant Pierre, il le reconnut d'abord: il commença par le maltraiter de paroles, l'appelant cruel, inhumain, sanguinaire, abandonné du ciel et de la terre, pour avoir fait mourir sa propre femme, la meilleure princesse du monde. Après qu'il se fut longtemps déchaîné contre Pierre en injures, il en vint des paroles aux effets, commandant à ses gens de le saisir au corps et de le jeter vif dans la mer, disant qu'après avoir perdu son royaume, il méritait encore de perdre la vie. Quatre valets se mirent aussitôt en devoir d'exécuter cet ordre: deux le prirent par les bras et deux autres par les jambes, et le tenaient déjà suspendu en l'air pour le plonger dans l'eau, lorsque ce malheureux cria qu'il donnerait tant d'or et tant d'argent à tous ceux qui s'étaient embarqués dans cette frégate, qu'il les enrichirait pour leur vie, s'ils lui voulaient sauver la sienne. Le Juif ouvrit l'oreille à ses plaintes; et se promettant de s'enrichir s'il avait ce prince en son pouvoir, il déclara qu'il le voulait acheter comme son esclave, et qu'il paierait le prix de sa personne argent comptant, ce qui fut exécuté sur l'heure. Si bien que par un juste châtiment de la Providence divine, ce malheureux tomba tout d'un coup dans la servitude, et se mit sous l'obéissance d'un homme qui devint maître de sa vie et de sa mort, le pouvant vendre, battre, et même tuer impunément.

Henri cependant était toujours avec la reine sa femme et l'archevêque devant Tolède, dont il n'avait point abandonné le siége, tandis que Bertrand et le Bègue de Vilaines étaient aux mains avec Pierre. Ces deux généraux après avoir remporté la victoire, les vinrent rejoindre devant cette place sans leur pouvoir donner aucune nouvelle certaine de ce qu'était devenu ce malheureux roi, ne sachant s'il était encore mort ou vif. Ceux de Tolède étaient aux abois; les vivres leur manquaient, et les maladies emportaient beaucoup de soldats de leur garnison; les bourgeois même n'en étaient pas exempts. Le secours qu'on leur avait promis, et qu'ils attendaient avec la dernière impatience, ne paraissait point. Les uns étaient dans la résolution de se rendre; les autres intimidés par le gouverneur, qui les avait menacés de la mort, au cas qu'ils en parlassent, n'osaient pas ouvrir la bouche là-dessus, dans l'incertitude où tout le monde était du parti qu'il y avait à prendre, ou de se rendre, ou de se défendre. Un Sarrasin trouva le secret d'entrer dans la ville par une poterne, pour leur dire en quelle condition étaient les affaires. Grand nombre de bourgeois s'assemblèrent en foule auprès de lui pour en apprendre des nouvelles. Il leur déclara qu'il venait de Séville, et que les gens des trois Lois, c'est-à-dire les Chrétiens, Juifs, et Sarrasins, l'avaient chargé de leur dire que Pierre était allé jusqu'au royaume de Belmarin, pour en amener un fort gros secours et qu'il était même arrivé déjà dans Séville tant de Sarrasins, que toutes les auberges et les hôtelleries regorgeaient de soldats. Le gouverneur tout à fait dévoué à Pierre, qui fut présent au rapport de cette nouvelle, encouragea les bourgeois à ne point perdre patience, et les menaça de mettre plutôt le feu dans la ville, que de souffrir qu'on songeât seulement à capituler. La plupart des habitants ne s'accommodaient pas de la persévérance du commandant, et craignaient fort d'être pris d'assaut et d'essuyer la cruauté du soldat vainqueur, à qui l'on donne la licence de faire tout impunément; car Henri battait toujours la ville avec douze machines de guerre qu'il avait fait faire.

Cependant le roi Pierre s'étant tiré de la servitude à force d'argent, s'était rendu dans Salamanque à grandes journées, pour demander du secours au roi de Belmarin ou de Léon. Quand ce dernier sut sa venue, il lui fit dire de lui venir parler. Pierre le trouva dans son palais, assis au milieu d'une foule de seigneurs. Il lui fit de son mieux la peinture de ses malheurs : il lui parla de Henri, comme d'un usurpateur, qui l'avait chassé de ses Etats par les armes d'un nommé Bertrand, chevalier breton, qui s'était mis à la tête de tous les vagabonds de France, avec lesquels il avait fait des incursions dans son royaume, dont il avait enlevé les plus belles villes, et pris les forteresses les plus importantes ; il le pria de le secourir dans le besoin pressant où il le voyait. Ce souverain lui répondit tout haut qu'il le ferait volontiers ; mais qu'il fallait auparavant qu'il exécutât les deux promesses qu'il lui avait faites, dont la première était d'abjurer la foi chrétienne et de se faire mahométan ; la seconde était d'épouser l'une de ses deux filles, dont il lui donnait le choix, et là-dessus il commanda qu'on les fît venir, afin qu'il vît laquelle serait le plus à son gré. Elles entrèrent dans la chambre se tenant toutes deux par la main, superbement parées, portant sur leurs têtes des couronnes d'un or arabe, le plus pur et le plus fin, dans lesquelles étaient enchâssées des pierres précieuses et de grosses perles d'un prix inestimable. Le roi leur père les fit asseoir toutes deux auprès de lui ; on fit toucher en leur présence les luths et tous les autres instruments de musique, afin que l'oreille et les yeux reçussent dans le même temps un égal plaisir. Le roi Pierre sentit en lui-même un plus grand désir d'en posséder une : la cadette s'appelait Mondame, et l'autre se nommait Marie.

Tandis que ce prince les contemplait avec admiration, le roi de Belmarin levant son sceptre fort haut, lui dit que puisqu'il était vrai qu'un usurpateur l'avait dépouillé de ses États, il était résolu de l'y rétablir en dépit de tous les chrétiens, et du Dieu dont ils étaient les adorateurs : qu'il lui donnait pour femme sa fille Mondame ; et que de plus il les ferait tous deux mener en Espagne escortés d'une armée de trente mille Sarrasins. Pierre se croyant au-dessus de ses affaires et de ses ennemis, leva la main pour faire l'exécrable abjuration de sa première foi, protestant qu'il y renonçait de toute l'étendue de son cœur, et sans aucun déguisement, et qu'il embrassait la religion de Mahomet, dans laquelle il voulait à l'avenir vivre et mourir. Le roi de Belmarin, tout à fait content de la déclaration sincère qu'il venait de lui faire, l'assura que son fils conduirait le secours; et que c'était le cavalier le mieux fait de tout son royaume, quoiqu'il n'eût encore que vingt ans. Il fit ensuite équiper une belle flotte, dans laquelle il fit entrer de bonnes troupes avec toutes les munitions nécessaires de guerre et de bouche.

Cet appareil se fit avec tant de bruit et de fracas, qu'il semblait que cet armement eût pour but la conquête de l'Europe. Il arriva par hasard que deux pèlerins chrétiens et gascons qui revenaient de la Terre sainte, où ils avaient accompli le vœu qu'ils avaient fait de se transporter auprès du Saint-Sépulcre, pour y donner au Fils de Dieu des preuves de leur zèle et de leur piété, vinrent coucher dans la ville de Belmarin; l'un des deux s'appelait *Pierre Floron* et l'autre *La Réole*. Ils furent surpris de voir les apprêts que l'on faisait avec tant de tumulte et d'empressement; ils demandèrent par curiosité ce que cela voulait dire : on leur en apprit le sujet. Cette nouvelle leur fit de la peine; ils eussent bien souhaité pouvoir en donner avis à Bertrand, afin qu'il se tînt sur ses gardes et se préparât à soutenir les efforts de la guerre qu'on tramait contre lui. Ces deux pèlerins se mirent en tête d'aller eux-mêmes annoncer en personne tout ce qui se projetait contre les chrétiens. Ils se jetèrent aussitôt en mer sur un petit bâtiment, que le vent poussa si favorablement, qu'ils surgirent en fort peu de temps à un port d'Espagne, nommé Montfusain. Ces deux hommes avaient intérêt de ne se pas trop découvrir, parce qu'ils étaient les vassaux du prince de Galles, qui avait fait de grands ravages dans ce même pays, quand il y était entré pour reprendre sur Henri les villes qui avaient secoué le joug de Pierre, son ennemi. C'est la raison pour laquelle ils s'avisèrent, afin de mieux cacher leur jeu, de demander l'aumône.

Il y avait à Montfusain une citadelle, dont la gouvernante était une fort belle dame d'une naissance distinguée, charitable et aumônière. Quand elle eut attentivement regardé ces deux prétendus gueux et qu'elle les eut interrogés sur leur voyage et sur le dessein qu'ils avaient eu de se transporter dans la Terre sainte pour obtenir la rémission de leurs péchés, il lui sembla que ces gens raisonnaient si juste et lui parlaient de si bon sens, qu'il lui prit envie de les retenir. Elle voulut se donner le plaisir de les faire manger en sa présence pour contenter la curiosité qu'elle avait d'apprendre ce qui se passait à Jérusalem. Elle leur demanda si les chrétiens étaient toujours fort maltraités des Turcs. Ils lui répondirent qu'ils étaient plus acharnés contre eux que jamais, depuis qu'ils avaient entendu dire qu'un Breton, nommé Bertrand, homme intrépide et expérimenté dans la guerre, avait juré leur ruine et résolu de les venir attaquer dans le centre de leurs États, aussitôt qu'il aurait mis ordre aux affaires qui troublaient la France et l'Espagne. La dame leur dit qu'elle connaissait ce Bertrand et qu'il commandait les troupes de Henri devant Tolède, qui ne pouvait pas tenir encore longtemps, parce que les habitants étaient plus aux prises avec la famine qu'avec leurs ennemis et qu'ils attendaient vainement un secours du roi Pierre, que l'on croyait avoir été depuis peu noyé dans la mer.

Ces pèlerins la détrompèrent là-dessus, en l'assurant que Pierre était encore tout plein de vie, qu'ils l'avaient vu depuis peu dans la ville de Belmarin, faisant sa cour au roi des Sarrasins, pour en obtenir du secours contre Henri, qu'il prétendait faire décamper de devant Tolède; qu'il avait si bien réussi dans les tentatives qu'il avait faites auprès de ce prince, que non-seulement il lui avait donné la plus accomplie de ses deux filles en mariage, mais il lui avait confié ses plus grands secrets et promis un gros corps de troupes que son propre fils devait commander en personne pour faire lever le siége de Tolède; que dans quinze jours, au plus tard, tout ce monde devait partir pour cette grande expédition. Cette nouvelle étonna beaucoup cette dame, qui prenait grande part aux intérêts de Henri, dont elle était assez proche parente du côté de la mère de ce prince : elle crut qu'il était important de lui en donner avis au plus tôt. Elle congédia les pèlerins auxquels elle donna cinquante doubles d'or pour continuer leur voyage, et résolut d'aller elle-même trouver Henri pour l'avertir du péril qui le menaçait, se persuadant que, quoique la nouvelle ne fût pas agréable, il lui saurait toujours bon gré de son zèle, et de lui avoir appris elle-même tout ce qui se tramait contre lui, pour lui donner le loisir de se précautionner.

Elle s'habilla donc en pèlerine et marcha avec plus de liberté, prenant seulement deux personnes avec elle pour l'accompagner et la servir sur les chemins. Elle fit tant de diligence qu'en peu de temps elle arriva devant Tolède, dont Henri continuait toujours le siége. Elle commença par demander à parler à la reine, à laquelle elle se découvrit, et qui la voyant ainsi travestie lui fit aussitôt donner des habits proportionnés à sa qualité. La reine la mena dans la tente de Henri, son époux, qui tenait conseil avec les principaux officiers de l'armée, dans le dessein de partager ses forces; d'en laisser toujours la moitié devant Tolède, et d'envoyer l'autre devant Séville; parce qu'on savait de bonne part que les bourgeois étaient partagés, les uns se déclarant pour Henri, et les autres pour Pierre : on espérait qu'on ferait pencher la balance entière du côté de Henri, si l'on faisait approcher de cette ville une armée en sa faveur. Leur conférence fut fort à propos interrompue par la présence de cette dame, qui leur fit connaître qu'ils avaient à délibérer sur un sujet plus important. Quand Henri l'aperçut, il la vint embrasser aussitôt; et l'appelant sa belle cousine, il lui demanda par quelle favorable aventure il avait le bonheur de la voir dans son camp. Elle lui fit bientôt comprendre que ce n'était pas en vain qu'elle l'était venue trouver, quand il apprit le détail que les pèlerins venaient de lui faire, et le dessein que l'on avait de l'obliger à lever le siége de Tolède par le nombreux secours que Pierre avait obtenu du roi de Belmarin.

Ce surprenant avis troubla d'abord Henri, qui sentit que ces troupes étrangères allaient rompre toutes ses mesures. Bertrand lui remit l'esprit, en le conjurant d'avoir confiance en Dieu qui ne l'abandonnerait pas. Ce brave général, que rien n'était capable d'ébranler, l'assura que plus ils auraient d'ennemis, plus la victoire qu'il remporterait serait illustre et glorieuse, et que le Ciel le ferait triompher de tous ces infidèles. *Et par Dieu*, continua-t-il, *puisque les Sarrasins viennent à nous, il ne nous les faudra point aller quérir en Syrie, ne saint Pierre à Rome, quand nous le trouvons à notre huis* (1). Il lui conseilla d'envoyer des coureurs partout pour battre l'estrade et reconnaître le mouvement et la contenance que pourraient faire les ennemis. Le roi Henri renvoya sa belle parente avec de fort riches présents et un bon cortége. Les espions et les coureurs qu'on avait détachés rapportèrent que vingt mille Sarrasins venant de Grenade, avaient débarqué tout récemment aux environs de Tolède, à trois lieues au-dessus de cette ville, dans le dessein de la secourir. Cet avis obligea Bertrand de tirer les meilleures troupes du siége, et d'y en laisser quelques-unes, afin que les assiégeants, ne s'apercevant pas de ce mouvement, ne songeassent point à faire des sorties. La reine resta toujours devant la place avec l'archevêque, faisant continuer les travaux et les attaques à l'ordinaire. Ce qui pouvait encore faciliter le succès du siége, c'est qu'on avait dressé contre la porte de Tolède une grosse batterie qui empêchait les bourgeois et les assiégés de sortir. Bertrand se mit cependant à la tête de ses plus belles troupes accompagné du Bègue de Vilaines et des deux Mauny, marchant en belle ordonnance contre les Sarrasins, qui ne s'attendaient pas à soutenir si tôt le choc de ce fameux et redoutable capitaine. Il les chargea d'abord avec tant de furie, qu'il en coucha sept mille par terre, et fit prendre la fuite au reste, qui courut à perte d'haleine jusqu'au port pour remonter sur les vaisseaux qu'ils y avaient laissés, et se mettre à couvert d'un plus grand carnage à la faveur de la mer et des vents.

Le butin qu'ils laissèrent fut grand; les Français vainqueurs le partagèrent entre eux avec joie. La justice distributive y fut fort gardée; les tentes, les pavillons, le bagage, les armes, l'or, l'argent, et toutes les autres dépouilles furent dispensées à chacun avec tant d'ordre, de sagesse et d'équité, que tout le monde fut content. Ces troupes, victorieuses et

---

(1) Porte. Il ne faut pas aller chercher saint Pierre à Rome....., est une expression proverbiale. (N. E.)

fières d'un si grand succès, retournèrent au siége, se promettant bien que la prise de Tolède serait la suite infaillible de cette glorieuse bataille. Les Sarrasins qui s'en étaient échappés au nombre de treize mille, et qui s'étaient embarqués, allèrent porter à Séville la nouvelle de leur défaite. Ils y trouvèrent le roi Pierre ramassant beaucoup de troupes du pays de Grenade, qui jointes à leurs débris, pouvaient bien monter à cinquante mille hommes, tant Juifs, Sarrasins, que Chrétiens natifs de Séville. Le jeune prince de Belmarin se voyant à la tête d'une si belle armée, croyait que toutes les forces de l'Europe ne seraient pas capables de lui résister; et comme elle était composée de trois différentes nations, de Juifs, de Sarrasins et de Chrétiens, il dit au roi Pierre qu'il ne voulait commander que les païens seuls, qui ne s'accorderaient jamais avec ceux d'une autre secte que la leur, et qu'il lui conseillait de conduire les Juifs et les Chrétiens, dont il connaissait mieux les inclinations et le génie que lui, quoiqu'il fût persuadé que toutes ces précautions seraient inutiles, et que leurs ennemis voyant fondre tant de gens sur eux, abandonneraient aussitôt le terrain qu'ils occupaient devant Tolède, et ne manqueraient pas de prendre la fuite. Pierre, qui connaissait mieux que lui le caractère de Henri, de Bertrand et du Bègue de Vilaines, l'assura qu'il n'en irait pas ainsi; qu'ils avaient affaire à des gens nourris dans les combats, qui ne savaient ce que c'était que de reculer, et qui vendraient chèrement leur vie, particulièrement Bertrand, qui semblait n'être né que pour les batailles, dont il sortait toujours avec avantage, sachant même trouver dans sa défaite de quoi s'attirer de la gloire, tant il avait accoutumé de bien payer de sa personne dans les occasions heureuses ou malheureuses; qu'il fallait donc songer à bien combattre, et qu'à coup sûr Bertrand ne se retirerait pas sans rien faire.

Tandis que ces deux princes s'entretenaient ensemble, un espion se détacha pour venir donner avis à Henri de tout ce qu'il avait entendu dire, et de l'appréhension qu'avait le jeune prince de Belmarin, que les chrétiens ne vinssent à s'enfuir aussitôt qu'ils les verraient approcher d'eux. Henri fit part à Bertrand du dessein que les ennemis avaient de les attaquer, et le pria de lui donner un bon conseil pour savoir le parti qu'il fallait prendre dans la conjoncture présente contre tant de forces qui pouvaient les accabler. Guesclin le pria d'avoir bon courage, lui disant que s'il voulait suivre la pensée qu'il avait dans l'esprit, il battrait ses ennemis, et prendrait Tolède. Ce prince l'assura qu'il déférerait aveuglément à tous ses sentiments, s'il voulait lui en faire part. Bertrand lui témoigna qu'il était d'avis que l'on prît les trois quarts de l'armée campés devant la ville, pour aller au-devant de leurs ennemis, et que ces trois quarts fussent remplacés par les milices de la campagne et du pays plat : que les assiégés voyant toujours un même nombre de gens devant la place, ne s'apercevraient point de ce changement; qu'il fallait ensuite tirer les garnisons voisines pour renforcer l'armée qui marcherait au-devant de celle des ennemis, et que celle-ci, toute nombreuse qu'elle fût, n'était pas à craindre, parce qu'elle était composée de gens qui n'étant pas de même pays ni de même secte, ne s'accorderaient jamais bien ensemble, et seraient plus aisés à défaire. *Ha! ha!* dit Henri, *comme tu es prud'homme* (1).

Le Bègue de Vilaines et les autres généraux approuvèrent l'avis de Bertrand, tombant tous d'accord qu'on n'en pouvait pas donner un plus judicieux. On se mit donc en devoir non-seulement de le suivre, mais de l'exécuter ponctuellement comme il avait été projeté. On tira tout ce qu'on put de troupes des garnisons voisines. On fit marcher au siége ce qu'il y avait de paysans capables de porter les armes; et l'on mit en campagne les trois quarts de l'armée, qui furent encore grossis par la jonction de ce qu'on put amasser de soldats des plus aguerris, qu'on avait jetés dans les villes et les citadelles pour les défendre.

Bertrand ayant fait ces préparatifs, se mit en marche pour venir à la rencontre du roi Pierre. Ayant découvert de loin les bataillons et les escadrons, et même ayant entendu le hennissement des chevaux, il détacha vingt-cinq coureurs pour les observer de près, et lui rapporter ce qu'ils auraient

---

(1) Habile, éclairé, prudent. (N. E.)

vu. Ces gens s'allèrent poster à l'entrée d'un bois qu'on appelait le bois des Oliviers. Ils étudièrent de là tout à loisir le nombre, l'ordonnance, la contenance de cette formidable armée, devant laquelle ils ne croyaient pas que Bertrand pût tenir. Ils se disaient les uns aux autres qu'ils seraient infailliblement battus, si leurs gens en venaient aux mains avec Pierre, dont les forces les accableraient par la multitude. Un de ces vingt-cinq, plus brave que les autres, et Breton de nation, dit qu'il voulait éprouver par un combat singulier avec quelque cavalier de l'armée de Pierre, Chrétien, Juif ou Sarrasin, si la bataille serait heureuse pour Henri, prétendant qu'il en serait de même de la journée que de la joûte qu'il allait faire contre un particulier des ennemis, et il jura que s'il n'en rencontrait point dans les champs, il irait faire cette bravade et ce défi jusqu'à l'armée de Pierre. Il trouva bientôt le moyen de s'en épargner la peine : il aperçut au même instant trois Sarrasins qui s'étaient séparés du gros de l'armée pour mettre leurs chevaux en haleine; ils les faisaient bondir au milieu des champs avec faste et orgueil. Cet écuyer Breton les alla narguer lui tout seul; et quand il fut auprès d'eux, il passa son épée au travers du corps de celui qui lui paraissait le plus fier, et le jeta par terre. Il voulut aller aux deux autres; mais il fut bien payé de sa témérité : car l'un d'eux, nommé Margalan, lui déchargea sur le bras un si grand coup de sabre, qu'il le lui coupa, et le fit tomber à terre avec son épée. Il courait risque d'être tué, si ceux de l'embuscade n'eussent piqué leurs chevaux pour le secourir. Les Sarrasins les voyant, prirent aussitôt la fuite, un d'eux fut atteint et massacré; l'autre ayant échappé, alla répandre l'alarme dans l'armée de Pierre, à qui il conta cette triste aventure, lui disant qu'il y avait des gens de Henri retranchés dans le bois des Oliviers. Pierre se le tint pour dit, et défendit à son monde de s'écarter, afin que chacun se préparât à bien payer de sa personne dans cette journée.

CHAPITRE XXIX.

De la dernière bataille que gagna Bertrand sur le roi Pierre, qui perdit dans cette journée plus de cinquante mille hommes, et qui fut ensuite assiégé dans le château de Montiel, où il se retira.

Henri, parfaitement instruit par ses espions et coureurs, de ce qui se passait dans l'armée de Pierre, disposa tout pour le combat, allant de rang en rang exhorter ses gens à bien faire, et leur remontrant qu'il fallait employer les derniers efforts pour prendre Pierre, mort ou vif, de peur que s'il leur échappait, il ne leur suscitât encore de nouveaux ennemis : qu'il fallait que cette journée fût la dernière et le couronnement de toutes les autres : qu'ils avaient à combattre un prince apostat, qui s'était rendu l'horreur et l'exécration de toute la terre par ses cruautés et ses impiétés : que le Ciel ne bénirait jamais les armes de ce meurtrier, dont les troupes étaient composées d'infidèles et de Juifs, tous ennemis du nom chrétien, qui marchaient sans discipline, et vivaient entre eux sans intelligence : qu'ils auraient bon marché de cette canaille, qui n'avait rien de bon que les dépouilles qu'ils en espéraient ; et qu'il y avait lieu de croire que cette journée les ferait tous riches : que ceux enfin qui viendraient à perdre la vie dans cette bataille, ne pouvaient mourir plus glorieusement, ni plus saintement, puisque ce serait pour une cause non-seulement fondée sur la justice, mais aussi sur la religion : qu'on ne pouvait mourir qu'une fois, et que dans cette rencontre le mérite et la piété se trouvant réunis, leur trépas serait regardé devant Dieu comme un sacrifice.

Un discours si fort et si touchant fut interrompu par la voix publique de toute l'armée, qui lui témoigna n'avoir point de plus grand désir que d'en venir aux mains incessamment. On alla donc de ce pas aux ennemis. Henri fut un peu surpris de la belle ordonnance de l'armée de Pierre et de la fière contenance de ceux qui la composaient. Il ne put s'empêcher de le témoigner à Bertrand, auquel il montra l'étendard du jeune prince de Belmarin, lui disant que s'il pouvait tomber dans ses mains, jamais homme n'aurait fait une si belle prise; car il en aurait pour sa rançon plus d'argent qu'il n'y en avait dans tout le royaume d'Espagne. Guesclin lui répondit qu'il ne fallait faire quartier à personne; qu'il assommerait tous les Juifs et les Sarrasins qu'il prendrait, avec autant de flegme qu'un boucher tuait ses bœufs et ses moutons, et qu'à moins qu'ils ne demandassent le baptême pour se faire chrétiens, il n'en échapperait pas un seul : que c'était dans cet esprit qu'il allait combattre ; et qu'il avait pensé à arranger leur armée dans cet ordre : savoir, que le corps de bataille serait au milieu commandé par le roi, l'aile droite par lui-même, et l'aile gauche par le Bègue de Vilaines. Il n'y avait dans toute cette armée pas plus de vingt mille hommes. Le roi Pierre en comptait dans la sienne plus de cinquante mille, dont il fit cinq corps.

Quand il les eut rangés en belle ordonnance, il conjura le fils du roi de Belmarin de se surpasser dans cette occasion, le priant d'affronter en sa faveur les périls de cette journée, parce que s'il pouvait une fois vaincre Henri, la couronne d'Espagne serait affermie sur sa tête pour toute sa vie. Le jeune prince l'assura d'avance de la victoire, étant tous deux incomparablement plus forts que leurs ennemis, qui n'étaient pas deux contre cinq.

Tandis qu'ils s'échauffaient l'un l'autre, un capitaine sarrasin les interrompit, en disant qu'ils ne devaient pas douter du succès du combat qu'ils allaient donner, et que le corps de troupes qu'il commandait, n'ayant jamais pâli devant les Chrétiens, et ne sachant ce que c'était de reculer, il leur répondait de la victoire, et que Henri leur ferait bientôt voir ses talons. Pierre ne parut pas bien persuadé de ces avantages, dont il se flattait, lui représentant qu'il y avait avec Henri deux intrépides chevaliers; Bertrand et le Bègue de Vilaines, dont le premier avait pour armoiries *un aigle de sable en champ d'argent*, et le second arborait dans ses enseignes un quartier d'Espagne, à cause de la comté de *Ribedieu*, dont

Henri lui avait fait présent : que ces deux généraux ne fuiraient jamais, et vendraient chèrement leur vie : que s'ils pouvaient tomber prisonniers dans ses mains, il ne leur donnerait jamais la liberté pour quelque rançon qu'ils lui voulussent offrir. Après qu'il eut achevé ce discours, le jeune prince de Belmarin fit faire un mouvement à ses troupes, et marcha droit à Bertrand, qui les voyant venir, dit à ses gens : *Or sus, mes amis, vecy ces gars qui viennent, et par Dieu qui peina en croix, et le tiers jour suscita, ils seront déconfits et tous nôtres...*

Il fit aussitôt sonner ses trompettes, et le Bègue de Vilaines fit aussi de son côté la même contenance. Ils donnèrent tous deux contre les Sarrasins. Henri se chargea d'attaquer Pierre son ennemi, se promettant bien de le joindre dans la mêlée, pour le combattre corps à corps, et vider leur différend aux dépens de la vie de l'un ou de l'autre. Comme on était sur le point d'en venir aux mains, tous les soldats des deux armées se disaient adieu les uns aux autres, et faisaient leurs prières en se frappant la poitrine, et se recommandant à Dieu dans un péril si pressant et si éminent.

La bataille s'ouvrit par les archers des deux côtés. Quand cette grêle qui dura quelque temps eut cessé, l'on s'approcha de plus près, et l'on combattit pied à pied le sabre et l'épée à la main. Le Bègue de Vilaines étant descendu de cheval avec tout son monde qui suivit son exemple, se mêla dans la presse tête baissée pour aller chercher le neveu du roi de Belmarin, contre lequel il s'acharna particulièrement : il lui déchargea sur la tête un si grand coup d'une hache qu'il tenait à deux mains, qu'il le renversa mort. Et poussant toujours sa pointe, il fit une grande boucherie des Sarrasins, dont il coucha par terre la première ligne, et écarta le reste bien loin. L'un des fuyards vint tout éperdu donner avis au prince de Belmarin que dans cette déroute, on avait assommé son cousin-germain. Cette nouvelle le désola fort. La rage qu'il en eut le fit courir au travers de tous les dangers pour venger s'il pouvait cette mort sur le Bègue de Vilaines, qui sans s'épouvanter de cette témérité, la lui fit payer chèrement : car se présentant à lui pour lui tenir tête, il lui donna des coups si pesants sur son casque, que l'homme en tomba pâmé sur la place. Une foule de Sarrasins coururent à lui pour le secourir et le relever, et l'enveloppèrent, de peur que ne se pouvant plus tenir sur ses pieds, on ne l'achevât. Le dépit qu'ils eurent de voir leur maître abattu, leur fit tourner tête contre le Bègue, qui les soutint avec une valeur extraordinaire; mais il aurait à la fin succombé sous la multitude, si Bertrand ne fût venu le dégager et se joindre à lui pour le reste du combat : si bien qu'ils ne faisaient eux deux qu'un seul corps de troupes, avec lequel ils chargèrent les Sarrasins.

Bertrand criait à haute voix *Guesclin*, pour animer les siens : les Bretons à ce cri redoublaient leurs coups, et faisaient des efforts incroyables pour seconder leur général. Le Bègue de son côté payait aussi fort bien de sa personne, encourageant ses soldats à bien faire par son exemple. Il avait à ses côtés un de ses fils qui se signalait dans cette bataille, et qui donna tant de preuves de son courage et de sa valeur, que le roi Henri le fit chevalier au milieu de l'action.

Ce prince qui ne s'endormait pas tandis que Bertrand et le Bègue faisaient des merveilles, tourna du côté de Pierre, avec lequel il voulait éprouver ses forces, et mesurer son épée, s'il le pouvait démêler au milieu de ses troupes. Ce prince renégat était suivi de beaucoup de Chrétiens, et de Juifs, moitié cavalerie, moitié infanterie. On voyait de loin sur sa cotte d'armes les lions de Castille arborés avec beaucoup d'éclat. Henri qui se prétendait souverain de la même nation, portait aussi les mêmes armoiries; c'est ce qui fit qu'ils se reconnurent tous deux. La haine qu'ils avaient l'un pour l'autre, causée par la rivalité et par le violent désir de terminer cette querelle, les fit s'attacher l'un à l'autre avec un acharnement égal. Pierre commença par vomir cent injures contre Henri, l'appelant illégitime et traître qui s'était révolté contre lui, pour lui ravir son sceptre et sa couronne, et le menaçant qu'il ne sortirait point de ses mains, qu'il ne lui eût ôté la vie et ne lui eût mangé le cœur : ajoutant qu'il était le fils de la concubine de son père Alphonse, et qu'il ne méritait que la corde. Henri lui répondit qu'*il en avait menti par sa gorge;* que sa mère avait été femme légitime d'Alphonse, qui s'était fiancé avec elle par le ministère de l'archevêque de Burgos, et en présence des principaux seigneurs de la cour : qu'il était sorti de ce mariage, et que ce prince avait reconnu la dame sa mère pour sa propre femme durant toute sa vie : si bien que c'était à tort qu'il voulait décrier sa naissance, à laquelle on ne pouvait pas trouver de taches comme à la sienne.

Quand il eut achevé ces paroles, il poussa son cheval avec vigueur contre Pierre, tenant l'épée haute sur lui. Ces deux rois se chamaillèrent longtemps avec une égale furie, sans remporter aucun avantage l'un sur l'autre : car leurs armures étaient si épaisses qu'ils ne les pouvaient entamer; mais à la fin Henri fit de si grands efforts contre son adversaire, qu'il lui fit vider la selle, et l'abattit à terre. Il allait l'achever en lui perçant les flancs de sa lance, mais les Sarrasins parèrent le coup et s'assemblèrent en si grand nombre autour de lui, qu'ils eurent non-seulement le loisir de le remonter, mais encore d'envelopper Henri, qui se défendant contre tous, et ne voulant pas reculer, criait *à son enseigne et à ses gens*. Le bruit de sa voix les fit courir à lui d'une grande force. Le combat se renouvela donc avec plus de chaleur qu'auparavant. Les deux princes se rapprochèrent avec un grand acharnement. Ils étaient tous deux de rudes joûteurs. Pierre avait une épée dans sa main plus tranchante et plus affilée qu'un rasoir, dont il voulut atteindre Henri, mais le coup porta sur la tête de son cheval avec tant de vigueur et de force, que non-seulement il la trancha ; mais il abattit en même temps et le cheval et l'écuyer. Henri qui n'avait aucune blessure, n'eut pas beaucoup de peine à se relever, et ses gens lui présentèrent aussitôt une autre monture. Quand il fut remis à cheval, il rallia ses troupes et les mena contre celles de Pierre, qui déjà fatiguées d'un si long combat, ne purent soutenir davantage le choc des Chrétiens; ceux-ci se tenaient si serrés, qu'il était tout à fait impossible de les ouvrir, ni de les rompre, et que venant à tomber sur les Sarrasins recrus, blessés et dispersés, ils en firent un grand carnage. Bertrand du Guesclin, le Bègue de Vilaines, Guillaume Boitel, Alain de La Houssaye, Billard des Hostels, Morelet de Mommor, Carenlouet et les deux Mauny se signalèrent dans cette mémorable journée, qui abattit le parti de Pierre, et rétablit entièrement celui de Henri.

Le prince apostat ouvrit trop tard les yeux sur son malheur. Il vit bien que la main de Dieu l'avait frappé pour le punir de son impiété ; ce fut alors qu'il témoigna le déplaisir extrême dont il était touché, d'avoir si lâchement abjuré sa religion pour suivre celle de Mahomet. Quand le fils du roi de Belmarin s'aperçut que ses troupes étaient défaites et en fuite, il fut contraint de se jeter à travers champs, et de s'aller cacher dans une forêt avec les débris des Africains. Pierre eut de son côté recours à la vitesse de son cheval, et se retira dans le château de Montiel, avec seulement quatre cents hommes qu'il put ramasser : les autres Sarrasins étaient errants, épars et dispersés par les campagnes. Et quand ceux de Séville les virent ainsi fuir, ils sortirent de leurs murailles et coururent sur eux, les blessant à grands coups de dards, et leur disant mille injures. Il n'y eut pas jusqu'aux Juifs de la même ville qui se mêlèrent avec les autres pour les insulter, et leur reprocher la félonie qu'ils avaient commise à l'égard de Henri leur roi légitime, qu'ils avaient lâchement trahi pour suivre Pierre, sur qui la malédiction de Dieu venait de tomber avec tant de justice. Henri cependant n'avait rien plus à cœur que de terminer cette grande affaire par la mort de son ennemi. C'est la confidence qu'il fit à Bertrand, au Bègue de Vilaines, et à tous les autres généraux, que cette victoire, quelque glorieuse qu'elle fût, ne lui donnerait pas une entière satisfaction, tandis que Pierre serait encore en vie. L'incertitude dans laquelle ils étaient tous du lieu de sa retraite, les tint en balance assez longtemps, ne sachant quelle route prendre pour le chercher et le trouver. Un aventurier les tira de peine, en leur apprenant que ce malheureux prince était entré dans Montiel avec quatre cents hommes, et qu'il s'était enfermé dans cette place dans le dessein de s'y bien défendre.

Cette nouvelle leur donna l'espérance de l'envelopper comme dans un filet. Ce fut la raison pour laquelle Henri, par le conseil de Bertrand, fit publier par toute son armée que chacun le suivît, sous peine de la vie, sans partager les dépouilles et le butin qu'on avait fait, jusqu'à ce qu'on eût pris le château de Montiel, et l'oiseau qui en avait fait sa cage. Ceux qui ne respiraient qu'après la part qu'ils prétendaient dans la distribution des bagages, des équipages, et de tout l'argent monnayé que les ennemis avaient laissé sur le champ de bataille, ne s'accommodaient guère de cet ordre si précipité, qui les empêchait de satisfaire leur convoitise; mais il fallut obéir. Henri, pour ne les pas décourager, fit garder le butin par cinq cents hommes d'armes, avec défense d'y toucher jusqu'au retour de la prise de ce château. La diligence qu'il fit pour gagner Montiel fut si grande, que Pierre se vit investi par un gros corps de troupes lorsqu'il y pensait le moins. Il fut bien étonné de voir que les Chrétiens dressaient leurs tentes devant cette place, et distribuaient les quartiers entre eux comme pour faire un siége dans les formes, et n'en point décamper qu'ils ne s'en fussent rendus les maîtres. Cet infortuné prince se voyant pris comme dans un piége, était extrêmement en peine de savoir comment il pourrait s'évader. Il demanda conseil au gouverneur pour savoir quelles mesures il lui fallait prendre pour se tirer d'un si mauvais pas, lui disant que s'il pouvait une fois avoir la clé des champs, il reviendrait dans peu fortifié d'un si puissant secours, que les ennemis ne pourraient pas tenir devant lui. Le commandant lui répondit que la place manquait de vivres, et qu'il n'y en avait pas pour quinze jours; après quoi l'on ne pourrait pas s'empêcher de se rendre à la discrétion de Henri.

Ce fut pour lors que Pierre repassant dans son esprit les cruautés qu'il avait exercées sous son règne, le meurtre détestable qu'il avait commis sur la personne de sa propre femme, la crédulité superstitieuse qu'il avait eue pour les Juifs, et le secours qu'il était allé chercher chez les infidèles, dont il avait embrassé la malheureuse secte, vit bien qu'il avait comblé la mesure de ses iniquités, et que le Ciel, pour le punir de ses impiétés et de ses crimes, l'allait livrer entre les mains de son ennemi, qui, bien loin de lui pardonner, se ferait un plaisir de le faire mourir, pour n'avoir plus de compétiteur à la couronne, et régner ensuite dans une sécurité profonde. Il faisait réflexion sur l'état pitoyable auquel l'avaient réduit Bertrand, le Bègue de Vilaines, et les autres partisans de Henri. Ce malheureux roi tomba dans une grande perplexité d'esprit, voyant qu'à moins d'avoir des ailes pour voler comme les oiseaux, il ne pouvait échapper des mains de ses ennemis. Les vivres manquaient dans la place, et les assiégés n'étaient pas en état de faire des sorties, ni de forcer aucun quartier. D'ailleurs pour rendre la prise de Pierre immanquable, Henri fit bâtir un mur assez haut tout autour du château de Montiel, et les assiégeants veillaient avec toutes les précautions imaginables, afin que personne n'entrât dedans, ni n'en sortît. Pierre, voyant que la garnison, pressée par la famine, parlait secrètement de se rendre et de le livrer, assembla les principaux officiers qui commandaient dans ce château; il les conjura de tenir encore durant quinze jours, et les assura qu'avant que ce terme fût expiré, il leur amènerait un secours si considérable, qu'il taillerait les assiégeants en pièces, et ferait lever le siège de la place. Ces gens lui remontrèrent qu'il était absolument nécessaire qu'il leur vînt bientôt un renfort, parce qu'ils seraient aux abois avant quinze jours, et que dans ce besoin pressant ils seraient forcés de capituler avec Henri pour faire avec lui leur condition la meilleure qu'il leur serait possible.

Pierre leur promit qu'il reviendrait promptement, et qu'il les tirerait de cet embarras. Il concerta donc avec eux son départ pour la nuit; il fit charger sur des fourgons, son or, son argent et ses meubles les plus précieux, dans le dessein de lever de nouvelles troupes : les assiégeants ne savaient pas que Pierre avait la pensée de tenter une évasion; car ils avaient seulement appris qu'il y avait dans la place une grande disette. Cependant Bertrand croyant cette place imprenable, à moins que ce ne fût d'assaut, voulut abréger le siège, disant à Henri qu'il lui conseillait d'envoyer un trompette à Pierre, pour le sommer de lui rendre la place, et de lui proposer un accommodement entre eux qui serait que Pierre lui céderait la couronne, à condition que Henri lui donnerait quelque duché dans l'Espagne, pour avoir de quoi subsister honorablement. Ce conseil n'était pas fort agréable à Henri qui avait tout à craindre de Pierre, s'il avait une fois la vie et la liberté; car il le connaissait remuant, ambitieux, et perfide : mais les obligations qu'il avait à Bertrand, lui firent prêter l'oreille à cet avis; il donna ordre à l'un de ses gens, de s'aller présenter aux barrières, pour faire à ce prince une proposition qui lui devait être fort agréable et fort avantageuse, puisqu'il était perdu sans ressource. Cet homme se coula jusque sous les murailles de la place, et fit signe de son chapeau qu'il avait à parler au roi Pierre.

Ce malheureux prince ne pouvant s'imaginer que dans l'état où étaient les choses, Henri voulût avoir pour lui la moindre indulgence, regarda ce message comme un piége qu'on lui tendait, et se persuada qu'on ne le faisait que pour apprendre au vrai s'il était dans la place en personne. C'est ce qui le fit résoudre à se faire céler, ordonnant que l'on répondît qu'il y avait longtemps qu'il en était sorti; car il espérait que les assiégeants le croyant dehors, cesseraient de bloquer ce château pour le chercher ailleurs, et qu'il pourrait par là s'évader à coup sûr. En effet, le commandant vint parler au trompette, pour l'assurer qu'il y avait plus de douze jours que le roi Pierre était parti pour aller chercher du secours, prétendant revenir bientôt sur ses pas avec de si grandes forces, que les assiégeants seraient trop faibles pour lui résister. Cette nouvelle était assez plausible pour y ajouter foi. Henri la croyant véritable, tomba dans un grand chagrin, craignant d'avoir manqué le plus beau coup du monde, dont l'occasion ne se pourrait de longtemps recouvrer. Le comte d'Aine, comptant là-dessus, lui conseilla de lever le siége : mais Bertrand opina, et plus judicieusement, que Pierre était encore là-dedans, et que comme il appréhendait de tomber vif entre ses mains, il avait inventé cette ruse et ce mensonge pour le faire décamper : qu'il ne lui conseillait pas de donner si bonnement dans ce panneau; car quand même la sortie de Pierre serait véritable, il ne devait pas abandonner pour cela le siége qu'il avait entrepris; puisque ce serait faire une démarche capable de décréditer la réputation de ses armes, qu'il fallait entretenir dans le public, de peur qu'on ne vînt à rabattre beaucoup de l'estime qu'on avait de sa valeur. Ces raisons parurent si fortes à Henri, qu'il prit la résolution de ne pas quitter son poste, qu'il ne se fût rendu tout à fait maître de Montiel, quand il devrait se morfondre avec ses troupes durant tout l'hiver. Voulant enfin trouver dans la mort de Pierre le couronnement de ses désirs et la fin de ses peines, il donna tous les ordres nécessaires, afin qu'on fît de nouveaux efforts contre cette place, et qu'on employât toute la vigilance possible pour empêcher ce prince de sortir de Montiel.

CHAPITRE XXX.

De la prise du roi Pierre, par le Bègue de Vilaines, comme il sortait furtivement du château de Montiel pour se sauver.

Le roi Pierre demeurant toujours enfermé dans le château de Montiel, et ne sachant comment en sortir sans tomber dans les mains de ses ennemis, choisit le temps de la nuit pour son évasion; il se promettait de se dérober à leur vigilance, à la faveur des ténèbres. Il ne voulut point s'embarrasser de son équipage, de peur que cela ne le fît découvrir; mais seulement partir lui sixième, afin que marchant tous ensemble à fort petit bruit, ils pussent plus facilement surprendre ceux qui les observaient, et se couler furtivement jusqu'auprès des murailles, où ils savaient qu'il y avait une brèche, dont l'ouverture leur devait servir de porte pour gagner les champs. Il se mit donc à pied avec les autres, tenant tous leurs chevaux par la bride, et descendant doucement de ce château, situé sur un haut rocher; ils arrivèrent sans aucun danger jusqu'à ce mur qu'on avait fait nouvellement bâtir exprès, pour fermer les issues qui pourraient faciliter la fuite de Pierre. Ils n'avaient pas mal débuté jusque-là; mais par malheur ils rencontrèrent quelques gens du Bègue de Vilaines, qui, se promenant au pied du château, prêtèrent l'oreille au bruit qu'ils entendirent, et en donnèrent avis au Bègue qui les renvoya sur leurs pas avec ordre d'observer ce qui se passait. Il fit en même temps armer ses troupes, sur l'opinion qu'il avait que les assiégés avaient envie de faire une sortie. Ces gens lui vinrent rapporter qu'ils avaient vu six hommes approcher d'un mur où il y avait un grand trou qui leur ouvrait le chemin de la campagne. Le Bègue s'imaginant que ce pouvait être le roi Pierre, se rendit aussitôt sur le lieu ; et suivant pas à pas un cavalier qu'il ne pouvait qu'entrevoir, il le saisit au corps comme il allait passer la brèche, en lui disant : *Je ne sais qui vous êtes, mais vous ne m'échapperez pas.* Pierre se mit sur sa défensive, et tâcha de lui donner d'un poignard dans le ventre : mais le Bègue en ayant aperçu l'éclat, le lui arracha des mains, en jurant que s'il ne se rendait sur l'heure, il ne le marchanderait pas, et que s'il faisait la moindre résistance, il lui enfonrait son épée jusqu'à la garde.

Pierre se voyant pris, tâcha de fléchir le cœur du Bègue, en lui déclarant sa misère et son infortune, et lui déclinant ingénûment son nom ; il le pria de lui sauver la vie, lui promettant de lui donner trois villes, douze châteaux et douze mulets chargés d'or. Un autre plus intéressé que le Bègue, se serait laissé tenter à de si belles offres : mais ces richesses ne furent point capables d'ébranler sa fidélité. Ce brave officier lui répondit qu'il n'était point capable de faire une lâcheté semblable, et qu'il le mènerait à Henri. Ce fut alors que pour s'assurer de sa personne, il le prit par le pan de sa robe ; le vicomte de Roquebertin arriva, et voulut mettre aussi la main sur lui de peur qu'il n'échappât, s'offrant de le lier d'une corde s'il en était besoin : mais le Bègue le pria de le laisser seul avec sa capture, l'assurant qu'il en viendrait à bout sans le secours de personne. Le vicomte indigné de ce que le Bègue ne voulait pas partager avec lui l'honneur de l'avoir fait prisonnier, lui dit qu'il ne l'avait pas fait prisonnier de bonne guerre, mais par artifice et par surprise. Le Bègue le regardant fièrement, lui répondit que s'il prétendait lui en faire un crime, et l'accuser de quelque supercherie dans cette prise, il lui en ferait raison l'épée à la main quand il le voudrait ; le vicomte le radoucit en lui témoignant qu'il ne trouverait pas son compte à se battre avec lui. Le Bègue mena donc cet illustre captif dans la tente d'Alain de La Houssaye, qui s'estima fort honoré de ce qu'on l'avait choisi pour garder un dépôt de cette importance; il félicita le Bègue sur le bonheur qu'il avait eu de faire une si riche proie, lui disant qu'on allait souvent à la chasse sans trouver un gibier de cette conséquence, *et qu'il avait bien rencontré coutel pour sa gaîne* (1). Vilaines appela sur l'heure un de ses veneurs, nommé Gilles du Bois, qu'il envoya aussitôt avertir Henri, qu'il avait dans ses mains le prince apostat qui lui disputait sa couronne.

La joie que ce messager lui donna était si grande, que pour le récompenser de cette agréable nouvelle, il se dépouilla d'un beau manteau qu'il portait, et le lui mettant dans les mains, il lui dit que ce présent qu'il lui faisait n'approchait pas de la considération qu'il s'était acquise auprès de sa personne, en lui annonçant une chose qui l'allait rendre heureux pendant toute sa vie. L'impatience qu'il avait de voir son ennemi sous sa puissance, le fit monter précipitamment à cheval, sans se soucier s'il était suivi de quelque cortége. Quelques-uns de ses officiers coururent pour le joindre; il alla droit à la tente d'Alain de La Houssaye, dans laquelle il trouva le Bègue de Vilaines, et beaucoup d'autres seigneurs qui s'étaient assemblés pour voir ce qu'ils feraient de Pierre. Quand Henri l'aperçut dans leurs mains, l'impatience qu'il avait de s'en défaire, et la colère qui lui fit monter le sang au visage, lui firent porter la main sur une dague qu'il avait sur lui, pour en poignarder le malheureux Pierre : mais le Bègue de Vilaines lui retint la main pour l'en empêcher, en lui remontrant que Pierre était son prisonnier, et que les lois de la guerre voulaient qu'on lui en payât la rançon avant qu'il sortît de ses mains; et que tandis qu'il serait en sa puissance, il ne souffrirait pas qu'on lui fît aucun outrage. Henri lui promit de le satisfaire là-dessus au-delà même de son attente, et qu'il lui ferait compter des sommes proportionnées à la qualité du prisonnier qu'il lui livrerait. Il n'en fallut pas davantage pour obliger le Bègue à lui lâcher Pierre. Aussitôt qu'Henri s'en vit le maître, il commença par lui taillader le visage de trois coups de dague, avec lesquels il le mit en

---

(1) Expression proverbiale, *couteau pour sa gaîne*, ou *lame pour son manche*. (N. E.)

sang. La honte et le déplaisir que ce pauvre prince eut de se voir ainsi maltraité, lui fit faire un coup de désespoir; et sans songer au déplorable état de sa condition, qui le rendait esclave de son ennemi, il se jeta sur lui, le colleta d'une si grande force et avec tant de rage, qu'ils tombèrent tous deux à terre, Henri dessous lui.

Ce dernier, qui ne s'était pas dessaisi de sa dague, faisait les derniers efforts pour lui donner de la pointe dans le ventre : mais Pierre avait une cotte de mailles qui le mettait à l'épreuve des coups que Henri lui portait, et tâchait de lui arracher le poignard des mains afin de l'en pouvoir percer à son tour. Bertrand arriva. Ce fut alors que le bâtard d'Anysse, créature de Henri, courut à son maître et le prenant par la jambe il le releva : Pierre resta couché par terre, et tirait à sa fin d'une blessure qu'il avait reçue. Quand Henri le vit en cet état, il commanda qu'on lui tranchât la tête. Un écuyer espagnol se présenta et lui demanda la permission de l'expédier pour se venger d'un pareil supplice qu'il avait fait souffrir à son père. Henri lui fit signe de l'exécuter au plus tôt, le cavalier lui sépara la tête du corps en présence des assistants. Le tronc fut laissé sur la place. L'Espagnol ficha la tête au haut de la hache dont il s'était servi pour obéir à l'ordre de Henri qui fit couvrir le corps de son ennemi d'un méchant drap de bougran, et commanda qu'on le pendît à une tour du château de Montiel qui lui ouvrit ses portes, et se rendit dès qu'il sut que Pierre, pour qui il tenait, était demeuré prisonnier après sa défaite.

Le supplice de ce prince devait rendre le calme à Henri, et le rétablir sur le trône, n'ayant plus de compétiteur qui le lui disputât. On lui conseilla de faire porter la tête de Pierre dans Séville, afin qu'en la montrant à tout le peuple de cette grande ville, il ne doutât plus de sa mort. La chose fut exécutée comme elle avait été projetée. Les bourgeois voyant cette tête odieuse, qui avait causé tant de troubles, ne se contentèrent pas de se soumettre à Henri, mais ils s'acharnèrent avec tant de rage sur ce pitoyable reste de ce malheureux prince, qu'ils le jetèrent dans la rivière, afin qu'ôtant de devant leurs yeux un objet si odieux, la mémoire en fût abolie pour jamais. Henri ne croyait pas qu'ils pousseraient si loin la haine qu'ils portaient à son ennemi, dont il voulait faire voir la tête dans Tolède comme dans Séville : se promettant que les habitants ne balanceraient point à se rendre à ce spectacle qui les obligerait à ne reconnaître d'autre souverain que lui seul. C'est la raison pour laquelle il eût fort souhaité d'avoir dans ses mains cette preuve infaillible propre à lever tous les doutes qui pourraient rester sur la mort de son ennemi. Bertrand lui conseilla de retourner incessamment au siége de Tolède pour finir la guerre par la prise de cette ville qui tenait encore pour Pierre. Toutes les places qu'il rencontra sur sa route lui ouvrirent leurs portes, et la noblesse du pays plat lui vint présenter ses hommages. Les garnisons des forteresses lui en venaient présenter les clés : il ne restait plus que Tolède, dont Bertrand méditait la conquête pour couronner celles qu'il avait déjà faites en faveur de Henri.

Tandis que ce fameux général y appliquait ses pensées, il vint un gentilhomme de la part du roi de France qui lui dit qu'il avait ordre de son maître de lui marquer qu'il eût à se rendre au plus tôt en personne à sa cour; et qu'il assemblât le plus de troupes qu'il pourrait, parce que la France avait un extrême besoin de secours contre les Anglais qui, ne se souciant point de garder la trève faite avec eux, s'étaient répandus dans le Boulonnais, dans la Guienne et dans le Poitou, qu'ils ravageaient, et que Robert Knole s'était vanté de faire bientôt voir les léopards d'Angleterre sous les murailles de Paris. Bertrand lui répondit qu'il était étonné comment un si grand prince souffrait ces avanies dans le centre de ses Etats, ayant une si nombreuse et si belle noblesse dans son royaume, qu'il pouvait faire monter à cheval contre ses ennemis. Le gentilhomme l'assura que c'était bien l'intention de Sa Majesté : mais qu'elle le voulait mettre à la tête de ses troupes, se persuadant qu'elles ne pouvaient être commandées par aucun général plus fameux, ni plus expérimenté que lui : que même son maître avait dessein de lui donner l'épée de connétable, parce que le seigneur de Fiennes, qu'il avait honoré de cette première dignité militaire, était si vieux et si cassé qu'il n'était plus en état d'en exercer les fonctions : enfin que la nouvelle qu'il lui annonçait était si véritable qu'il la verrait confirmée par les patentes et les dépêches de Sa Majesté dont il était porteur et qu'il avait ordre de lui mettre en main. Bertrand ouvrit aussitôt le paquet, il trouva qu'il s'accordait mot pour mot avec tout ce que le gentilhomme lui avait avancé sur la lecture que lui en fit son secrétaire, car Bertrand, comme je l'ai déjà dit, ne savait pas lire. Il combla ce député de présents, et fit aussitôt écrire au roi qu'il allait faire tout ce que Sa Majesté lui commandait; il chargea le même gentilhomme de lui porter cette réponse.

Henri, qui n'était pas encore maître de Tolède, ne s'accommodait pas de cette nouvelle : il pria Bertrand, avant de le quitter, de vouloir finir ce qu'il avait si généreusement commencé, lui disant qu'il ne restait plus rien à prendre que Tolède, afin qu'il lui fût redevable de sa couronne entière. Guesclin brûlait d'envie d'aller au plus tôt en France : mais il ne pouvait honnêtement abandonner Henri qui le conjurait de différer, parce qu'il savait que la présence et la réputation de Bertrand étaient d'un grand poids pour le succès du siége. On tint donc conseil de guerre, et on délibéra sur les moyens de se rendre maître de Tolède. Bertrand fut d'avis qu'il fallait présenter devant cette ville l'étendard de Pierre, afin que les bourgeois à ce spectacle ne doutassent plus de sa mort ou de sa défaite. On suivit son conseil, et quand le gouverneur de la place aperçut cette enseigne, il en demanda l'explication. Henri se présenta pour démêler cette énigme en lui témoignant qu'on lui voulait apprendre par là, que le roi Pierre avait été battu, pris, et non-seulement décapité, mais sa tête jetée dans un bras de mer par les habitants de Séville, qui n'avaient pu souffrir devant leurs yeux cet objet de leur exécration. Le gouverneur ne voulut point déférer à cette nouvelle, se persuadant que cette enseigne était contrefaite, et que c'était un piége qu'on lui avait tendu pour l'obliger à se rendre sur ce leurre grossier. Il jura qu'il ne rendrait la place qu'à son maître Pierre. Henri se voyant pressé par Bertrand, tant il avait d'empressement d'aller en France, répondit à ce commandant, que si dans quatre jours il ne lui apportait les clés de Tolède, il le ferait traîner sur une claie autour de la ville, comme il allait ordonner qu'on fît par rapport à l'étendard de Pierre. En effet, après l'avoir fait promener longtemps sous les murailles de Tolède couché contre terre, il le fit déchirer aux yeux des assiégés et jeter dans un fossé.

Ce spectacle, qui devait intimider le commandant, ne fit que l'animer : car il déclara qu'avant de se rendre, les assiégés mangeraient de cinq hommes l'un, pour se garantir de la famine qui commençait à les travailler. Ils avaient en effet déjà consommé, chiens, chats, chevaux, et toutes les autres bêtes. Ils en étaient même réduits à sortir la nuit en cachette pour paître les mauvaises herbes qui croissaient auprès des fossés. L'opiniâtreté de ce gouverneur fut si grande, qu'il laissa périr de faim plus de trente mille hommes, Chrétiens, Juifs et Sarrasins. Les assiégeants avaient tenté tous les artifices imaginables pour obliger la garnison de Tolède à sortir sur eux, faisant par deux fois semblant de se retirer, dans l'espérance que retournant tout à coup sur les assiégés, ils pourraient rentrer avec eux pêle-mêle dans la ville, et s'en rendre les maîtres par ce stratagème : mais les habitants de Tolède ne donnaient point dans ces pièges. Bertrand se lassant de ces longueurs, voulut prendre congé de Henri pour aller à Paris auprès du roi son souverain qui l'avait mandé : mais Henri le conjura tant de rester encore jusqu'à ce que Tolède fût pris, qu'il ne put honnêtement s'en défendre; et pour expédier l'affaire, il opina d'une manière si sensée, que tout le monde se rendit à son avis. Il dit qu'il fallait envoyer l'archevêque dans cette ville pour parler aux bourgeois, dont il était le père et le pasteur, et leur faire serment, *la main sur la poitrine*, que Pierre était mort. Il estima que la parole d'un si grand prélat ferait plus d'effet dans leurs esprits pour les engager à se rendre, que toutes les machines de guerre qu'ils avaient employées contre eux, et que si les bourgeois ne voulaient pas déférer à l'autorité d'un homme dont le témoignage ne leur devait point être suspect, il fallait leur proposer de députer quelques-uns d'eux pour aller à Séville s'informer de la vérité du fait.

L'archevêque eut ordre d'aller se présenter aux portes de la ville qui lui furent aussitôt ouvertes; il fit une remontrance si pathétique, et des serments si sincères et si persuasifs, que le gouverneur même n'osant plus douter de ce qu'il disait, invita les bourgeois à reconnaître Henri pour leur maître et leur souverain, puisque Pierre était mort. Chacun témoigna l'empressement qu'il avait à lui rendre hommage. Henri fit son entrée dans Tolède, où il fut reçu de ses nouveaux sujets avec beaucoup de respect et de joie. Le commandant lui présenta les clés de la place avec bien de la soumission, et ce prince les lui rendit généreusement, en l'exhortant à lui être fidèle à l'avenir comme il l'avait été au roi Pierre. La reddition de Tolède mit Bertrand dans une entière liberté de se rendre en France, et de prendre congé de Henri, qui lui fit de beaux présents, pour reconnaître les importants services qu'il lui avait rendus, et qui n'allaient à rien moins qu'à lui remettre la couronne sur la tête. Il le pria de trouver bon qu'il lui donnât quatre chevaliers qui le suivraient jusqu'à la cour de France pour présenter à Sa Majesté des joyaux et des bijoux qu'il avait dessein de lui envoyer, l'assurant que quand il aurait conquis le reste de l'Espagne, il mettrait en mer une belle flotte pour le secourir contre les Anglais; et comme Bertrand projetait de mener avec lui son frère Olivier, les deux Mauny, La Houssaye, Carenlouet et Guillaume Boitel pour l'expédition qu'il allait faire en France, Henri lui témoigna qu'il lui ferait plaisir de lui laisser au moins le Bègue de Vilaines et son fils, afin qu'il pût achever avec eux les conquêtes qu'il avait à faire pour se rendre le maître absolu de l'Espagne. Bertrand y donna les mains volontiers, et se sépara de ce prince avec toutes les démonstrations de tendresse et d'amitié, ne pouvant tous deux retenir leurs larmes comme s'ils avaient eu un pressentiment de ne se revoir jamais.

Guesclin prit d'abord le chemin de son duché de Molina pour mettre ordre à ses affaires avant de partir pour la France. Il dépêcha, en attendant, un courrier au roi pour le prier de lui pardonner, s'il avait tardé si longtemps à le venir joindre avec toutes les forces qu'il allait ramasser; l'assurant qu'il entrerait au plus tôt dans son royaume par l'Auvergne, et par le Berri pour donner bataille aux Anglais, et les chasser de la France. Le roi perdait patience, et lui envoyait courriers sur courriers, afin qu'il se hâtât de venir incessamment. Enfin, pour le presser encore davantage, il dépêcha messire Jean Berguettes, son grand chambellan, pour lui venir donner avis qu'il n'y avait point de temps à perdre; que la France avait plus besoin que jamais d'un prompt secours, parce qu'il était entré dans la Picardie plus de vingt mille Anglais sous la conduite de Robert Knole, et que Thomas de Granson, Hugues de Caurelay, Cressonval, Gilbert Guisfard, et Thomelin Tolisset, avec beaucoup d'autres généraux, avaient déjà percé jusque dans le fond de la Champagne et de la Brie : que d'ailleurs le prince de Galles était en campagne à la tête de bonnes troupes pour faire la guerre au duc d'Anjou, qui se trouvait fort pressé; et qu'enfin toute la France allait devenir la proie des Anglais; que sa propre gloire et son intérêt particulier l'appelaient à cette expédition, puisqu'il ne serait pas plus tôt arrivé à la cour, que Sa Majesté lui mettrait entre les mains l'épée de connétable. Bertrand répondit qu'un si grand roi lui faisait plus d'honneur qu'il n'en méritait; qu'il allait faire toutes les diligences possibles pour le satisfaire, mais qu'il était nécessaire qu'il s'assurât auparavant de la forteresse de Soria, devant laquelle il allait mettre le siége; et qu'aussitôt qu'il l'aurait prise, il passerait par le Languedoc, pour prêter la main au duc d'Anjou, que le prince de Galles harcelait; que de là il se rendrait à grandes journées auprès de Sa Majesté, pour lui donner des preuves de son zèle et de son obéissance, et sacrifier sa vie pour son service.

Ce fut dans cette vue qu'il s'alla présenter devant cette forteresse, que ses deux cousins, Alain et Jean de Beaumont, assiégeaient, et ne pouvaient prendre, quelques assauts qu'ils eussent donnés, parce que les assiégés se défendaient avec une opiniâtreté invincible. Ils avaient déjà passé en vain deux mois devant cette place; mais Bertrand se persuadant qu'on avait pris de fausses mesures, ou qu'il y avait eu trop de tiédeur du côté des assiégeants, dit en son patois à ses deux cousins : *A Dieu le veut et à saint Yves, nous arons ces gars, ainçois que repairons en France.* Il fit aussitôt sonner la charge, et tirer contre les assiégés si fortement et si longtemps, que ceux des remparts n'osaient se découvrir tout à fait, mais se contentaient de laisser tomber sur les assiégeants qui se trouvaient au pied des murailles, des pierres d'une prodigieuse grosseur et des pièces de bois fort épaisses, pour les accabler sous leur pesanteur, si bien, que beaucoup de soldats en étaient écrasés, ou du moins fort endommagés. Bertrand s'apercevant que cela les rebutait, leur faisait reprendre cœur, en leur disant que les bons vins étaient dans la place; qu'il leur abandonnerait le pillage s'ils la pouvaient prendre; qu'il y avait là beaucoup d'or et d'argent qui serait entre eux partagé fidèlement, si bien qu'il n'y aurait pas un soldat qui ne retournât riche en France, avec chacun deux ou trois bons chevaux, comme s'ils étaient chevaliers. Ces amorces les firent retourner à la charge avec une nouvelle vigueur, montant sur des échelles, et se couvrant la tête et le corps de leurs boucliers. Bertrand voulut aussi payer de sa personne et se mêla avec eux pour les encourager par sa présence. Tous les braves se mirent de la partie : le seigneur de La Houssaye, les deux Mauny désirèrent partager la gloire de cette action. Les soldats voyant leurs généraux affronter ce péril, coururent en foule au pied des murailles pour monter à l'assaut.

Il y eut un chevalier nommé Bertrand, qui s'appelait ainsi parce qu'il avait été tenu sur les fonts par Guesclin, qui, ne voulant point dégénérer de la valeur de son parrain, demanda l'enseigne de ce fameux général, et fut assez heureux pour monter au travers d'une grêle de coups sur le haut d'un mur, où il planta l'étendard de Bertrand. Trois cents soldats le suivirent, et le rejoignirent sur le même rempart, criant : *Guesclin*. Les assiégés voyant leurs ennemis sur les murailles, et croyant tout perdu pour eux, se mirent à genoux, et crièrent : *Miséricorde!* Ils ne balancèrent plus à faire l'ouverture de leurs portes à ce grand capitaine qui se saisit de cette place, dans laquelle il trouva beaucoup d'Espagnols qui avaient déserté le parti de Henri pour embrasser celui de Pierre. Il leur fit mettre les fers aux pieds et aux mains, et les envoya dans cet état à ce prince, qui se souvenant de leur défection, les fit tous pendre aussitôt qu'ils furent arrivés à Burgos, où il tenait sa cour.

Cette conquête fut la dernière que Bertrand fit en Espagne. Il ne songea plus qu'à se rendre au plus tôt auprès du roi de France, qui l'attendait avec impatience. Il congédia ce qu'il avait d'Espagnols dans ses troupes, et se réserva seulement les Français et les Bretons. Il combla les premiers de largesses et de présents, en les renvoyant dans leur pays, et promit aux seconds de grandes récompenses, s'ils servaient bien leur souverain contre les Anglais, qui prétendaient se rendre maîtres de la France, et y faisaient d'étranges ravages. Comme il se disposait à partir, le maréchal d'Andreghem arriva de la part du roi, son maître, pour lui dire qu'il se hâtât, et que tout le royaume lui tendait les bras pour lui demander du secours contre ses ennemis, qui l'allaient mettre à deux doigts de sa ruine s'il ne venait en diligence rétablir les affaires par sa présence et par son courage. Bertrand avoua de bonne foi qu'il était confus de l'honneur que lui faisait Sa Majesté d'avoir jeté les yeux sur lui plutôt que sur un autre pour une expédition de cette importance : qu'il était au désespoir de ne s'être pas plus tôt rendu auprès de sa personne; que c'était pour la sixième fois que ce sage prince lui avait envoyé des messages pour le solliciter de venir, et que sans des affaires importantes qu'il avait fallu terminer, il aurait obéi sur-le-champ. Il ajouta qu'il s'étonnait comment Sa Majesté n'avait pas fait un bon corps d'armée pour repousser ces étrangers qui le venaient inquiéter jusque dans le centre de ses États. Le maréchal lui répondit que c'était l'intention du roi, son maître, qui l'attendait avec impatience pour le mettre à la tête de toutes ses troupes et qu'on avait laissé tout en suspens jusqu'à son arrivée. La noblesse et les peuples de ce grand royaume soupiraient après sa présence, et même le seigneur de Fiennes, connétable de France, ne pouvant plus, à cause de son grand âge, soutenir le poids de cette dignité, voulait l'abdiquer entre les mains du roi, lui déclarant qu'il n'y avait personne dans ses États plus capable de lui succéder dans cette charge que Bertrand du Guesclin : que toute la France unanimement jetait les yeux sur lui pour lui voir porter l'épée de connétable.

Guesclin sut bon gré au maréchal de ses louanges, et l'assura qu'il irait de ce pas en France avec lui, mais qu'il était persuadé que si le roi voulait être bien servi dans la guerre, il fallait commencer par bien payer les soldats qui s'enrôleraient sous ses enseignes, et que si Sa Majesté lui donnait la dignité de connétable, il n'en voulait recevoir l'épée qu'à ce prix.

Il donna ensuite un repas superbe à ce maréchal; montant ensemble à cheval ils firent une si grande diligence, qu'ils arrivèrent en peu de temps dans le comté de Foix. Bertrand n'était suivi que de cinq cents hommes, mais tous gens de choix et d'élite. Le comte leur fit toutes les honnêtetés imaginables, jusque-là même qu'ayant appris qu'ils venaient chez lui, il voulut aller au-devant d'eux pour leur faire honneur. Il ne se contenta pas de les avoir bien régalés, il les conduisit en personne jusqu'à Motendour. Il fit mille caresses à Bertrand, lui disant qu'il ne connaissait point au monde de plus grand capitaine que lui; mais qu'il avait à se plaindre de son frère qui, servant sous le comte d'Armagnac, son ennemi, lui avait causé beaucoup de dommages et de troubles.

Bertrand disculpa son frère auprès de ce prince, en lui répondant qu'il avait rempli son devoir, et que quand un gentilhomme avait une fois embrassé un parti, il le devait soutenir jusqu'au bout, et que s'il en usait autrement on aurait sujet de le blâmer et de l'accuser même de lâcheté. Le comte se le tint pour dit, et sachant qu'un tel capitaine lui serait d'un grand secours dans la guerre qu'il avait à soutenir contre le comte d'Armagnac, il essaya de l'engager à son service en lui promettant un mulet chargé d'autant d'or qu'il en pourrait porter. Guesclin lui fit connaître qu'ayant des engagements avec le roi de France il ne pouvait pas servir deux maîtres, mais que ne pouvant pas lui prêter son bras ni son épée, il lui offrait sa médiation pour l'accommoder avec le comte d'Armagnac, et que si ce prince ne voulait pas y entendre, il retirerait son frère de son service et le mènerait en France avec lui pour combattre contre les Anglais. Le comte de Foix fut satisfait des réponses de Bertrand, qui se rendit à grandes journées dans le Languedoc, où il assembla en peu de temps sept mille cinq cents hommes, avec lesquels il s'empara de plusieurs villes et châteaux : ces préliminaires rendirent son nom si fameux et si redoutable, que sur sa route tous les gouverneurs apportaient leurs clés, et que Bertrand faisait prêter aux bourgeois le serment de la fidélité pour le roi de France.

Sa réputation s'étendit si loin à la nouvelle de ses premiers progrès, que le duc d'Anjou, sur les terres de qui il passa, lui dit qu'en quinze jours seulement il avait donné plus d'alarmes aux Anglais, qu'il ne pourrait faire lui-même en un an tout entier. Il l'avertit qu'il était nécessaire qu'il fît diligence, parce que Robert Knole marchait droit à Paris à la tête de vingt mille Anglais, ayant déjà passé la rivière de Seine, au-dessus de Troyes, et que le roi l'attendait pour lui donner l'épée de connétable, sachant qu'elle ne pouvait tomber en de meilleures mains que les siennes. Bertrand ne s'entêta point de ces louanges, mais tâcha de soutenir de son mieux la réputation qu'il avait acquise, et prenant congé du duc avec le maréchal d'Andreghem, il alla coucher à Pierregort, où il trouva Galleran, frère du comte de Jonas, qui lui fit le meilleur accueil et le régala magnifiquement.

Aussitôt qu'il se fut levé de table, comme il n'avait dans l'esprit que la guerre qu'il allait entreprendre contre les Anglais, pour purger la France de ces dangereux ennemis, il s'avisa de monter au haut d'un donjon pour découvrir le clocher d'une abbaye que les Anglais avaient fortifiée. Le soleil qui brillait lui fit reconnaître leurs enseignes, où les léopards étaient semés d'or, et qui voltigeaient autour de ce clocher. Il fut étonné d'apprendre que les Anglais étaient si voisins du lieu où il avait couché, et qu'ils étaient si bien retranchés dans cette abbaye, que depuis un an on n'avait pu les en chasser. Il jura saint Yves qu'il ne sortirait point de là qu'il n'eût emporté ladite abbaye, dans laquelle il voulait souper le soir même, et y rétablir les religieux avec leur abbé. Cet homme intrépide ne fut pas plus tôt descendu de la tour qu'il assembla ses gens; il les avait dispersés dans les villages tout autour; il leur ordonna de se tenir prêts pour marcher au premier son de la trompette. Il leur commanda de faire provision de cent échelles au moins. Galleran voulut faire transporter par charroi quelques machines de guerre pour tâcher d'entamer les murailles épaisses de cette abbaye ; mais Bertrand lui assura qu'il n'en avait pas besoin ; que cela les tiendrait trop longtemps, et qu'il choisirait une voie si courte, qu'il espérait le soir même être dans l'abbaye.

Sa maxime était avant d'attaquer une place, de parler toujours au gouverneur, afin qu'en l'intimidant et le menaçant, on le fît penser plus de deux fois au parti qu'il avait à prendre : il s'approcha donc des barrières, et dit au commandant qu'il eût à lui rendre le fort au plus tôt, et que s'il prétendait arrêter une armée royale devant sa bicoque, il lui en coûterait la vie qu'il lui ferait perdre sur un gibet. Le commandant ne tint pas grand compte de ce discours, et lui répondit fièrement qu'il ne trouverait pas à cueillir des lauriers en France si facilement qu'il avait fait en Espagne ; et que bien qu'il fût ce redoutable Bertrand dont tout le monde parlait avec tant d'estime, il espérait lui faire une résistance si forte, qu'on serait à l'avenir moins prévenu en sa faveur. Cette repartie choqua fort Guesclin, qui fit aussitôt sonner la trompette, combler les fossés de terre et de feuilles, et cramponner des échelles contre les murs, afin que ceux qui se mettraient en devoir d'y monter, s'y tinssent plus fermes. Quand tout fut ainsi disposé, Guesclin dit à ses gens dans son langage du quatorzième siècle : *Or avant ma noble mesnie à ces ribaux gars, à Dieu le veut ils mourront tous.* Pour les encourager encore davantage, il leur promit de leur donner le butin qu'ils feraient dans cette abbaye. Il ne se contenta pas de les exciter à bien faire, il voulut leur en montrer lui-même l'exemple. Il prit une échelle comme le moindre soldat, et monta dessus avec autant de flegme que s'il mettait le pied sur les degrés d'un escalier. Galleran voyant cette action si extraordinaire, fit le signe de la croix, en disant au maréchal d'Andreghem, *Dieu ! quel homme est-ce la !* Le maréchal l'assura qu'il ne s'en étonnait aucunement, puisqu'il était né pour de semblables entreprises, et que si ce Bertrand était roi de Jérusalem, de Naples, ou de Hongrie, tous les païens ne seraient point capables de lui résister, et que la France était bienheureuse d'avoir trouvé dans la conjoncture présente un tel défenseur.

Les autres généraux eurent honte de voir Bertrand dans le péril, sans le partager avec lui. Jean de Beaumont, les deux Mauny, le maréchal et Galleran s'exposèrent comme lui. Les assiégés jetaient sur eux des barres de fer toutes rouges, de la chaux vive, et des barils tout remplis de pierres. Mais toute cette résistance, quelque vigoureuse qu'elle fût, ne les empêcha pas de monter et d'entrer dans la place, où Bertrand rencontrant le gouverneur, lui fendit la tête en deux d'un grand coup de hache. Cet affreux spectacle épouvanta si fort la garnison anglaise, qu'elle se rendit aussitôt à discrétion. Bertrand se laissa fléchir aux prières de ces malheureux ; il se contenta d'en donner la dépouille à ses soldats, et de la voir partager devant lui. Le soir même il voulut souper comme il avait dit, dans l'abbaye ; il y rétablit les moines dès le lendemain. Après qu'il y eut séjourné deux jours pour mettre ordre à tout, il jeta de bonnes troupes dans les forts qu'il avait conquis ; il renvoya le maréchal en cour, qui vint à grandes journées à Paris, et s'en alla mettre pied à terre à l'hôtel de Saint-Paul, où Charles le Sage logeait alors. Il lui fit un récit de la valeur extraordinaire de Bertrand, et des grandes actions qu'il lui avait vu faire. Ce discours ne fit qu'irriter la démangeaison qu'avait le roi, de voir un si grand homme, et de l'employer au plus tôt contre Robert Knole, dont les troupes ravageaient le Gâtinois, et vinrent brûler des maisons jusque dans Saint-Marceau, qui n'était pas alors un faubourg de Paris, mais un village assez proche de là.

Tout Paris était en alarme, il y avait bien dix mille hommes de garnison dedans, sans le peuple capable de porter les armes, outre quantité de seigneurs qui s'étaient enfermés dans la ville, tels que le duc d'Orléans, oncle du roi, les comtes d'Auxerre, de Sancerre, de Tanquarville, de Joigny, de Dammartin, de Ponthieu, de Harcourt et de Braine, le vicomte de Narbonne et son frère, les seigneurs de Fontaine et de Sempy, Gauthier du Châtillon, Oudart de Renty, et Henri d'Estrumel ; si bien que tous ces seigneurs pouvaient sortir de Paris à la tête de quarante mille hommes, la ville étant d'ailleurs suffisamment gardée ; mais le roi ne voulait rien hasarder jusqu'à ce que Bertrand fût venu, profitant de l'exemple des rois Philippe de Valois et Jean, ses prédécesseurs, qui, pour avoir tout risqué fort mal à propos, avaient mis la couronne de France à deux doigts de sa ruine. Il laissa donc morfondre les Anglais devant Paris; ils manquèrent bientôt de fourrages et de vivres, et furent contraints de se retirer et de tout abandonner. Ce sage prince les fit suivre par ses troupes qui prenaient bien à propos l'occasion de les charger : si bien qu'il en défit plus de cette manière que s'il eût pris le parti de les combattre en bataille rangée.

CHAPITRE XXXI.

De la cérémonie qui se fit en l'hôtel de Saint-Paul à Paris, par Charles le Sage, roi de France, en donnant l'épée de connétable à Bertrand, qui sous cette qualité donna le rendez-vous à toutes ses troupes dans la ville de Caen, pour combattre les Anglais.

BERTRAND sachant que les Anglais, jaloux de sa gloire et de sa valeur, le faisaient épier sur le chemin pour le surprendre, arriva seulement lui douzième à Paris, vêtu d'un gros drap gris, afin d'être moins reconnu sur sa route. Cette nouvelle engagea le roi Charles à lui envoyer son grand chambellan, qui s'appelait Bureau de La Rivière, pour lui faire honneur et venir au-devant de lui. Ce seigneur s'y fit accompagner de beaucoup de chevaliers de marque pour rendre la cérémonie plus illustre, et comme il avait un grand talent dans la science du monde, il s'acquitta très-dignement de sa commission, faisant à Bertrand toutes les honnêtetés imaginables, et lui rendant par avance les respects qui sont attachés à la dignité de connétable qu'il allait posséder.

Les avenues de Paris, les rues et les fenêtres de cette grande ville regorgeaient de monde qui voulaient voir ce fameux Bertrand du Guesclin, dont la réputation s'était répandue dans toute l'Europe. Il alla descendre à l'hôtel de Saint-Paul, où le roi l'attendait assis sur un fauteuil au milieu de ses courtisans. Aussitôt qu'il fut entré dans sa chambre, Bertrand fléchit le genou devant son souverain, qui ne le voulant pas souffrir dans cette posture, lui commanda de se relever, et le prenant par la main, lui dit qu'il était le bienvenu ; qu'il y avait longtemps qu'il l'attendait avec impatience, ayant un extrême besoin de sa tête et de son épée, pour repousser les Anglais, qui faisaient d'étranges ravages dans son royaume : qu'on en pouvait voir les tristes effets en montant au clocher de Sainte-Geneviève : que connaissant sa bravoure, son bonheur et son expérience dans la guerre, il avait jeté les yeux sur lui, pour lui confier le commandement de ses troupes, et que pour l'encourager à s'en bien acquitter, il avait résolu de l'honorer de la plus éminente dignité de son royaume, en lui donnant l'épée de connétable.

Bertrand, qui n'était pas homme à se laisser éblouir d'une vaine espérance, prit la liberté de demander au roi si le seigneur de Fiennes n'était pas encore en possession de cette grande charge. Sa Majesté lui dit que son cousin de Fiennes l'avait fort bien servi, mais que sa caducité ne lui permettant plus de soutenir les fatigues de ce glorieux et pénible emploi, il lui avait rendu l'épée de connétable, en lui disant qu'il ne pourrait jamais trouver personne plus capable de lui succéder que Bertrand. Celui-ci fit voir son grand sens et son jugement dans la repartie qu'il fit à son souverain ; car quoiqu'il ne doutât pas qu'il n'en pût disposer indépendamment de tout autre, cependant comme il prévoyait que cette éminente dignité lui allait attirer des jaloux, il fut bien aise que le choix que Sa Majesté faisait de sa personne fût autorisé du conseil même, composé des premières têtes de tout son royaume. C'est la grâce qu'il prit la liberté de lui demander, en le suppliant d'en faire le lendemain la proposition devant ceux qu'elle avait accoutumé d'appeler auprès de sa personne, pour prendre leurs avis dans les affaires les plus importantes. Ce sage prince, bien loin de se choquer d'une condition qui devait lui sembler inutile, puisque tout dépendait absolument de lui, voulut bien par condescendance déférer à l'avis de Bertrand, qu'il embrassa avec une cordialité qui marquait l'attachement qu'il avait pour ce général. Il eut la bonté de le faire souper à sa table, et de lui donner un appartement dans son hôtel, où l'on avait fait tendre une chambre pour lui, fort richement tapissée d'un drap tout semé de fleurs de lys d'or.

Le lendemain ce prince après avoir entendu la messe, assembla son conseil, où se rendirent plusieurs ducs, comtes, barons et chevaliers, le prévôt de Paris et des marchands, et grande partie des plus notables bourgeois de cette capitale. Il leur représenta les hostilités que les Anglais faisaient dans ses Etats, et le besoin pressant dans lequel on était d'y apporter un prompt remède : qu'il n'en avait point imaginé de plus souverain pour arrêter le cours de tant de malheurs, que de choisir au plus tôt un connétable qui pût, par sa valeur et son expérience, rétablir les affaires de son royaume : qu'ils n'étaient tous que trop persuadés qu'il n'avait pas besoin de leur consentement pour disposer de cette charge, puisqu'il le pouvait faire de sa pleine puissance et autorité royale; mais qu'il avait voulu faire ce connétable de concert avec eux : que le seigneur de Fiennes n'en pouvant plus faire les fonctions, à cause de son grand âge, avait donné sa démission en présence des premiers seigneurs de sa cour, en lui témoignant que dans le pitoyable état où la France était réduite alors, il n'y avait personne plus capable de la relever de son accablement que Bertrand du Guesclin. Ce prince n'eut pas plus tôt prononcé son nom, que tout son conseil opina comme lui, mais avec une si grande prédilection pour Bertrand, que le choix de sa personne fut fait unanimement. Le roi le fit donc venir en leur présence, et lui présenta devant cette illustre assemblée l'épée de connétable. Bertrand la reçut avec beaucoup de soumission; mais il protesta que c'était à condition *que si aucun traître en son absence, par trahison, ou loberie* (1) *rapportoit aucun mal de lui, il ne croiroit point le rapport; ne jà ne lui en feroit pis, jusqu'à ce que les paroles fussent relatées en sa présence.* Le roi lui promit qu'il lui réserverait toujours une oreille pour entendre ses justifications contre les calomnies qu'on voudrait intenter contre lui.

Bertrand, satisfait des honnêtetés de Sa Majesté, ne songea

---

(1) Flatterie perfide et maligne.   (N. E.)

plus qu'à remplir dignement les devoirs de sa charge; tous les officiers de l'armée vinrent lui rendre leurs respects, et le saluer sous cette nouvelle qualité de connétable. Comme l'argent est le nerf de la guerre, il commença par demander au roi de quoi payer l'équipement de quinze cents hommes d'armes pour deux mois, lui remontrant qu'il était nécessaire d'ouvrir ses coffres, pour lever incessamment beaucoup de troupes capables de tenir tête à plus de trente mille Anglais; et que quand elles étaient mal payées, non-seulement elles avaient de la tiédeur pour le service, mais ne songeaient qu'à piller, et ruinaient le pays plat sous le spécieux prétexte de n'avoir point reçu leur solde. Ce brave général ayant ainsi disposé l'esprit de son maître à ne rien épargner pour la conservation de sa couronne et de ses Etats, s'en alla droit à Caen, comme au rendez-vous qu'il avait marqué pour y assembler un gros corps de troupes. Chacun courut en foule pour le joindre, tant on avait d'empressement de servir sous un si fameux capitaine. Il recevait tous ceux qui voulaient s'engager, et bien que Sa Majesté lui eût donné peu d'argent pour faire des levées, quand il en eut employé les deniers, il vendit sa vaisselle, ses bijoux et joyaux d'or et d'argent qu'il avait apportés d'Espagne, pour soutenir la dépense qu'il fallait faire pour enrôler beaucoup de soldats.

Les généraux les plus distingués se rendirent auprès de lui comme à l'envi les uns des autres; les comtes du Perche, d'Alençon, le maréchal d'Andreghem, Olivier de Clisson, dont le bras était si fort redouté des Anglais, qu'ils l'appelaient le *boucher de Clisson;* Messire Jean de Vienne, amiral; Jean et Alain de Beaumont, et Olivier du Guesclin, frère du connétable, vinrent tous à Caen pour recevoir ses ordres, et conférer avec lui sur l'état présent des affaires. Il les régala magnifiquement, et ce qui rendit encore le festin plus agréable, ce fut la présence de sa femme qui se trouva là; tout le monde admira sa sagesse, sa beauté, ses reparties judicieuses et spirituelles. Elle était, comme nous avons dit, universelle en toute sorte de sciences; et même elle avait une connaissance presque infaillible de l'avenir, dont elle donna quelques preuves, quand elle avertit son mari que le jour de la bataille d'Auray, où il fut pris, devait être malheureux pour lui (1). Bertrand donna, le lendemain, des ordres, pour que chacun se tînt prêt à venir dans trois jours à Vire avec lui, pour une prompte expédition qu'il méditait. Tout le monde se mit en état de le suivre, et se prépara de son mieux, afin que le service se fît au gré de ce nouveau connétable. Étant sur le point de monter à cheval, il prit congé de la dame sa femme, à laquelle il donna le choix, ou de rester à Caen, ou de s'aller retirer en Bretagne, à sa seigneurie de la Roche-d'Arien, la conjurant de se souvenir de lui dans ses prières, et de recommander à Dieu sa personne et la justice de la cause pour laquelle il allait combattre.

La dame le supplia de ne se point commettre dans les jours auxquels elle lui avait témoigné qu'il y avait quelque fatalité attachée. Guesclin lui promit d'y faire réflexions nécessaires, plutôt par la complaisance qu'il avait pour elle, que pour la foi qu'il eût en ces sortes de prédictions. Il partit de Caen à la tête de son armée.

Toute cette armée vint camper auprès de Vire où les généraux se logèrent. Tandis que Bertrand faisait halte, les Anglais étaient à Pontvallain commandés par Thomas de Granson, lieutenant du connétable d'Angleterre. Il avait dans son armée beaucoup de chevaliers qui s'étaient acquis une grande réputation dans la guerre; Hugues de Caurelay, Cressonval, Gilbert Guiffard, David Hollegrave, Hennequin, Acquet, Geoffroy Ourselay, Thomelin Follisset, Richard de Rennes, Eme, Nocolon de Bordeaux, Alain de Bouchen et Mathieu de Radmain, tenaient les premiers rangs sous ce général, qui, n'osant rien entreprendre à leur insu, trouva bon de les consulter sur ce qu'il avait à faire, leur témoignant, quoiqu'il eût le commandement sur eux, qu'il était persuadé qu'ils avaient incomparablement plus d'expérience que lui dans la guerre, et que c'était dans cet esprit qu'il les avait tous assemblés, pour prendre leurs avis sur l'état présent des affaires, ayant à combattre le fameux Bertrand du Guesclin, qui s'était rendu

---

(1) Nous laissons cette naïve observation du vieux chroniqueur; le lecteur sait ce qu'il faut penser de cette prétendue connaissance de l'avenir. (N. E.)

la terreur de toute l'Europe par les mémorables expéditions qu'il y avait faites, et dont le nom seul était si redoutable, qu'il jetait la frayeur et la crainte dans l'âme de ses ennemis. Il ajouta qu'il avait appris de bonne part qu'Olivier de Clisson marchait avec lui pour leur donner combat, et que ce dernier était un autre Bertrand en valeur, et qu'on ne l'appelait pas sans raison le boucher de Clisson, parce que c'était un capitaine qui faisait un étrange carnage, quand il était dans une mêlée : qu'il avait abandonné le prince de Galles dont il s'était auparavant reconnu vassal par l'hommage qu'il lui avait fait, et que cette perfide défection diminuait beaucoup les forces de leur parti, où la présence de Clisson avait toujours été d'un grand poids.

Hugues de Caurelay prenant le premier la parole, avoua que Bertrand était le premier capitaine de son siècle, qu'il en avait éprouvé cent fois la valeur et l'expérience, ayant souvent partagé les périls de la guerre avec lui ; qu'ils avaient toujours eu durant ce temps de grandes liaisons d'intelligence et d'amitié : mais que les intérêts de son prince lui devant être plus chers que ceux de son ami particulier, il fallait songer aux moyens de vaincre un ennemi si redoutable, et que pour y parvenir, il croyait qu'il était important de tirer de toutes les garnisons voisines le plus qu'ils pourraient de soldats pour renforcer leurs troupes, afin de se mettre en état de faire un plus grand effort contre les Français, et que Cressonval et lui pourraient fort bien faire cette manœuvre, tandis qu'on enverrait un trompette à Bertrand pour lui demander bataille, et marquer un jour, de concert avec lui, dans lequel les deux armées en viendraient aux mains. Cet avis était si judicieux et si sensé, qu'il fut universellement reçu de tout le monde. Thomas de Granson fut le premier à le goûter, et tous les seigneurs y donnèrent ensuite les mains. Cressonval avec Hugues de Caurelay furent secrètement détachés pour aller dans les places rassembler le plus qu'ils pourraient de monde et l'en tirer pour grossir leur armée. Hugues de Caurelay, afin d'amuser Bertrand pendant qu'il ferait de son côté les diligences nécessaires pour amasser des secours, envoya l'un de ses gardes à Vire avec ses dépêches, pour demander bataille, et convenir d'un jour. Le garde arriva bientôt devant cette place, qu'il vit environnée d'enseignes, de tentes et de huttes couvertes de feuillées. Tout y retentissait du bruit des trompettes, et le camp lui paraissait rempli de tant de soldats, qu'il ne croyait pas que les Anglais fussent en assez grand nombre pour mesurer leurs forces avec celles des Français.

Tandis que ce cavalier avançait, il aperçut un autre trompette qui portait les armes de Guesclin sur sa casaque, et qui revenait du Mans, où son maître l'avait envoyé. Celui-ci voyant que l'Anglais avait aussi sur sa cotte d'armes celles de Thomas Granson, général des ennemis, la curiosité lui fit naître l'envie de s'approcher pour savoir quel était le motif qui l'amenait en ces quartiers. L'autre lui répondit qu'il lui donnait à deviner quel était le sujet de son message : c'est apparemment pour demander bataille, lui dit le garde de Guesclin; comptez que vous l'aurez, ajoutant dans son patois : *car je connois Monseigneur à tel, qu'il ne vous en faudra, ne que Mars en Carême* (1). Ces deux hommes s'étant ainsi joints, continuèrent leur route, devisant ensemble sur la valeur et le courage de leurs maîtres. Ils arrivèrent enfin à Vire, dont on leur ouvrit le château pour les faire parler à Bertrand, qu'ils trouvèrent se promenant dans la cour; il s'entretenait avec les chefs et les principaux seigneurs de l'armée, entre autres le comte de Saint-Paul et son fils, le seigneur de Raineval et Roulequin son fils, Oudard de Renty, le maréchal d'Andreghem, Olivier de Clisson, Jean de Vienne et les deux Mauny. Le trompette de Bertrand présenta celui de Granson, disant à son maître qu'en revenant du Mans, où il lui avait commandé d'aller, il avait rencontré dans son chemin ce garde, de qui il avait appris que le général anglais l'envoyait auprès de lui pour quelque affaire d'importance qu'il avait à lui communiquer de sa part, et qu'il l'avait prié de le présenter.

---

(1) *Je connais Monseigneur de tel caractère, que la bataille ne vous manquera pas plus que Mars en Carême.* On voit que cette expression proverbiale est vieille. Cependant des auteurs ont prétendu que c'était une altération, et qu'on disait primitivement : Marée en Carême. (N. E.)

Bertrand se disposant à l'écouter, le trompette anglais lui fit son compliment avec beaucoup de respect et de soumission, commençant par le louer sur sa valeur et sur sa réputation; ensuite il lui témoigna qu'il se présentait une belle occasion de couronner les grandes actions qu'il avait faites en acceptant le défi qu'il lui offrait de la part de Thomas Granson, qui demandait un jour auquel les deux armées pussent en venir aux mains en bataille rangée; que s'il refusait de prendre ce parti, l'intention de son maître était de l'attaquer de nuit ou de jour, sans garder aucune mesure avec lui. Le trompette ayant achevé ces paroles, lui mit entre les mains la dépêche de Thomas Granson. Quand Bertrand en eut entendu la lecture, piqué jusqu'au vif, il jura qu'il ne mangerait qu'une fois jusqu'à ce qu'il eût vu les Anglais. Il s'informa du trompette en quel endroit ils étaient campés; il lui répondit que c'était auprès de Pontvallain, qu'ils étaient déjà bien quatre mille hommes d'armes, sans un grand renfort qu'ils attendaient, et que Cressonval était allé tirer des garnisons voisines; qu'avec ce secours les Anglais avaient grand désir de le voir en bataille. *Par Dieu*, dit Bertrand, *ils me verroint plutôt que besoin ne leur fut* : et pour témoigner la joie que lui donnait cette nouvelle, il fit une largesse de quatorze marcs d'argent au trompette anglais, et commanda qu'on le fît bien boire et bien manger; qu'il le voulait renvoyer aux Anglais, pour leur annoncer de sa part qu'il ferait plus de la moitié du chemin pour les aller voir au plus tôt. On régala tant le trompette durant toute la nuit, qu'au lieu de partir à la pointe du jour, il lui fallut dormir pour cuver son vin.

Bertrand se servit de cette favorable occasion pour surprendre les Anglais qui n'avaient point encore reçu de nouvelles de leur messager qu'ils attendaient avec impatience. Il commanda secrètement que chacun s'armât et montât à cheval, et que qui l'aimerait le suivît sans perdre de temps, parce qu'il ne voulait reposer ni jour ni nuit, jusqu'à ce qu'il eût combattu les Anglais.

On eut beau lui remontrer qu'il prenait mal ses mesures puisqu'il voulait partir à l'entrée de la nuit au milieu des vents et de la pluie qui devaient beaucoup fatiguer ses troupes, et les mettre hors de combat, qu'il valait mieux attendre au lendemain que de s'engager si précipitamment dans l'exécution d'un dessein, qui mal entendu et mal entrepris, pourrait traîner après lui de fâcheuses suites. Il ne se paya point de ces raisons dans lesquelles il ne voulut point entrer, jurant qu'il ne descendrait pas de cheval jusqu'à ce qu'il eût trouvé les Anglais, à qui il mourait d'envie de donner la bataille, et que ceux qui ne le suivraient pas seraient réputés pour traîtres, et pour infâmes auprès de Sa Majesté, qui leur ferait sentir son indignation. Il n'eut pas plus tôt fait ce serment, qu'il se mit en devoir de partir, n'ayant d'abord que quinze cents hommes d'armes à sa suite. Il faisait si noir et si sombre qu'on ne pouvait pas voir cinq pieds devant soi, ni savoir quelle route il fallait prendre pour se bien conduire; d'ailleurs une grosse pluie secondée d'un vent froid et piquant, les mettait tous dans un désordre étrange. Jean de Beaumont prit la liberté de représenter à Bertrand qu'il fallait au moins sonner la trompette pour s'assembler et prendre des flambeaux afin de s'éclairer au milieu des ténèbres : mais Guesclin ne goûtant point cet expédient, répondit que c'était donner aux Anglais des nouvelles du mouvement qu'ils allaient faire, et que le bruit des trompettes et la clarté des flambeaux allaient tout révéler à leurs ennemis, que quelque espion ne manquerait pas d'informer de tout.

Chacun le suivit donc au travers de l'orage et de la nuit du mieux qu'il fut possible. Les uns tombaient dans des fossés, d'autres s'imaginant aller leur droit chemin marchaient à travers champs, et leurs chevaux heurtaient souvent les uns contre les autres en se rencontrant. Le maréchal d'Andreghem vit avec peine partir Bertrand du Guesclin sans le suivre; et pour exhorter les autres à l'imiter, il témoigna qu'on ne devait pas abandonner un général que le Ciel leur avait donné pour rétablir les fleurs de lys dans leur premier lustre, et qui n'avait pas son semblable dans l'Europe. Ces paroles furent prononcées avec tant de force et de poids, que chacun se mit aussitôt en devoir de partir. Le maréchal commença le premier à faire un mouvement à la tête de cinq cents hommes d'armes; le comte du Perche, le maréchal de

Blainville, Olivier de Clisson qui fut depuis connétable de France, le vicomte de Rohan, Jean de Vienne, le sire de Rolans depuis amiral, les seigneurs de La Hundaye, de Rochefort, et de Tournemines, se mirent aussitôt en marche pour seconder Bertrand dans la dangereuse expédition qu'il allait entreprendre : mais comme la grande obscurité ne leur permettait pas de se reconnaître, ils sortaient de leur rang sans s'en apercevoir, et se heurtant les uns contre les autres ils prononçaient mille imprécations et contre la nuit et contre celui qui leur faisait faire cette marche. Il y eut beaucoup de chevaux qui périrent, et Bertrand en perdit deux des meilleurs de son écurie dans cette nuit. Chacun lui reprochait le mal qu'il souffrait, et la perte qu'il faisait de gens qui s'égaraient dans ce désordre. Il tâcha de consoler tout le monde en disant que les Anglais avaient assez d'or et d'argent pour les dédommager, et qu'après qu'on les aurait battus, on trouverait dans leurs dépouilles de quoi se payer au centuple de tout ce qu'on aurait perdu.

Il avait dans ses troupes toute la belle jeunesse de Normandie, de la Bretagne, du Mans et du Poitou, qui ne demandait qu'à combattre les Anglais : Bertrand les entretenait dans cette noble chaleur. Tandis qu'il les animait à bien faire, les ténèbres se dissipèrent, les vents se calmèrent, la pluie cessa, et le jour qui parut leur fit connaître qu'ils n'étaient pas loin de Pontvallain. Tous les soldats étaient trempés comme s'ils fussent sortis du bain. Bertrand, pour se délasser avec eux et les faire un peu respirer, fit halte au milieu d'un pré pour reconnaître tout son monde et le rassembler. Il ne trouva pas plus de cinq cents hommes qui l'avaient suivi : mais jetant les yeux plus loin, il aperçut sur la chaussée beaucoup d'autres troupes qui filaient et le venaient joindre. Cette découverte releva ses espérances; il exhorta ses gens à reprendre cœur en leur représentant qu'ils allaient tomber sur les Anglais, qui seraient surpris et ne s'attendaient pas à cette irruption : qu'il ne s'agissait seulement que de faire un peu bonne contenance pour vaincre des ennemis que leur seule présence allait intimider; que Dieu, qui de tout temps avait été le protecteur des Lys, leur inspirerait le courage et les forces dont ils auraient besoin pour triompher de ces étrangers : qu'ils ne seraient pas les seuls à les attaquer, puisqu'il voyait déjà paraître Olivier de Clisson, le vicomte de Rohan, le seigneur de Rochefort, Jean de Vienne et le sire de Trie qui venaient avec le maréchal de Blainville pour les renforcer. Ils étaient tous si mouillés et si fatigués, et leurs chevaux si recrus et si las, qu'à peine se pouvaient-ils soutenir.

Après avoir pris un peu de repos et s'être séchés au soleil, ils mangèrent et burent pour avoir plus de force à combattre, et montant sur leurs chevaux qu'ils avaient aussi fait repaître, ils se dirent adieu l'un à l'autre, frappant leurs poitrines dans le souvenir de leurs dérèglements passés, et recommandant le soin de leur âme à leur Créateur qu'ils espéraient voir bénir leurs armes. A peine eurent-ils fait une lieue qu'ils virent les Anglais dispersés çà et là par les champs, sans aucun ordre ni discipline, et ne songeant point à la visite qu'on leur allait rendre. Bertrand fit remarquer ce désordre à ses troupes; il les encouragea de son mieux à leur tomber sur le corps tandis qu'ils étaient ainsi séparés et ne se tenant point sur leurs gardes, leur promettant tout l'or, tout l'argent, les chevaux et les richesses qu'ils trouveraient dans l'armée des Anglais, sans vouloir aucunement partager avec eux le butin qu'ils pourraient faire. Il remarqua qu'ils étaient bien deux mille sur le champ qui vivaient avec beaucoup de relâchement et ne se défiaient de rien; que leurs généraux et leurs capitaines étaient logés dans des villages, attendant toujours quelle nouvelle le trompette de Thomas de Granson leur devait apporter. D'ailleurs Hugues de Caurelay et Cressonval, qui devaient amener un grand renfort, n'étaient point encore arrivés : il n'y avait que Thomas de Granson, leur général, qui, se reposant sur le retour de son trompette, demeurait dans son camp, se divertissant sous sa tente avec sécurité. Bertrand voyant que le moment était favorable, s'approcha d'eux avec tant de précaution, qu'il ne se contenta pas de faire cacher sa bannière et de ne point déployer ses enseignes : mais il voulut que ses gens cachassent leurs cuirasses sous leurs habits et que les trompettes se tussent, afin de surprendre ses ennemis avec plus de succès.

Il leur commanda de mettre pied à terre, aussitôt qu'ils se trouveraient à un demi-trait d'arbalète près des Anglais. Cet ordre fut exécuté avec un tel secret, que ces derniers ne s'en aperçurent que quand il fallut en venir aux mains avec les Français, qui crièrent tout d'un coup : Montjoie Saint-Denis, en montrant leurs cuirasses et leurs étendards où les Lys étaient arborés; et faisant retentir la campagne du bruit de leurs trompettes, ils chargèrent les Anglais avec tant de furie, qu'ils abattaient tous ceux qu'ils frappaient, et les autres prenant la fuite jetaient l'épouvante dans leur armée, se plaignant qu'ils étaient trahis. Thomas de Granson consterné de cette camisade (1), s'en prit à son trompette croyant en avoir été mal servi, se persuadant qu'étant de concert avec Bertrand, il n'était pas revenu exprès, pour lui donner le loisir de faire cette entreprise pendant qu'on attendrait son retour. Il tâcha dans une si grande déroute de rallier ses gens et de les rassembler sous son drapeau, faisant sonner ses trompettes pour les avertir de se rendre à son étendard. Il s'en attroupa près de mille qui coururent à son enseigne : mais Bertrand poursuivant sa pointe avec les plus braves, se fit jour au travers des Anglais, renversa toutes leurs tentes et leurs logements. L'exécution fut si complète qu'il en coucha plus de cinq cents sur le pré de ce premier coup. La bravoure de ce général étonna si fort les Anglais, que se regardant l'un l'autre, ils se disaient réciproquement que jamais ils n'avaient vu dans la guerre un homme si redoutable, ni qui sût mieux s'acquitter du devoir de soldat et de capitaine : qu'on ne pouvait pas comprendre comment avec une poignée de gens il faisait un si grand fracas dans une armée bien plus nombreuse et plus forte que la sienne.

Thomas de Granson voulut avoir recours à un stratagème, en ordonnant à Geoffroy Ourselay d'envelopper Bertrand avec huit cents hommes d'armes, et de l'attaquer par derrière dans la plus grande chaleur du combat. Ce capitaine se déroba de la bataille avec ce nombre de gens et s'alla poster derrière une montagne pour venir charger Guesclin à dos,

(1) Attaque de nuit : ce mot a vieilli.   (N. E.)

quand il en trouverait l'occasion favorable, se tenant là caché tout exprès pour étudier à loisir le temps et le moment propre pour l'accabler par une irruption subite et imprévue. Bertrand faisait toujours un merveilleux progrès contre les Anglais qui s'éclaircissaient et fuyaient devant lui, quand voulant achever la victoire qui se déclarait en sa faveur il aperçut l'étendard de Thomas Granson. Ce nouvel objet lui fit à l'instant commander à ses gens de passer sur le ventre à tout ce qu'ils rencontreraient pour aller arracher cette enseigne des mains de celui qui la portait, les assurant qu'aussitôt qu'elle serait gagnée, la bataille serait gagnée. Les Français partirent à l'instant pour se faire jour au travers des Anglais qui se défendaient et faisaient les derniers efforts pour les arrêter.

Tandis qu'on combattait, Thomas de Granson s'avisa de détacher un cavalier pour aller à toutes jambes à Pontvallain, donner avis à David Hollegrave de venir incessamment à son secours avec les cinq cents hommes qu'il commandait. Celui-ci, par son arrivée, rétablit un peu le combat, et donna quelque exercice à Bertrand, qui fut obligé de renouveler ses premiers efforts pour le soutenir contre un renfort si inopiné. Cependant comme si la présence de ce péril eût redoublé l'ardeur de son courage, il se lançait au milieu des Anglais écumant comme un sanglier; il frappait d'estoc et de taille sur eux, les abattait et les renversait, perçant les uns au défaut de la cuirasse, et soulevant le justaucorps des autres, afin que son épée trouvât moins d'obstacle à les tuer, ne voulant faire quartier à personne, ni prendre aucun Anglais à rançon. Le comte de Saint-Paul et son fils se signalèrent dans cette chaude rencontre : le sire de Raineval, Galeran et Roulequin ses fils, Oudard de Renty, Enguerrand d'Eudin, Alain et Jean de Beaumont, les deux Mauny, et les autres braves Français y payèrent de leurs personnes. Thomas de Granson, de son côté, faisait de son mieux pour encourager ses Anglais à ne pas reculer, leur promettant que pour peu qu'ils tinssent encore bon, la victoire serait immanquable, parce que Geoffroy Ourselay allait sortir de son embuscade avec huit cents hommes pour envelopper Bertrand et le charger : que si ce capitaine tombait dans ses mains, comme il l'espérait, il se ferait un mérite de le présenter au roi Édouard son maître, qui recevrait avec plaisir un si redoutable prisonnier, qu'il ne rendrait pas pour tout l'or de la France.

Ourselay pensait faire son coup, et prenait déjà son tour avec ses gens, à la faveur d'un bois qui l'épaulait et le couvrait; mais il fut bien surpris quand il se vit coupé par quatorze cents combattants qui lui tombèrent sur le corps, et que menait contre eux Olivier de Clisson, secondé des deux maréchaux d'Andreghem et de Blainville, et de Jean de Vienne. Comme la partie n'était pas égale, les Anglais voyant qu'ils allaient être accablés par la multitude, commencèrent à plier. Les Français profitant de leur crainte, en tuèrent grand nombre, et le carnage ne cessa que par la prise d'Ourselay. Clisson lui demanda ce qu'était devenu Bertrand, et s'il en savait des nouvelles; il lui répondit qu'il était aux prises avec les Anglais, sur lesquels il avait déjà remporté de grands avantages, et que comme il l'allait envelopper avec ses huit cents hommes, ils l'en avaient empêché : qu'il ne savait pas au vrai s'il était mort ou vif depuis que l'on avait commencé la mêlée. Clisson témoigna qu'il serait au désespoir, et n'aurait jamais de joie dans sa vie s'il arrivait malheur à Bertrand; le maréchal d'Andreghem qui n'y prenait pas moins de part que lui, remontra qu'il n'y avait point de temps à perdre, et qu'il fallait incessamment marcher à son secours. En effet, ils ne pouvaient pas le lui donner plus à propos : car quand ils arrivèrent à l'endroit où les deux armées étaient encore aux mains, ils trouvèrent Bertrand engagé dans le combat, et pressé par Thomas Granson, qui tout fier du renfort qu'il venait de recevoir de David Hollegrave, et se prévalant du plus grand nombre, comptait déjà que Guesclin ne lui pouvait échapper; mais son attente fut vaine : car ces quatorze cents combattants commandés par Clisson, vinrent tout à coup se jeter au travers des Anglais avec autant de furie que des loups affamés qui s'élancent dans un bercail pour en faire leur proie. Clisson fit voir en cette rencontre que ce n'était pas sans raison qu'on l'appelait le *boucher de Clisson* : car il charpentait à droite et à gauche tout ce qui se rencontrait sous la force et la pesanteur de son bras.

Le carnage fut si grand que David Hollegrave aima mieux se rendre que de se faire tuer. Thomas de Granson voyant ses troupes en désordre et à demi-battues, rallia ce qu'il avait de meilleur pour faire encore bonne contenance et disputer à ses ennemis le terrain pied à pied. Il avait encore bien douze cents Anglais, dont il se promettait un grand effet; mais il y avait déjà longtemps qu'ils était aux mains avec Bertrand et ses Français, dégouttants de sueur et du sang qui coulait de leurs blessures, ils ne pouvaient presque plus combattre. Clisson, Andreghem et Vienne voulant achever la journée, criaient pour encourager leurs gens : Notre-Dame Guesclin! et l'affaire était déjà si fort avancée que de tous les Anglais il n'en serait pas échappé seulement un, quand Thomelin Folisset, Hennequin, Acquet et Gilbert Guiffart survinrent avec quelque renfort pour soutenir pendant quelque temps le choc des Français; mais il leur fallut enfin céder, d'autant plus que le comte du Perche, le vicomte de Rohan, les seigneurs de Rochefort et de La Hunaudaye, arrivèrent fort à propos avec des gens tous frais, qui firent une si grande besogne, que Granson voyant la campagne jonchée de ses morts, et les Français mener battant le reste des Anglais qui n'avait pas encore perdu la vie, tomba dans un grand désespoir, aimant mieux mourir que de survivre à sa honte et à sa défaite; il prit une hache à deux mains, dont le tranchant était d'acier, et la levant bien haut, il l'allait décharger sur la tête de Guesclin, si celui-ci se coulant sous le coup, ne l'eût fait porter à faux : il saisit Granson par le corps, et le colleta avec tant de force, que non-seulement il le jeta sous lui, mais lui arracha la hache qu'il tenait, dont il le pouvait aisément assommer : il aima mieux généreusement lui donner la vie, pourvu qu'il se rendît à l'instant. Granson ne balança point à le faire, et cela le mit à couvert d'un autre coup que lui allait décharger Olivier de Clisson, si Bertrand ne l'eût paré en lui retenant le bras, et lui disant que Granson était son prisonnier.

Il ne restait plus qu'à se saisir de Thomelin Folisset, qui se moquait de ceux qui se mettaient en devoir de le prendre, en se défendant avec un bâton à deux pointes, dont il se couvrait le corps. Personne n'en approchait impunément; il y en eut même qui, pour avoir voulu trop risquer, y laissèrent la vie. Regnier de Susanville fut un de ceux-là. La mort de ce chevalier, que Clisson considérait beaucoup, alluma si fort sa colère, que se jetant sur Thomelin, il lui fendit en deux avec sa hache son bâton à deux pointes. Celui-ci se voyant désarmé d'un instrument, dont il savait si bien se servir, mit aussitôt l'épée à la main pour en percer Olivier de Clisson; mais le coup qu'il porta ne fit aucun effet, parce qu'il était si bien cuirassé, que l'épée trouvant une forte résistance, se cassa en deux. Ce malheur obligea Thomelin de se jeter aux genoux de Clisson, pour lui demander la vie, le priant de le vouloir prendre pour son prisonnier. Hennequin, Acquet, Gilbert Guiffart, et plusieurs autres, voyant que tout était perdu, prirent le parti de se rendre. Le butin fut grand pour les Français. Il n'y eut pas jusqu'au moindre palefrenier et goujat qui n'eût son prisonnier, dont il tira une bonne rançon. Le débris de cette déroute des Anglais s'alla jeter dans les places voisines; les uns allèrent se réfugier dans la ville de Baux, et d'autres cherchèrent leur asile dans celle de Bressière, d'autres dans celle de Saint-Maur-sur-Loire, où Cressonval était encore, assemblant le plus de gens qu'il pouvait pour en renforcer l'armée anglaise, dont il ne savait pas la défaite. Guesclin voulut les y suivre et les chasser de ces forts, en les y assiégeant sans perdre de temps.

CHAPITRE XXXII.

De la prise du fort de Baux et de la ville de Bressière, et de la sortie que les Anglais firent de Saint-Maur-sur-Loire, après y avoir mis le feu : ils sont battus par Bertrand devant Bressière.

Guesclin s'étant allé délasser et rafraîchir avec les siens dans la ville du Mans, après une si mémorable victoire, et sachant que les Anglais s'étaient retirés dans la ville de Baux, crut que la gloire qu'il avait acquise dans cette journée ne serait pas entière ni complète, s'il ne les allait encore assiéger dans cette forteresse : Bertrand s'en approchant un peu trop près pour bien connaître la place, le gouverneur lui demanda ce qu'il voulait, et quelle était la raison de sa curiosité, qui lui faisait étudier ainsi la position de son fort. Guesclin lui répondit qu'il ne faisait cette démarche que pour savoir son nom, dans l'espérance de se pouvoir ainsi aboucher avec lui. Ce commandant lui répondit qu'il était bien aise de le contenter là-dessus, et qu'il s'appelait le chevalier Gautier. Bertrand l'exhorta de lui rendre sa place sans se faire attaquer dans les formes ordinaires par une armée royale et victorieuse qu'il commandait en personne en qualité de connétable de France, ayant avec lui tous les braves de ce royaume, entre autres les deux maréchaux d'Andreghem et de Blainville, Olivier de Clisson, le vicomte de Rohan, les seigneurs de Rétz, de Rochefort, de La Hunaudaye, Jean et Alain de Beaumont, l'élite et la fleur de la France. Ce gouverneur l'assura qu'il le connaissait peu pour lui faire une semblable proposition, qu'il ne se rendrait pas quand ses murs seraient percés comme un crible, ses gens tués, et lui-même tout couvert du sang de ses blessures ; il lui ordonna de se retirer au plus tôt, s'il ne voulait se faire écraser sous un monceau de pierres qu'il lui ferait jeter sur la tête : *Ha larron*, lui dit Bertrand, *te es en ton cuidier* (1) : *mais par la foy que dois à Dieu, jamais ne mangeray ne ne bauray* (2) *tant que je t'aye pris ou mis en mon dongier* (3).

Le gouverneur se moqua de lui, et se prépara de son mieux à se bien défendre, se persuadant que Guesclin ne réussirait pas dans l'entreprise qu'il ferait sur la place. Bertrand s'étant mis à l'écart, vint retrouver ses gens pour les exhorter à tirer raison de l'insolence de ce commandant, qui l'avait bravé jusqu'à lui faire insulte, leur disant qu'il fallait aller dîner dans cette place, où il y avait de bonnes viandes et de bon vin qui les y attendaient, et que chacun se tînt prêt pour monter à l'assaut. Il fit mettre pied à terre aux gens d'armes,

(1) Abri. (N. E.)
(2) Boirai. (N. E.)
(3) Donjon. (N. E.)

et leur ordonna de descendre dans le fossé pour s'attacher ensuite à la muraille, dans laquelle ils fichaient entre deux pierres leurs dagues et leurs poignards, dont ils se faisaient des degrés et des échelons pour monter, tandis que les arbalétriers favorisaient à grands coups de traits les efforts qu'ils faisaient pour se rendre au haut des murs sans en être repoussés par les assiégés, qui n'osaient paraître sur les remparts, à cause de cette grêle de flèches et de dards que les Français leur lançaient du bord du fossé. Roulequin de Raineval fut fait chevalier sur-le-champ de la main de Bertrand, pour avoir osé le premier monter à l'échelle : la précipitation qui faisait aller les soldats à l'assaut, en faisait tomber beaucoup les uns sur les autres; mais l'ardeur qu'ils avaient de se rendre maîtres de la place, faisait qu'ils s'entr'aidaient à se relever. Bertrand craignant que les fatigues ne refroidissent leur courage, leur promettait de les récompenser largement, et les excitait de son mieux à ne se point relâcher. Il y eut un soldat breton qui fit enfin de si grands efforts, qu'il monta sur le mur; et se battant en désespéré contre les Anglais qui le voulaient repousser, il fraya le chemin aux autres, en criant : *Guesclin, Saint-Pol, le Perche, Raineval, Renty et Heudin*. Ils montèrent tous à la file, et s'étant rendus les plus forts, ils chassèrent les ennemis du poste qu'ils occupaient auparavant, et s'étant répandus ensuite dans la ville, ils y jetèrent tant de frayeur, et firent une si cruelle boucherie, que l'Anglais qui commandait, s'estima bien heureux de s'évader par une poterne dont il s'était réservé la clé. La ville se rendit aussitôt; les soldats firent un butin considérable, et trouvèrent beaucoup de vivres et de vins pour s'y rafraîchir et s'y délasser de toutes les fatigues que leur avait coûté cette conquête.

Bertrand ne se contentant pas de ce premier succès, dépêcha partout des coureurs pour savoir où les fuyards s'étaient réfugiés après leur défaite à Pontvallain. Ce général apprit que le débris de cette armée battue s'était retiré dans Saint-Maur-sur-Loire, et que les Anglais ne s'y croyaient pas en sûreté depuis qu'ils avaient su que la forteresse de Berri avait été prise d'assaut. Cette surprenante nouvelle les y fit tenir sur leurs gardes avec plus de précaution que jamais : car le seul nom de Bertrand les faisait pâlir, et quand ils entendaient le moindre bruit, ils s'imaginaient le voir aussitôt à leurs portes. Leur terreur ne fut pas vaine : car ils furent promptement investis. Bertrand, avant de rien entreprendre contre une place si forte, trouva bon de tenir conseil avec les seigneurs qui commandaient dans son armée. A cet effet il appela Guillaume de Lannoy, Carenlouet, capitaine de la Rocheposay, Guillaume le Baveux, Ivain de Galles, et un autre chevalier que l'on nommait *le Poursuivant d'amours* (1).

Il les consulta tous sur les mesures qu'il avait à prendre dans une occasion de cette conséquence, leur représentant que la place devant laquelle ils étaient postés n'était pas l'affaire d'un jour, et qu'il était important de s'en assurer avant d'entrer plus avant dans le pays, de peur que Cressonval, qui commandait dedans, ne les harcelât par derrière, ayant une forte garnison d'Anglais, qui pourraient faire des courses sur eux, et les troubler dans les expéditions qu'il leur fallait entreprendre pour chasser les ennemis du royaume de France.

Les avis furent partagés dans le conseil. Les uns estimaient qu'une forteresse de cette conséquence, située sur la rivière de Loire, et bien fortifiée, méritait qu'on l'assiégeât dans les formes; d'autres voulaient qu'on l'insultât, sans la marchander davantage : mais le sentiment de Bertrand prévalut sur celui des autres, et fut universellement suivi, quand il déclara qu'il croyait qu'il était nécessaire, avant toutes choses, de pressentir Cressonval, gouverneur de Saint-Maur, qu'il connaissait de longue main pour avoir fait la guerre avec lui pendant plusieurs années en Espagne. Il envoya donc un héraut de sa part à Saint-Maur, pour prier Cressonval de venir s'aboucher avec lui. Il lui envoya un sauf-conduit. Cressonval ne balança point à sortir de sa place sur de si bonnes sûretés, ordonnant à son lieutenant de bien veiller sur tout, de peur d'être surpris en son absence.

Quand Guesclin le vit approcher, il lui dit : *Bien vei-*

---

(1) C'était le chevalier Bauwin. (N. E.)

gnant (1), *Sire; par saint Maurice dinerez avec moy, et buvrez de mon vin ainçois que* (2) *partiez : car vous avez été mon ami de pieça.* Il le cajola de son mieux, lui rappelant tous les travaux qu'ils avaient essuyés ensemble en Espagne, quand ils faisaient la guerre en faveur de Henri contre Pierre, et qu'il ne l'avait quitté que parce que le service du prince de Galles, son maître, l'appelait ailleurs, ainsi que doit faire tout bon sujet et fidèle vassal. Il ajouta qu'il avait pris la liberté de le faire venir pour renouveler leur ancienne amitié le verre à la main, sans préjudicier au service commun de leurs maîtres, les rois de France et d'Angleterre.

Cressonval lui témoigna que les liaisons particulières qu'il avait avec lui ne seraient jamais capables de lui faire trahir la fidélité qu'il devait à son prince : aussi Guesclin lui fit connaître qu'un repas fait entre deux amis sujets de deux souverains ennemis, ne leur pourrait attirer aucune affaire auprès de leurs maîtres, puisque chacun d'eux se mettrait en devoir de les bien servir quand l'occasion s'en présenterait; enfin Cressonval se rendant à des raisons si spécieuses et si fortes, n'osa pas refuser la prière qu'il lui faisait avec tant d'honnêteté de vouloir bien manger avec lui. Bertrand le régala splendidement. Ils s'entretinrent, durant le dîner, des périls qu'ils avaient essuyés ensemble. Quand le repas fut achevé, Guesclin tira Cressonval à l'écart, et lui dit qu'il n'avait souhaité cette entrevue que pour lui faire voir le danger dans lequel il s'allait plonger, s'il prétendait défendre Saint-Maur contre une armée aussi forte que la sienne, composée de gens aguerris et fière de ses victoires; qu'il n'avait pas voulu l'attaquer d'abord, dans le dessein qu'il avait de le ménager comme son ami : mais que s'il s'opiniâtrait à vouloir soutenir un siége, il courait risque d'être pris et de perdre la vie lui et tout son monde. Il le conjura de faire des réflexions sur tout ce qu'il lui disait, l'assurant que s'il ne déférait pas à son avis, il aurait tout le loisir de s'en repentir.

Cressonval ne donna point d'abord dans le piége. Il convint

---

(1) Bien venant ou bienvenu. (N. E.)
(2) Avant que. (N. E.)

avec lui que jamais place ne serait attaquée par un plus fameux capitaine, ni par des troupes plus braves et plus intrépides : mais il le pria de vouloir bien songer qu'il devait être jaloux de son honneur, et de la fidélité qu'il devait au prince de Galles, qui lui avait confié la garde d'une citadelle très-forte, pourvue d'une bonne garnison, de toutes les munitions nécessaires de guerre et de bouche ; qu'il était de son devoir de la défendre au péril de sa vie, et de se faire ensevelir sous ses ruines, plutôt que de commettre la lâcheté qu'il lui proposait. Bertrand ne s'accommodait pas d'une repartie qui reculait la reddition de Saint-Maur-sur-Loire. Il fronça le sourcil, et jura en disant à Cressonval, *que par Dieu, qui fut peené* (1) *en croix, et le tiers jour suscita, et par saint Yves, s'il attendoit qu'il mit trefs ne tentes devant son fort, il le feroit pendre aux fourches.* Le gouverneur alarmé de ce serment, et le connaissant homme à lui tenir parole à ses dépens, le pria de trouver bon qu'il remontât à cheval pour s'en retourner à Saint-Maur, et représenter ce qu'il venait de lui dire aux bourgeois, et à la garnison de sa place. Bertrand le voyant disposé à se rendre, donna d'autant plus volontiers les mains à sa prière. Cressonval ne fut pas plus tôt arrivé, qu'il fit assembler dans l'hôtel-de-ville les plus notables bourgeois, et les principaux officiers de la garnison, pour leur donner avis du serment qu'avait fait Guesclin de les faire tous pendre, s'ils tombaient dans ses mains après la prise de la place.

Ce discours les intimida au point qu'ils voulaient déjà prendre le parti de s'enfuir sans attendre que Bertrand commençât le siége : mais Cressonval essaya de les rassurer, en leur disant qu'il avait stipulé par avance, qu'ils auraient leurs biens et leur vie sauves, en se rendant dans un certain jour ; et qu'il valait mieux en passer par là, que de s'exposer à une mort certaine qu'ils ne pourraient jamais éviter, si la ville était une fois prise ou par siége, ou par famine, ou par assaut. La crainte de la mort les faisait presque tous donner dans ce sentiment, quand un chevalier anglais, fort brave de

---

(1) Supplicié. (N. E.)

sa personne, prit la parole pour représenter à la compagnie qu'une reddition si précipitée ne les garantirait jamais du soupçon que le prince de Galles aurait de leur perfidie, s'ils se rendaient sur de simples menaces qu'un général leur faisait pour les intimider. Cette généreuse remontrance ne leur inspira point le courage et la résolution de se bien défendre, mais les rendit encore plus timides. Cressonval faisant réflexion sur ce qu'avait dit le chevalier anglais, et craignant que le blâme ne tombât sur lui seul, jura qu'il ferait bien voir par la conduite qu'il allait tenir, qu'il n'était point capable de la trahison dont on avait prétendu l'accuser. Il commanda donc à chacun de se préparer à sortir, et d'emporter ses meubles, son argent et ce qu'il avait de plus précieux, parce qu'aussitôt qu'ils auraient gagné la porte, il avait envie de mettre le feu dans la place, et de la réduire en cendres, afin que Bertrand n'en eût que les décombres. Il leur dit que quand ils seraient hors des portes ils eussent à se retirer dans Bressière ou dans Montcontour.

Cet ordre fut ponctuellement exécuté de la même manière qu'il l'avait projeté. Les bourgeois et les soldats se chargèrent de tout ce qu'ils purent emporter ; et quand ils eurent gagné la prairie, Cressonval fit aussitôt mettre le feu par ses gens, sans épargner même les églises, dont la flamme et la fumée se voyaient de loin. Le vent qui soufflait alors en porta les étincelles à plus de deux lieues de là : la nouvelle en vint bientôt à Bertrand, qui fut averti par un courrier, qu'on appelait Hasequin, que les Anglais venaient de sortir de Saint-Maur après y avoir mis le feu ; qu'ils prenaient la route de Bressière et de Montcontour, chargés de toutes les dépouilles de la ville, et qu'il était aisé de les atteindre, parce que les effets qu'ils portaient ralentissaient leur marche.

Bertrand, déconcerté de cette nouvelle à laquelle il ne s'attendait pas, fit mille imprécations contre l'infidélité prétendue de Cressonval qui avait violé la parole qu'il lui avait donnée, de lui remettre la place entre les mains. Le maréchal d'Andreghem lui dit qu'il n'avait pas tant de tort, puisqu'il lui avait laissé les portes ouvertes : mais comme il n'en voyait plus que les cendres et les ruines, il résolut de se venger de cette tromperie, commandant sur l'heure à tous ses gens de monter à cheval pour courir après les Anglais, tandis qu'ils étaient encore sur la route, ou de les investir dans Bressière, et de les y prendre avec le bagage, et les meubles qu'ils avaient emportés. Comme les Français étaient en marche à la suite de Bertrand, les uns se plaignaient que ce général était trop remuant, et ne les laissait jamais en repos, ne leur donnant pas le loisir de manger ni de dormir; d'autres le disculpaient, en avouant que les siècles précédents n'avaient jamais fait naître un tel homme, ni qui eût de si grands talents pour la guerre, et qu'il fallait un capitaine de cette trempe, pour relever la France de l'accablement où les Anglais l'avaient réduite.

Quand ces derniers se présentèrent devant Bressière, ils trouvèrent les portes fermées, et les ponts levés sur eux; car ceux de la ville appréhendaient si fort Bertrand, qu'ils n'osaient pas se déclarer pour ces fuyards, de peur de s'attirer un siége qui finirait par le carnage de leurs habitants, et le sac entier de Bressière. Tandis que les Anglais, épuisés de fatigue, et pouvant à peine respirer sous le faix dont ils étaient chargés, demeuraient arrêtés aux portes de cette ville sans y pouvoir entrer, et craignaient que Bertrand qui les poursuivaient, ne les atteignît bientôt, le commandant de la place, homme de bon sens et d'expérience, les appela du haut des murailles, leur demanda ce qu'ils faisaient là, s'ils étaient Anglais ou Français, et quel était le lieu d'où ils étaient sortis. Un de ces Anglais prit la parole pour les autres, et le pria de leur ouvrir ses portes, parce qu'ils venaient de Saint-Maur-sur-Loire; qu'ils avaient mieux aimé la mettre en cendres, que de souffrir qu'elle fût prise par Guesclin, qui, tout écumant de rage et de fureur, les poursuivaient avec tout son monde, pour assouvir sur eux son ressentiment. Il ajouta, pour le toucher encore davantage, qu'ils étaient tous Anglais naturels et sujets du même prince que les habitants de Bressière; que les Français leurs ennemis, commandés par Bertrand, leur marchaient déjà sur les talons, et qu'ils allaient être assommés sans qu'il en pût échapper un seul, s'il ne leur faisait la charité de les mettre à couvert du danger qui les menaçait, en leur donnant retraite dans sa place. Le gouverneur appréhendant que le prince de Galles ne lui fît un jour quelque reproche de son inhumanité, s'il laissait ainsi les Anglais à la discrétion de leurs ennemis, leur promit qu'il leur ouvrirait ses portes, à condition qu'ils passeraient cinquante à cinquante, et ne coucheraient point dans Bressière. Les Anglais furent trop heureux d'accepter ces offres; mais il n'en fut pas plus tôt entré quarante, que le tocsin sonne de la tour, et le guetteur criait à pleine tête : *Trahi, trahi, fermez la porte; voici Bertrand qui vient, ces Anglois fugitifs nous ont vendus.*

En effet, il y avait quelque vraisemblance de trahison ; car on apercevait du beffroi, où coururent les bourgeois, tous les étendards de Guesclin, d'Olivier de Clisson, des maréchaux d'Andreghem et de Blainville, d'Alain de Beaumont, du vicomte de Rohan, du sire de Rochefort, de Carenlouet et des autres chevaliers français. Les bourgeois ne se possédant point à la vue de tout cet appareil de guerre, s'imaginèrent que ces pauvres Anglais qui demandaient un asile chez eux, étaient d'intelligence avec les Français, et n'avaient souhaité l'entrée de leur ville, que pour les livrer à leurs ennemis. Irrités par ce soupçon ils se jetèrent sur ces malheureux, et sans avoir aucune indulgence pour eux ils les tuèrent tous, ne voulant point prêter l'oreille à leurs justes plaintes, ni aux raisons dont ils voulaient justifier leur conduite. Ils fermèrent ensuite leurs portes, et levèrent leurs ponts sur le reste des Anglais, qui leur demandaient le passage. Bertrand vint fondre sur eux avec tout son monde ; ils se mirent d'abord en devoir de se bien défendre; mais leur résistance fut vaine ; ils se virent bientôt accablés par la multitude et enveloppés. Ceux qui survécurent à leur défaite furent faits prisonniers. Guesclin tâchait de garder la justice distributive dans le partage des dépouilles; mais il ne put en venir à bout. La difficulté fut encore plus grande quand il fallut régler à qui véritablement les prisonniers appartenaient : et la contestation ne finit qu'aux dépens de la vie de ces pauvres Anglais, car pour vider le différend que les Français victorieux avaient entre eux, Guesclin et Clisson trouvèrent que c'était un chemin bien plus court de les faire tous massacrer ; si bien qu'il se fit aux portes de Bressière un carnage de plus de cinq cents Anglais qui demeurant couchés par terre et ensanglantés des coups qu'ils avaient reçus, devaient effrayer les habitants de cette ville, qui pouvaient voir de leur donjon cette boucherie. Bertrand voulant profiter de leur consternation, s'approcha du pont-levis, et voyant quelques soldats qui faisaient le guet, il leur commanda d'aller avertir leur gouverneur, parce qu'il désirait s'aboucher avec lui pour traiter de paix à l'amiable. Ce commandant s'étant présenté pour lui parler, débuta par lui dire des injures donnant mille malédictions au jour qui l'avait mis au monde pour être le fléau des Anglais : il lui reprocha que depuis quatre mois, il avait fait contre eux plus d'hostilités que les autres ennemis de leur nation n'en avaient fait dans un siècle entier : et que n'étant pas content d'avoir trempé ses mains dans le sang de leurs frères qu'il venait d'assommer, il prétendait peut-être encore qu'il lui rendît la ville de Bressière sur une simple sommation.

Bertrand lui promit que s'il voulait déférer à son commandement, il lui donnerait la vie sauve et la liberté d'emporter son argent et son bagage, qu'il ferait la même grâce aux soldats de sa garnison ; le menaçant que s'il refusait d'obéir, il les traiterait tous comme ces Anglais qu'il voyait morts, et nageant dans leur sang. Le gouverneur lui répondit que quand il lui donnerait dix mille marcs d'or, il ne serait pas capable de commettre une semblable lâcheté : qu'il avait une ville bien munie, bien fortifiée : qu'il servait un prince assez puissant pour lui envoyer du secours en cas de besoin : que s'il rendait les clés de sa place sans siège et sans assaut, il mériterait que son maître le fît pendre comme un traître. Bertrand s'apercevant que cet homme avait des sentiments d'honneur, avoua de bonne foi que s'il était à sa place, il ne se rendrait qu'on n'eût pris d'assaut sa forteresse, ou du moins par un siége qui fût dans les formes, et le louant de ce qu'il avait le cœur si bien placé, il lui promit de le laisser en repos, et de passer outre avec ses gens, à condition qu'il leur fournirait des vivres pour un jour en payant. Cet homme au lieu de le prendre au mot et de s'estimer heureux d'en être quitte à si bon marché, lui fit une réponse indiscrète et brutale, lui disant qu'il lui donnerait volontiers des vivres pour rien, s'il croyait qu'en les mangeant il pût s'étrangler ainsi que tous ces Français qu'il menait avec lui. Cette parole incivile et malhonnête piqua Guesclin jusqu'au vif. *Ah! felon portier,* lui dit-il, *par tous les saints, vous serez pendu par la ceinture* : et quand il eut lâché ce mot, il alla de ce pas trouver les autres généraux français, et leur fit le récit de l'insolence de ce gouverneur, et des paroles outrageantes avec lesquelles il avait reçu la demande qu'il lui avait faite de leur donner des vivres pour de l'argent, jurant qu'il en fallait au plus tôt tirer raison d'une manière si sanglante, qu'elle servît d'exemple aux autres gouverneurs qu'ils pourraient rencontrer dans le cours de leur marche. Le maréchal d'Andreghem, Olivier de Clisson, le vicomte de Rohan et les autres seigneurs entrèrent dans son ressentiment. Il y eut même là un jeune chevalier nommé Jean Dubois qui fit serment de porter l'étendard de Bertrand le jour même sur la tour de Bressière, ou qu'il lui en coûterait la vie, s'il ne le faisait pas.

Tous ces généraux montèrent à cheval pour reconnaître l'assiette de la place où il y avait ville et citadelle, et pour étudier l'endroit qui serait le plus propre pour la bien attaquer. Quand Bertrand eut observé le fort et le faible de cette place, il revint à ses gens pour leur dire qu'ils se missent aussitôt sous les armes, et qu'il n'y avait pas d'autre parti à prendre que celui de donner un assaut le plus vigoureux qu'ils pourraient : qu'il fallait d'abord se couvrir pour se garantir d'une grêle de dards et de flèches ; mais que quand les assiégés auraient jeté tout leur feu, et que les coups de traits viendraient à cesser, ils devaient, tête baissée, descendre dans le fossé pour s'attacher au mur et y monter avec des échelles de cordes et d'autres instruments. Les Français voulant venger l'affront que le gouverneur de Bressière avait fait à leur général, s'acharnèrent à cet assaut avec une vigueur incroyable, fichant leurs dagues et leurs poignards entre les pierres et le mortier, afin de se faire, dans les jointures, des degrés et des échelons pour monter à la cime des murs. Les Anglais leur lâchaient de dessus les remparts des tonneaux remplis de pierres et de cailloux, et ceux sur lesquels ils tombaient, demeuraient écrasés sous leur chute. Toutes ces disgrâces ne faisaient que redoubler l'ardeur de ceux qui n'en étaient point atteints, et sans s'effrayer de la vue de ceux qui se culbutaient dans les fossés, ils gagnèrent le haut du rempart en grand nombre. Celui qui portait l'étendard de Bertrand le vint poser au pied du mur en criant : *Guesclin*, pour braver encore davantage les ennemis qui commençaient à perdre cœur au milieu de tant de Français qu'ils voyaient affronter le péril avec intrépidité. Un Anglais s'efforça d'enlever cette enseigne par la pointe de la pique qui la soutenait : mais Jean Dubois qui la portait la poussant contre lui, lui perça l'œil droit, et lui fit prendre le parti de se retirer avec sa blessure. Le maréchal d'Andreghem fit des choses incroyables dans cet assaut qui lui coûta la vie, car trois fois il monta sur le mur, dont il fut repoussé et trois fois renversé dans le fossé. Toutes ces chutes jointes aux coups qu'il avait reçus, lui froissèrent tellement le corps qu'il ne survécut pas longtemps à cette expédition. Bertrand et Clisson furent aussi fort maltraités ; mais avec un moindre danger, car s'étant tirés à l'écart pour reprendre haleine, ils revinrent ensuite à la charge avec plus de rage et de fureur.

Guesclin criait à ses soldats que la viande dont ils devaient souper, était dans cette place et qu'il fallait nécessairement ou la prendre ou mourir de faim. Il commanda à ce Jean Dubois, son porte-enseigne, qu'il levât haut son étendard, afin qu'il fût planté le premier sur les remparts comme un signe de la victoire qu'il allait remporter, et de la prise de Bressière. Les Anglais jetaient en vain des barils remplis de pierres sur les Français ; rien ne les épouvantait et ne pouvait refroidir leur courage. Les généraux montraient l'exemple les premiers ; Alain et Jean de Beaumont, Guillaume le Baveux, les seigneurs de Rochefort, de Retz, de Ventadour, de La Hunaudaye, Jean de Vienne, Carenlouet, le chevalier qu'on appelait le Poursuivant d'amours, Alain de Taillecol dit *l'Abbé de male paye* (1), se surpassèrent dans cette chaude occasion,

---

(1) L'abbé de mauvaise paie ; sobriquet qui venait sans doute de l'habitude qu'avait ce seigneur de ne pas payer ses créanciers, ses gens et ses soldats.

faisant de grands trous dans les murailles avec leurs piques, et donnant tant de coups dedans que les pierres s'arrachèrent et croulèrent les unes sur les autres. La brèche fut ensuite facile à faire. Guesclin, pour achever cette journée, criait à ses gens : *Allons, mes enfants, ces gars sont suppedités* (1). A cette parole, les Français firent un dernier effort et se jetèrent comme des lions dans la ville au travers de cette brèche, et joignant ceux qui s'étaient emparés déjà du haut des remparts, ils ne trouvèrent plus aucune résistance. Il y eut quelque cinquante Anglais qui voulurent se sauver par une poterne dont ils avaient gardé la clé exprès : mais ils tombèrent entre les mains du maréchal d'Andreghem qui les fit rentrer à grands coups d'épées dont il en tua dix. Bertrand s'étant emparé des murailles où l'on avait planté son étendard, se voyant à la tête de plus de cinq cents braves, fit faire main-basse sur tout ce qu'il y avait d'Anglais dans la ville, si bien que ceux qui se purent sauver dans la citadelle s'estimèrent fort heureux. Les Français qui s'étaient rendus maîtres de la ville, coururent vite aux portes pour les ouvrir au reste de l'armée qui fit son entrée dans Bressière, en marchant sur un monceau de morts qui demeuraient étendus dans les rues.

Guesclin voulait qu'on attaquât la citadelle : mais les troupes étaient si fatiguées de l'expédition violente qu'elles venaient de faire, qu'elles n'étaient plus en état de rien entreprendre, et le maréchal d'Andreghem tout moulu des coups qu'il avait reçus, en mourut quelque temps après. Les vainqueurs partagèrent entre eux le butin qu'ils firent, et donnant toute la nuit au repos dont ils avaient grand besoin, ils se présentèrent le lendemain devant la citadelle, qui, profitant de l'exemple de la ville, aima mieux prendre le parti de capituler que d'essuyer le même sort. Bertrand, après un si mémorable succès, reprit le chemin de Saumur d'où il était parti pour cette expédition. Il y passa quinze jours pour s'y rafraîchir et s'y délasser, et y faire les obsèques du pauvre maréchal, dont il avait fait transporter le corps en cette ville pour l'inhumer. La perte d'un si grand homme fut fort regrettée.

(1) Renversés et supplantés. (N. E.)

Tandis que Guesclin prenait le soin de célébrer ces funérailles avec le plus de pompe et de piété qu'il pouvait, il vint un courrier lui donner avis que Robert Knole, général anglais, était au château de Derval : qu'il avait donné les ordres nécessaires pour faire repasser la mer à ses gens, sous la conduite de Robert de Neuville : et que si on pouvait les surprendre au passage, on pourrait s'en promettre de riches dépouilles, parce qu'ils emportaient avec eux un butin considérable qu'ils avaient fait en pillant tout le pays plat. Bertrand ne voulant pas négliger cet avis important, prit la résolution de les attaquer, et fit sonner la trompette, afin que chacun se tînt prêt pour marcher. Olivier de Clisson le pria de vouloir bien souffrir qu'il lui en épargnât la peine et qu'il se chargeât seul de cette entreprise. Il lui représenta qu'il était nécessaire qu'il restât pour observer les démarches que Chandos pourrait faire avec un grand nombre de troupes anglaises qui tenaient garnison dans Poitiers, et qui n'attendaient que ses ordres pour faire quelque mouvement au premier jour, et que tandis qu'en qualité de connétable il aurait l'œil aux occasions les plus importantes, il pourrait se reposer sur lui de cette petite expédition qui se présentait, et dont il espérait sortir avec succès, parce qu'il connaissait le pays et les défilés par où les Anglais devaient nécessairement passer.

Bertrand lui voulant faire naître l'occasion d'acquérir de la gloire dans une action dont il souhaitait d'avoir le commandement, ne balança point à l'en laisser le maître tout seul. Clisson, dans le pressentiment qu'il avait qu'il triompherait des Anglais, se mit à la tête de tout son monde avec une joie incroyable, et surprit les ennemis comme ils étaient sur le point de s'embarquer dans leurs vaisseaux. Profitant du désordre dans lequel ils étaient, et de l'alarme qu'il leur donna, il les vint charger en criant : *Guesclin et Clisson, à mort traîtres recreans, jamais en Angleterre ne rentrerez sans mortel encombrier.* La réputation d'un si grand capitaine, dont ils redoutaient la valeur, et qu'ils appelaient Clisson le Boucher, parce qu'il coupait bras et jambes dans les combats, leur donna tant de crainte et de frayeur, qu'ils se laissèrent hacher en pièces, et ne firent qu'une légère défense. Olivier en fit un si grand carnage, que de onze cents qu'ils étaient, il n'en resta pas deux cents. Le général qui les commandait, et qui s'appelait Robert de Neuville, fut trop heureux de se rendre et de se constituer prisonnier dans les mains de Clisson, qui le menant à Bertrand, ne lui put pas donner une preuve plus évidente de la victoire qu'il avait remportée, qu'en lui présentant captif le chef des Anglais; il lui témoigna même qu'il ne devait pas posséder seul la gloire de cette journée, puisque le vicomte de Rohan, les seigneurs de Retz et de Rochefort, le sire de Beaumanoir, et Geoffroy Cassinel avaient mérité par leurs belles actions de la partager avec lui.

CHAPITRE XXXIII.

De la défaite et de la prise du comte de Pembroc devant La Rochelle, par les flottes de France et d'Espagne, dont la première était commandée par Ivain de Galles.

Le prince de Galles étant attaqué d'une maladie mortelle qui le minait et consumait peu à peu, prit le parti de retourner en Angleterre; il laissa le soin des affaires de cette couronne en Guienne, au duc de Lancastre, au chaptal de Buch, à Thomas Tistons, et au sénéchal de Bordeaux, afin de veiller sur les entreprises de Bertrand, qui donnait de l'exercice aux Anglais et les harcelait. Un jour que ce grand capitaine attendait à Saumur des nouvelles du roi son maître pour payer les troupes qu'il avait levées, il arriva de Paris un courrier qui, se présentant devant lui pour lui faire la révérence, fut aussitôt prévenu par Guesclin, qui sans attendre qu'il ouvrît la bouche pour lui déclarer le sujet de sa commission, lui demanda brusquement où étaient ces sommes que Sa Majesté lui devait faire tenir incessamment pour payer son armée, qui ne pourrait à l'avenir subsister que de rapines, et en désolant le pays plat. Cet homme lui répondit que bien loin d'avoir de l'argent, il serait lui-même contraint de vendre son cheval, et de retourner à pied, s'il n'avait la bonté de lui donner de quoi faire les frais de son voyage qui le rappelait à Paris. Dans le même temps il lui présenta la dépêche du roi que Bertrand ouvrit et fit lire par son secrétaire, parce que, comme nous l'avons dit, il ne savait pas lire. Elle lui donnait ordre de licencier ses troupes et de se rendre au plus tôt à Paris pour conférer avec Sa Majesté sur les mesures à prendre pour la campagne prochaine. Cette nouvelle affligea Bertrand, qui donnant l'essor à sa colère, s'écria : *Grand Dieu, qu'est-ce que le service de Roy ?* Il se frappait lui-même et se tourmentait comme un forcené, disant que si ce prince lui eût tenu parole, il aurait déjà fait la conquête de toute la Guienne, et que faute d'ouvrir ses coffres, il courait risque de tout perdre ; qu'il avait soutenu la guerre quelque temps à ses propres dépens par la vente de sa vaisselle d'or et d'argent, et que loin d'en recevoir le remboursement, il voyait bien selon le train que prenaient les affaires, que les troupes demeureraient sans paiement.

Tandis que son indignation lui faisait lâcher ces paroles, il lui vint un autre courrier de la part de Henri, roi d'Espagne, qu'il avait si bien servi contre Pierre, qui lui présenta les lettres de son maître. La lecture qu'il en fit faire lui donna tout autant de joie que l'autre dépêche lui avait donné de tristesse. Elles lui apprirent que le roi d'Espagne, pour lui témoigner sa reconnaissance des bons services qu'il lui avait rendus, lui envoyait deux mulets chargés d'or, d'argent et de pierreries, l'assurant qu'il ne perdrait jamais la mémoire de tout ce qu'il avait fait pour le rétablir sur le trône ; que depuis son départ il avait éprouvé le besoin qu'il aurait eu de lui, pour avoir essuyé beaucoup de rébellions de la part de ses sujets, qu'il n'avait pu surmonter que par les conseils et le bras du Bègue de Vilaines qu'il lui avait laissé, ce dont il s'était tout à fait bien trouvé. Il le priait aussi dans cette dépêche d'employer le crédit qu'il avait auprès du roi, son maître, pour que le Bègue de Vilaines et son fils Pierre lui restassent, afin que par leur secours il pût calmer tous les troubles de son royaume, qui n'étaient pas encore apaisés, promettant au roi de France qu'après qu'il aurait pris Carmone, Somone et Thouars, il mettrait en mer une flotte de vingt-deux vaisseaux fournis de tout leur amarrage pour combattre les Anglais et travailler de concert avec lui pour en délivrer la France, à condition que si la paix se faisait ensuite entre ces deux nations il lui enverrait des troupes pour le servir en Espagne. Il arrive quelquefois dans la vie que de grandes joies succèdent à de grandes tristesses. Cela se réalisa dans la conjoncture présente, puisque Bertrand se voyant comblé de richesses à l'instant où il se croyait dans la disette, témoigna ouvertement la grande satisfaction que lui causait la reconnaissance et la libéralité du roi d'Espagne.

Il régala cet agréable messager qui, déchargeant les mulets, étala dans sa salle de riches présents, entre lesquels il y avait un petit vase d'or fin, des couronnes et des tasses de même métal, artistement façonnées, grand nombre de pierreries et beaucoup d'or et d'argent monnayé. La vue de ces richesses n'excita point l'avarice de Bertrand et ne le fit point penser à la conservation de ces trésors pour les laisser à sa famille : au contraire, elle lui fit naître l'occasion de faire éclater sa générosité, car l'argent lui ayant manqué pour payer ses troupes, il invita les capitaines qui servaient sous lui à venir dîner avec lui, les traita de son mieux et leur distribua ces pierreries, ces joyaux, cet or et cet argent pour les satisfaire avant de les licencier, afin d'exécuter l'ordre qu'il avait reçu : il ne se réserva que le vase d'or, pour en faire présent au roi qu'il allait trouver. Il les pria tous avant de se séparer d'avec eux de ne pas quitter le service jusqu'à ce qu'il leur donnât de ses nouvelles après son retour de Paris, leur promettant qu'il ménagerait si bien les choses auprès du roi, qu'ils auraient tous sujet de se louer de sa conduite, et que si Sa Majesté ne déférait pas aux raisons qu'il avait à lui dire pour lui faire ouvrir ses coffres, il lui remettrait entre ses mains l'épée de connétable et retournerait en Espagne servir le roi Henri. Quand il les eut ainsi congédiés avec le plus d'honnêteté qu'il lui fut possible, il renvoya le courrier en Espagne et le chargea de témoigner à son maître combien il était sensible à la munificence qu'il venait de faire éclater en sa faveur, et de lui dire que si les affaires du royaume de France le lui pouvaient permettre, il irait au plus tôt en personne pour le servir encore contre ses ennemis.

Ce courrier s'en retourna fort content du succès de sa commission, et des dons que Bertrand lui fit avant de le laisser partir. Ce général ne songea donc plus qu'à prendre le chemin de Paris, où le roi l'appelait; mais avant son départ il mit ordre à toutes choses. Il laissa de bonnes garnisons dans les places qu'il avait conquises. Il établit Carenlouet dans la Rocheposay, laissa dans Saumur Alain et Jean de Beaumont, Olivier de Mauny, Guillaume le Baveux, Ivain de Galles, et plusieurs autres chevaliers pour veiller à tout durant son absence. Il se mit ensuite en chemin, sans avoir avec lui que fort peu de gens. Le courrier que lui avait envoyé le roi le prévint, et se rendant à grandes journées à Paris, il alla descendre à l'hôtel de Saint-Paul sur le soir, pour rendre compte à Sa Majesté de tout ce qu'il avait fait, et de tout ce qu'il avait vu, lui rapportant que Bertrand, en exécution de ses ordres, avait licencié ses troupes avec beaucoup de répugnance; se plaignant hautement de ce que les fonds lui avaient manqué pour les payer, et déclarant que si le roi n'apportait un prompt remède à ce mal, il quitterait le service, et lui rendrait l'épée de connétable pour aller en Espagne reprendre les armes en faveur du roi Henri, qui lui avait envoyé de grandes richesses. Il ajouta que Guesclin, bien loin de retenir pour lui ces trésors, les avait généreusement distribués à ses capitaines, pour les récompenser des soldes qu'ils n'avaient pas reçues : qu'il avait été témoin de tout ce qu'il prenait la liberté d'avancer à Sa Majesté; qu'elle verrait Bertrand sous trois jours, qui lui confirmerait tout ce qu'il venait de lui dire. Cela surprit le roi, qui voyant l'intérêt qu'il avait à la conservation de cet homme, sur qui roulaient toutes les espérances et le succès de ses affaires, mit la main sur l'épaule de Bureau de La Rivière, son grand chambellan, qu'il aimait beaucoup, et qui passait dans toute la France pour son favori, lui disant : *Bureau, nous ne pourrons pas nous défendre d'ouvrir nos coffres, et de donner de l'argent à Bertrand, de peur que nous ne venions à perdre un si grand capitaine, et qu'il ne nous échappe.* Ce favori lui répondit qu'il était de la dernière importance de satisfaire un si grand homme, et que s'il abandonnait le service, tout son royaume courait grand risque d'être bientôt conquis par les Anglais : que lui seul était capable de rétablir les affaires, quand même elles seraient sur leur dernier penchant : et qu'enfin l'on ne devait rien épargner pour le contenter. Le roi prêta l'oreille à cette judicieuse remontrance, et lui promit de profiter de son avis.

Trois jours après, Guesclin se rendit à la Cour lui dixième, vêtu fort simplement. La Rivière vint au-devant de lui pour le disposer à ne point s'écarter du respect quand il parlerait au roi, craignant que le chagrin dans lequel il était, ne lui fît faire quelque écart. Ce fut dans cet esprit qu'il le prévint de mille caresses, lui témoigna qu'il venait de laisser Sa Majesté dans de fort bonnes intentions de lui donner toute la satisfaction qu'il pouvait attendre d'Elle. Il le mena donc devant le roi, qui l'accueillit et lui tendit la main, pour lui faire voir qu'il avait pour lui une considération particulière, lui disant qu'il était le fort bienvenu ; qu'il aurait toujours pour lui des égards distingués, et qu'il le devait aimer lui seul plus que tous ses autres sujets.

Bertrand, qui ne se payait guère de vent ni de fumée, ne put dissimuler ce qui lui tenait au cœur : *Sire*, lui dit-il, *je m'en apperçoy mauvaisement, car vous m'avez oté tout mon ébat, et maudit soit l'argent qui se tient ainsi coy, plutôt que de le départir à ceux qui guerroient vos ennemis.* Le roi craignant qu'il ne s'émancipât, l'interrompit, en lui promettant qu'il allait ouvrir ses coffres pour le contenter, et lui donner de quoi payer les troupes qu'il commanderait au printemps.

Bertrand à ce discours prit la liberté de lui demander de quoi donc vivraient les garnisons qu'il avait laissées dans les places pour garder la frontière, et si Sa Majesté prétendait qu'elles pillassent les pauvres paysans de la campagne pour trouver de quoi subsister. Bertrand, ajouta le roi, vous aurez vingt mille francs dans un mois. *Hé quoy, Sire,* s'écria Guesclin, *ce n'est pas pour un déjeuner ! je vois bien qu'il me faudra départir de France : car je ne m'y sçay chevir* (1), *si me convient renoncer à l'office que j'ay.* Le roi tâcha de le radoucir

---

(1) Trouver chevance, ou de quoi vivre. (N. E.)

en lui déclarant qu'il ne pouvait pas lever de grandes sommes dans son royaume sans fouler ses sujets. Il lui répondit plaisamment : *Hé, Sire, que ne faites-vous saillir ces deniers de ces gros chaperons fourrez, c'est à sçavoir Prelats et Avocats qui sont des mangeurs de Chrétiens.* Le roi fit la justice à Bertrand d'entrer dans ses sentiments. Il lui fit compter tout l'argent qu'il lui demanda pour payer les troupes, et le renvoya sur la frontière aussi satisfait qu'il était venu mécontent à Paris.

Le Bègue de Vilaines, qui n'avait point quitté le service de Henri, roi d'Espagne, eut moins de chagrin que Bertrand ; car outre que les armées qu'il commandait étaient régulièrement bien payées, il le récompensa d'ailleurs de la comté de Ribedieu, dont il lui fit présent pour reconnaître les dangers qu'il avait tant de fois essuyés pour le rétablir sur le trône. Il est vrai qu'on ne doit pas accuser Charles le Sage d'avarice, parce qu'il n'envoyait pas à Guesclin tout l'argent dont il avait besoin pour soutenir la guerre ; c'est que ce bon prince appréhendait de fouler ses sujets par de nouveaux subsides, et tirait le moins qu'il pouvait sur ses peuples. Quand Henri se vit au-dessus de ses ennemis et de ses affaires, et maître absolu de toute l'Espagne, il ne songea plus qu'au secours qu'il avait promis à la France contre les Anglais. Il fit équiper une flotte de vingt-deux voiles, et remplit ses vaisseaux de beaucoup d'archers et d'arbalétriers espagnols, qui se promettaient de faire sur mer une bonne besogne contre ces insulaires et contre ceux de Bordeaux leurs sujets. En effet, ils se rendirent si redoutables sur l'Océan, que nul bâtiment n'osait se présenter devant eux, et quand ils rencontraient Flamands, Brabançons, Picards ou Normands, ils les pillaient tous, et ne faisaient point de scrupule de les jeter à la mer après les avoir mis en chemise. Charles le Sage de son côté mit sur mer, auprès de Harfleur, une flotte de douze gros vaisseaux, dans lesquels il fit embarquer cinq cents hommes d'armes, et trois cents archers, avec ordre d'aller joindre celle d'Espagne ; mais les Français ayant été repoussés par les vents, ne purent, à jour nommé, faire le trajet qu'ils avaient médité. Tandis qu'ils étaient sur les mers, ils aperçurent devant eux l'île de Gernesey, qui relevait du roi d'Angleterre. Ivain de Galles, qui commandait la flotte française, et qui ne demandait qu'à se venger de l'outrage qu'il prétendait avoir reçu de son maître, qui l'avait dépouillé de tous les biens qu'il possédait en son pays, voulut descendre dans cette île pour s'y dédommager de toutes ses pertes. Il alla donc débarquer au port Saint-Pierre. Ceux de l'île crièrent : *aux armes*, et se mirent en devoir de se bien défendre.

Il y avait là environ cent vingt Anglais qui, chargés d'un gros butin qu'ils menaient à Londres, se rafraîchissaient dans cette île, qu'ils regardaient comme un entrepôt, en attendant qu'ils cinglassent vers l'Angleterre, pour y transporter toutes les dépouilles qu'ils avaient amassées en écumant et piratant sur toutes les mers. Les Français les attaquèrent vivement, et les poussèrent avec tant de vigueur, qu'ils les obligèrent de se réfugier dans un château. Cet asile prétendu ne leur fut pas d'un grand secours, et n'empêcha pas que cette île ne fût pillée, saccagée, dépouillée de tout ce qu'elle avait de meilleur et de plus riche. Ivain de Galles y fit un bon butin, qui servit à le consoler un peu de la misère où l'injustice de son roi l'avait réduit. Les Français, après avoir fait le sac de Gernesey, se présentèrent devant une autre île qui relevait encore des Anglais, et qui, craignant d'essuyer le même sort que la première, aima mieux se saigner et fournir de grosses sommes pour se racheter du pillage qu'elle ne pouvait pas autrement éviter. Ivain de Galles se remit en mer après s'être enrichi, lui et les Français, de la dépouille de ces deux îles, et cinglant toujours dans le dessein de joindre la flotte espagnole, il rencontra seize vaisseaux qui avaient mouillé l'ancre. Il s'imagina d'abord que c'étaient les Anglais, et se promettait bien de les battre et d'y faire un riche butin : mais quand il fut aux approches, il découvrit que c'étaient des vaisseaux marchands qui venaient d'Espagne, et qui se reposaient là, dans l'attente d'un vent favorable pour retourner en Flandre, à Anvers et dans le Brabant. Les Français firent quelque mine de les attaquer, ne les voulant pas reconnaître pour marchands : mais Ivain de Galles dit que ce serait violer le droit des gens, que de courir sus à ceux dont la profession les mettait sous la foi publique.

Cet amiral ayant empêché qu'on ne leur fît aucune insulte, se contenta de recevoir quelques vivres qu'ils lui présentèrent, et de leur demander si dans le cours de leur navigation, ils n'avaient point découvert quelques bâtiments anglais. Ces marchands lui répondirent qu'ils avaient rencontré dans la mer de Bordeaux une belle flotte composée de dix-huit grosses ramberges (1) et de quinze autres moindres vaisseaux; et que le comte de Pembroc, qui la commandait, y avait chargé beaucoup d'or et d'argent, qu'il avait apporté de Londres pour payer les troupes que le roi d'Angleterre entretenait en Guienne contre les Français, parce que ce prince appréhendait fort que les Gascons ne secouassent le joug de son obéissance, et ne se donnassent à leur premier maître, et que La Rochelle, suivant leur exemple ne lui échappât. Ils ajoutèrent que le comte de Pembroc allait droit à cette place pour s'en assurer, dans la crainte qu'il avait que Bertrand ne le prévînt, et ne débauchât les Rochelais de la fidélité qu'ils devaient à leur souverain. Quand Ivain de Galles eut tiré de ces marchands tous les éclaircissements dont il avait besoin, il se promit bien d'en profiter, et les remercia, les assurant qu'ils pouvaient demeurer en paix, et qu'il ne leur serait fait aucun tort. Il fit voile ensuite pour aller à la découverte de tout ce que lui avaient dit ces marchands, qui le voyant partir lui donnèrent mille bénédictions, et se regardèrent comme sortis d'un grand péril, en disant : *Se ne fut le gentil Ivain de Galles, ces félons François nous eussent tous meurdris.*

Cet amiral, après avoir fait un voyage d'assez long cours, arriva au port Saint-André en Espagne, où l'on préparait une belle flotte pour l'envoyer au secours des Français contre les Anglais. Ce fut là que se joignirent ces deux armées navales pour faire sur mer quelque importante expédition contre leurs communs ennemis. Le comte de Pembroc en fut la victime. Elles le rencontrèrent sur la route qu'il prenait vers La Rochelle. Les Espagnols se servirent d'un artifice qui pour lors était assez rare, pour brûler les grosses ramberges du comte

---

(1) Bâtiments de guerre anglais, de forme étroite et allongée. (N. E.)

de Pembroc. Ils jetèrent à l'eau de petits bâteaux tout remplis de bois, qu'ils avaient graissé d'huile et d'autres ingrédients pour en rendre la matière plus combustible. Ils avaient entre eux des plongeurs expérimentés dans l'art de conduire ces sortes de barques, et de les faire couler toutes brûlantes et allumées sous ces grosses ramberges, auxquelles le feu de ces bateaux venant à se communiquer, y causait un embrasement dont il était impossible de se garantir. Ce stratagème, dont les Espagnols se servirent, fit un si grand effet contre les Anglais qu'ils leur brûlèrent treize gros bâtiments.

Tandis que les Anglais se mettaient en devoir d'éteindre ce feu, les Français et les Espagnols, profitant du désordre et de la consternation dans laquelle ils les avaient jetés, vinrent les charger à grands coups de dards et de flèches, et heurtèrent le vaisseau du comte de Pembroc avec tant de raideur, ayant le vent sur lui, que ce gros bâtiment venant à s'ouvrir, fit eau de tous côtés, et contraignit cet amiral anglais de se rendre à la discrétion de ses ennemis avec Huard d'Angle, et Jean d'Arpedenne, qui furent forcés de suivre son exemple avec plus de trois cents autres prisonniers des plus riches de l'Angleterre, sans compter plus de huit cents hommes, qui périrent dans cette journée par le feu, par le fer et par l'eau, du côté des Anglais. Les vainqueurs trouvèrent dans les bâtiments qui tombèrent sous leur puissance beaucoup d'or et d'argent monnayé, qu'on avait apporté de Londres pour payer les troupes qui servaient le roi d'Angleterre dans sa province de Guienne contre les Français : et même ils ne purent voir sans étonnement le grand nombre de chaînes que les Anglais avaient chargées dans leurs vaisseaux pour mettre les Rochelais aux fers, et les traiter comme des rebelles : les Français leur firent voir les patentes et les provisions tout expédiées pour établir dans La Rochelle d'autres officiers de justice que ceux du pays.

Ces lettres étaient scellées et remplies du nom des Anglais que l'on voulait mettre à leur place, les uns en qualité de baillis, les autres sous celle de prévôts; d'autres comme receveurs, d'autres comme capitaines : si bien que les Rochelais voyant qu'on n'avait apporté d'Angleterre que des chaînes pour eux, et que tous les emplois étaient destinés pour les étrangers, il n'eurent point de regret d'ouvrir leurs portes aux vainqueurs, et de redevenir Français, selon la pente qu'a naturellement chaque nation d'obéir à un prince qui soit de son pays. Les Espagnols ayant rendu ce service à la France, se retirèrent avec leurs prisonniers et leurs dépouilles au port Saint-André. Quand Ivain de Galles aperçut le comte de Pembroc au milieu des autres prisonniers, il lui fit mille reproches et lui dit mille injures, se plaignant qu'il avait été le seul auteur de sa disgrâce et de son infortune, par les pernicieux conseils qu'il avait donnés au roi d'Angleterre, son maître, contre lui. Il poussa même si loin son ressentiment, qu'il protesta que s'il avait été son prisonnier, il l'aurait fait mourir avec infamie pour se venger des outrages qu'il lui avait faits. Le comte lui déclara qu'il n'avait aucune part à la disgrâce qu'il avait encourue, et dont il se plaignait; et qu'il avait grand tort d'insulter à un malheureux qui ne lui avait jamais fait aucun préjudice, et dont il devait plutôt déplorer la condition que lui faire injure. Enfin les Espagnols enchaînèrent leurs prisonniers anglais avec les mêmes chaînes que ceux-ci avaient destinées pour les Rochelais ; ils ne leur rendirent la liberté qu'après leur avoir fait payer exactement leur rançon.

CHAPITRE XXXIV.

De plusieurs places conquises par Bertrand sur les Anglais, et de la reddition qui lui fut faite de celle de Randan, devant laquelle il mourut, après qu'on lui en eut porté les clés.

Les Français, sous la conduite de Bertrand, poussèrent toujours leurs armes victorieuses, après s'être rendus les maîtres de Saint-Jean-d'Angély et de Xaintes, qui ne purent tenir longtemps contre un si grand capitaine, dont le nom seul était devenu la terreur des Anglais. Il alla ensuite assiéger Cisay, après avoir pris la précaution de s'assurer de Montreuil-Bauny, qu'il lui fallut prendre d'assaut. Tandis qu'il disposait toutes choses pour le succès de ce siége, les seigneurs de Clisson, de Laval et de Rohan, qui s'étaient attachés à celui de la Roche-sur-Yon, lui mandèrent qu'il eût à se tenir sur ses gardes, parce que les Anglais s'assemblaient en grand nombre à Niort, dans le dessein de secourir ou la place qu'il assiégeait, ou celle devant laquelle ils étaient passés. Guesclin les remercia du soin qu'ils avaient pris de lui donner un avis si judicieux et si salutaire, et leur témoigna que pour en profiter, il allait se tenir alerte, afin de prévenir l'insulte qu'on lui pourrait faire : en effet, il fit environner son camp de fossés et de pieux pour en défendre les approches ; et ne se contentant pas d'aller au-devant des entreprises que les ennemis pourraient faire pour troubler la continuation de son siége, il envoya des ordres à Alain de Beaumont, de se cantonner et de se retrancher comme lui, de peur que les Anglais ne lui vinssent tomber sur le corps, tandis qu'il serait devant Lusignan qu'il tenait serré de fort près. Alain ne manqua pas de prendre là-dessus les mêmes précautions que Bertrand : ces trois siéges de Cisay, de la Roche-sur-Yon et de Lusignan, qui se faisaient tous dans le même temps, partageaient beaucoup les forces des Français, qui, toutes rassemblées, les eussent mis en état de faire de plus grands efforts et d'agir avec plus de succès. Bertrand perdait son temps et ses peines devant Cisay qui souffrit plusieurs assauts sans qu'on en pût venir à bout. Il tâcha d'en corrompre le gouverneur à force de présents ; mais sa fidélité fut inébranlable, car bien loin de prêter l'oreille à ses persuasions, il ne le paya que de railleries.

Tandis qu'il se morfondait devant cette place, les Anglais tenaient conseil devant Niort, pour délibérer entre eux à laquelle des trois villes assiégées ils pourraient donner du secours. Le sire d'Angoris, le plus fameux et le plus expérimenté capitaine d'entre eux, opina que c'était à Bertrand qu'il fallait aller, parce que de sa défaite dépendait la réputation de leurs armes ; et s'ils le pouvaient une fois débusquer de devant Cisay, par une bataille qu'ils pourraient gagner sur lui, tout le reste des Français ne tiendrait pas longtemps contre une armée qui viendrait de triompher d'un si grand capitaine.

Jaconel, qui ne connaissait pas la valeur de Bertrand, jura

devant toute cette assemblée qu'il l'irait attaquer en personne, et qu'il le leur amènerait mort ou vif. Il s'avisa même d'y proposer un expédient qui serait capable d'intimider les Français, en cas qu'on le voulût suivre : c'était de porter tous des chemises de toile au-dessus de leurs armes, et d'y faire coudre au milieu des croix rouges devant et derrière. Tout le monde goûta fort cet avis, et l'on résolut aussitôt de le suivre. Tandis que les Anglais étaient sur le point de se mettre en campagne avec ce bel épouvantail, il leur vint une recrue de quatre cents hommes, qui leur demandèrent la permission de se joindre à eux, pour combattre les Français ensemble, qu'ils devaient tous regarder comme leurs communs ennemis. Ce renfort les rendant encore plus fiers, ils partirent tous de Niort avec leurs habits de toile et leurs croix rouges en fort belle ordonnance, sous la conduite de Jaconel, qui, croyant déjà Bertrand dans ses mains, avait ordonné qu'on tendît fort proprement une chambre, et qu'on y préparât un grand repas pour bien recevoir dans Niort, et y régaler le connétable de France, qu'il comptait y amener, dès le soir même. Ils se promettaient de remporter une victoire si complète dans cette journée, qu'ils avaient déjà résolu de faire passer tous les Français au fil de l'épée sans faire quartier qu'à trois seulement, à Guesclin, à messire Maurice du Parc, et à Geoffroy de Cassinel, tous chevaliers bretons, dont ils espéraient tirer une rançon considérable.

Cette troupe, composée d'environ quinze cents Anglais, vint rabattre dans sa marche auprès d'un bois ; tandis qu'ils y faisaient halte, ils aperçurent deux charrettes de vin qu'on menait au camp devant Cisay : on les avait tirées de Montreuil-Belay, qui est le meilleur vignoble du Poitou. Les Anglais, altérés par la grande chaleur du jour, défoncèrent tous les muids et s'en donnèrent à cœur joie, sans en laisser aucune goutte. Tandis que les fumées du vin leur montaient à la tête, ils se faisaient une haute idée de la victoire qu'ils allaient emporter sur les Français, se promettant les uns aux autres de n'en pas laisser échapper un seul, et de répandre plus de sang qu'ils n'avaient versé de cette liqueur dans leurs gosiers.

Tandis que leur imaginaire intrépidité les rendait ainsi fort contents d'eux-mêmes, les gens de Bertrand prirent un Breton, qui, depuis quatre ans, était dans le parti des Anglais ; ils le menèrent devant lui. Guesclin qui le regardait comme un déserteur, donna aussitôt des ordres pour le faire pendre : celui-ci se disculpa fort bien du crime dont on le soupçonnait, en disant que les Anglais s'étaient saisis de sa personne, et l'avaient retenu malgré lui dans leurs troupes, et que depuis il avait toujours cherché l'occasion de s'échapper : mais qu'elle ne s'était jamais présentée plus favorable pour cet effet, que tout récemment il les avait quittés pour se ranger du côté de sa nation et révéler à Bertrand une nouvelle de la dernière conséquence. Celui-ci le prenant toujours pour un transfuge et pour un espion, le menaça de le faire pendre au premier arbre, s'il venait à découvrir en lui la moindre supercherie. Ce Breton l'assura qu'il lui parlait sincèrement et de bonne foi, ne s'étant séparé des Anglais que pour lui donner avis du danger qui le menaçait, et lui dire que les ennemis étaient fort près de lui tous vêtus de toile sur leurs armes, qu'ils portaient des croix rouges devant et derrière pour intimider les Français par un spectacle si bizarre et si surprenant, et qu'ils avaient dessein de les surprendre de nuit, ou de jour. Bertrand à qui cet homme était encore suspect, lui témoigna que s'il était surpris en mensonge il lui en coûterait la vie. Cependant il se trouva que ce Breton n'imposait aucunement à la vérité : car les Anglais n'étaient pas à un quart de lieue de là cachés dans un bois ; ils n'attendaient que la nuit pour venir tomber sur le camp des Français. Le coup était immanquable s'ils eussent suivi leur premier dessein : mais la sotte vanité de Jean d'Evreux le fit avorter ; voulant faire l'intrépide et le courageux, il prétendait comme un autre Alexandre ne pas dérober la victoire à la faveur des ténèbres, mais la remporter en plein jour, comme si les Anglais n'avaient pas assez de cœur et de bravoure pour défaire les Français en combattant contre eux dans les formes. Il leur représenta que la gloire de leur nation voulait qu'on n'imputât pas leur victoire à une surprise qui aurait un air de trahison, d'autant plus qu'étant deux contre un, les Français seraient obligés de céder à la multitude. Cet avis ayant été suivi de tout le monde, on ne pensa plus qu'à l'exécuter. Mais avant de faire le premier mouvement là-dessus, on envoya quelques coureurs pour reconnaître auparavant en quelle position étaient les Français : car les Anglais avaient tant de fierté qu'ils appréhendaient que si les ennemis avaient le vent de leur approche, ils ne levassent aussitôt le siége de Cisay pour prendre la fuite. Ils marchèrent donc dans une fort belle ordonnance au nombre de douze cents.

Le spectacle de toutes ces toiles blanches et de ces croix rouges dont ils étaient vêtus, jetait un grand éclat dans la campagne. Ils avaient outre cela quatre cents archers bien montés, ayant chacun le casque en tête et la lance au poing, vêtus de croix rouges et de toile comme les fantassins. Leurs drapeaux, que le vent agitait au soleil, contribuaient beaucoup à rendre leur contenance plus brave et plus fière. Tout cet appareil jeta quelque étonnement dans l'âme des Français, qui croyaient n'avoir pas des forces suffisantes pour résister à tant d'ennemis. Bertrand s'aperçut de leur crainte, et pour leur relever le courage il leur dit dans son langage du quatorzième siècle : *Je octroye qu'on me trenche les membres se vous ne bées* (1) *aujourd'hui l'orgueil des Anglois trebuchier*. Cette parole prononcée d'un ton hardi les rassura dans le même instant. Il partagea ses troupes en trois bandes. Il mit à l'aile droite Geoffroy Cassinel, capitaine brave et estimé, qui était son élève ; Maurice du Parc eut ordre de conduire la gauche : il se réserva le commandement du corps de bataille, et pour ne pas abandonner le siége de Cisay dont la garnison le pourrait charger par derrière tandis qu'il serait aux mains avec les Anglais, il laissa devant cette place Jean de Beaumont pour tenir toujours les assiégés en haleine, avec quelques troupes qui faisaient mine de vouloir entreprendre un assaut.

Tandis que Bertrand rangeait ainsi tout son monde pour marcher contre ses ennemis avec discipline, il vint un trompette anglais lui faire une bravade en le sommant ou de lever le siége ou de donner bataille. Guesclin lui commanda de se

(1) Voyez. (N. E.)

retirer au plus vite, lui disant que les Anglais auraient bientôt de ses nouvelles. Le trompette les vint avertir que Bertrand disposait toutes choses au combat. Au lieu d'être alertes aussi de leur côté, ils s'avisèrent en attendant de se coucher tous sur le pré les jambes croisées, ne doutant point de battre les Français tant ils avaient une haute opinion de leur bravoure, et qui leur était inspirée par le vin dont ils étaient pris et qu'ils n'avaient pas encore bien cuvé. Bertrand se voulant prévaloir de la fière négligence de ses ennemis, sortit aussitôt de ses retranchements et fit montre de ses Français en pleine campagne en marchant droit aux Anglais, qui ne bougèrent point de leur place et demeurèrent toujours dans la même position jusqu'à ce qu'on fut auprès d'eux. Ceux de Cisay voyant les Français décamper de devant leur ville, firent une sortie sur les troupes de Jean de Beaumont : ceux-ci les reçurent si bien qu'ils les taillèrent en pièces et les repoussèrent dans leurs murailles. Bertrand ayant appris cette heureuse nouvelle avant l'ouverture du combat, en fit part à ses gens pour les encourager.

Comme on était sur le point d'en venir aux mains, un Anglais se détacha de son gros par ordre de Jean d'Evreux pour dire aux Français qu'il paraissait bien qu'ils appréhendaient de se battre, puisqu'ils employaient tant de temps à se préparer : que s'ils voulaient épargner leur vie il leur conseillait de demander la paix aux Anglais, et que s'ils voulaient prendre ce parti, il travaillerait volontiers à la leur procurer.

Guesclin le renvoya plus fièrement que le premier, avec ordre d'assurer ses maîtres qu'il avait entre ses mains Robert Milton, gouverneur de Cisay, dont la sortie lui avait été funeste, puisque après avoir été battu par Jean de Beaumont avec tous ses gens, il avait encore été fait prisonnier, et qu'il espérait qu'il en irait de même de la bataille que du siége. Il commanda de plus de faire assembler les Anglais aussitôt qu'il les aurait joints et de les avertir qu'ils se levassent sur leurs pieds, parce qu'il ne daignait pas les attaquer, tandis qu'ils demeuraient ainsi couchés sur le pré. L'Anglais retournant sur ses pas, exhorta les siens à bien faire et leur apprit la défaite de Milton et des assiégés. Ils se levèrent aussitôt en criant *Saint-Georges*, et se rangeant en bataille ils vinrent au petit pas contre les Français. Leurs archers ouvrirent le combat en tirant une grêle de flèches qui fit plus de bruit que d'effet ; parce que comme elles tombaient sur les casques des Français elles n'en pouvaient percer ni le fer ni l'acier. Les archers ayant fait leur décharge firent place aux gendarmes, à qui Jean d'Evreux ordonna, après qu'ils auraient fait les derniers efforts pour ouvrir les Français avec la pointe de leurs lances, de les jeter aussitôt par terre pour mettre l'épée à la main et les combattre de plus près, espérant que s'ils pratiquaient bien cette discipline, ils marcheraient à une victoire assurée. Les Anglais se mirent en devoir de bien exécuter cet ordre qu'ils reçurent de leur général, et d'abord ils chargèrent les Français avec tant de vigueur qu'ils les firent reculer de plus de vingt pas.

Bertrand surpris de voir ses gens plier de la sorte et sur le point de se rompre, les fit retourner à la charge et leur commanda de disputer le terrain pied à pied à leurs ennemis sans sortir de leur place. Les Français rentrèrent donc en lice, et la mêlée recommença de part et d'autre, avec plus de chaleur ; les Anglais les surpassaient en nombre ; mais la présence de leur général leur tenant lieu de tout, les faisait combattre avec un courage invincible. Bertrand qui veillait à tout et courait partout, leur criait de frapper à grands coups de sabres, de haches et de marteaux de fer pour assommer leurs ennemis dont ils ne pouvaient percer les corps avec leurs épées, parce que les armes dont ils étaient couverts en émoussaient la pointe.

Les Français s'acharnant à suivre exactement cet ordre, renversaient par terre tous les Anglais qu'ils pouvaient atteindre et déchargeaient sur eux de si grands coups qu'ils leur faisaient plier les genoux. Cet effort qu'ils firent sur le premier rang fit bientôt reculer les seconds. Bertrand voyant que ce jeu de main produisait l'effet qu'il en attendait, fit avancer aussitôt les deux ailes de son armée qui, faisant la même manœuvre, abattaient têtes, bras, épaules et jambes sur le pré. Leurs haches enfonçaient le casque des Anglais dans leur tête : ils criaient en signe de victoire *Montjoye-Saint-*

Denis.. Leurs ennemis faisaient les derniers efforts pour se rallier : mais ils ne leur en donnaient pas le loisir à force de les charpenter et de les hacher comme des bœufs. Toute la campagne était affreuse à voir, étant couverte de têtes, de bras, de casques renversés, tout ensanglantés, et d'épées rompues. Ce pitoyable objet donna tant de terreur aux Anglais, qu'ils ne firent presque plus de résistance. Chacun d'eux chercha pour lors à se garantir de la mort par la fuite. Jaconel, au désespoir de voir la déroute des siens qui s'ouvraient, pliaient, se débandaient et commençaient à lâcher le pied, s'en vint contre Bertrand avec une rage qui le faisait écumer comme un sanglier, et lui déchargea un grand coup de sabre sur son casque; le fer ne fit que glisser à côté. Bertrand lui voulant donner le change à l'instant, le prit par la visière et la soulevant un peu, il lui passa sa dague dans la tête et lui perça l'œil droit. Les Anglais voyant la fâcheuse aventure qui venait d'arriver à l'un de leurs généraux, gagnèrent au large et laissèrent le champ de bataille aux Français qui comptèrent plus de cinq cents de leurs ennemis couchés par terre.

Jean d'Evreux, le sire d'Angoris et plusieurs autres chevaliers y demeurèrent prisonniers. Il n'y avait pas jusqu'au moindre goujat qui n'en eût quelqu'un dont il comptait avoir une bonne rançon; mais comme il y avait entre les Français de la contestation pour savoir auquel appartenait chaque prisonnier, Guesclin leur commanda de les passer tous au fil de l'épée : si bien qu'il n'y eut que les chefs Anglais qui furent épargnés. Ceux de Cisay voyant la défaite entière des troupes qui venaient à leur secours, ne balancèrent plus à ouvrir leurs portes aux vainqueurs. Bertrand qui ne se lassait jamais de combattre et de vaincre, proposa de marcher à Niort, disant qu'il y voulait souper. et que chacun se mît en devoir de le suivre. Il se servit d'un artifice qui lui réussit, commandant à ses gens de se revêtir des habits des Anglais, et de porter aussi leurs drapeaux. Ceux de Niort voyant ces croix rouges avec ces chemises de toile, et les léopards d'Angleterre arborés sur leurs enseignes, s'imaginèrent que c'étaient les Anglais qui revenaient victorieux. Les Français pour les faire encore donner davantage dans le piége qu'ils leur tendaient, s'approchèrent des portes de leur ville en criant *Saint-Georges*. Les bourgeois ne manquèrent pas de les leur ouvrir aussitôt; mais cette crédulité leur fut pernicieuse : car les Français entrèrent comme dans une ville prise d'assaut, y firent toutes les hostilités dont ils s'avisèrent, mirent à mort tout ce qui voulut résister, et prirent à rançon tous ceux qui voulurent se rendre ; si bien que tout le Poitou revint à l'obéissance des Lys, et secoua le joug des léopards.

Bertrand, après s'être emparé de toutes les places de cette province, en établit Alain de Beaumont gouverneur, et s'en alla droit à Paris pour rendre compte au roi son maître de la situation dans laquelle il avait laissé les affaires. Charles le Sage le reçut avec les démonstrations d'une joie parfaite, et lui fit l'accueil qu'un général victorieux doit attendre d'un prince qu'il a bien servi. Guesclin ne fit pas un fort long séjour à la cour, et comme le duc d'Anjou demandait du secours au roi son frère, on en donna le commandement à Bertrand, qui fit des choses incroyables en faveur de ce prince avec le maréchal de Sancerre, Ivain de Galles et d'autres chevaliers contre les Anglais, auxquels ils enlevèrent plusieurs places, et particulièrement le château de la Bernardière et Bergerac qu'ils remirent sous l'obéissance du duc d'Anjou qui s'estima heureux de s'être servi de la tête et du bras d'un capitaine si fameux, dont le nom seul était si redoutable aux Anglais. Le duc, après ces conquêtes, retourna dans sa souveraineté d'Anjou, fort content du succès de ses armes, dont Bertrand avait rétabli la réputation. Celui-ci reprit le chemin de Paris, où le roi ne le laissa pas longtemps oisif. Il le renvoya sur ses pas en Auvergne pour attaquer le château de Randan qui n'était pas encore soumis à son obéissance. Guesclin partit avec de belles troupes, espérant couronner ses grandes actions par cette dernière expédition. Ce fut en effet non-seulement la fin de ses conquêtes, mais aussi celle de sa vie. Bertrand investit cette forte citadelle avec tout son monde ; mais avant d'en venir à l'attaque, il voulut pressentir le gouverneur et le tâter pour l'engager à lui porter les clés de sa place, lui disant qu'il était résolu de n'en point décamper qu'il ne l'eût par assaut ou par composition. Le capitaine fut à l'épreuve de toutes ces menaces; il lui répondit fort honnêtement qu'il connaissait la valeur et la réputation du général auquel il parlait, et la puissance du roi qu'il servait; mais qu'il serait bien malheureux s'il était assez lâche pour rendre ainsi une place forte, bien fournie de vivres, et ayant une bonne garnison : que le roi d'Angleterre qui lui avait confié la défense de cette ville, le regarderait comme un traître, et le punirait du dernier supplice, s'il était capable d'une semblable perfidie. Qu'enfin son honneur lui étant plus cher que sa vie, il voulait risquer son propre sang pour conserver sa réputation. Guesclin s'apercevant que la fidélité de cet homme ne pouvait être ébranlée par les persuasions et les remontrances, jura *que jamais ne partiroit d'illec* (1), *si auroit ledit chatel à son plaisir*. Il donna donc les ordres nécessaires pour en venir à l'assaut, qui fut meurtrier; mais la résistance des assiégés fut si vigoureuse, que les gens de Bertrand furent repoussés avec quelque perte. Cette disgrâce le toucha si fort, et lui donna tant de mortification, qu'il en tomba malade dans sa tente, sans pourtant discontinuer le siége qu'il avait commencé : son mal s'aggravant de plus en plus lui fit bientôt connaître qu'il ne relèverait point de cette maladie.

Ce grand cœur qu'il avait fait paraître dans les occasions les plus dangereuses, ne se démentit point à cette dernière heure, dont l'approche ne fut pas capable de le faire pâlir : comme il avait toujours eu pour son Dieu des sentiments fort religieux, n'étant pas moins bon chrétien que fidèle sujet de son prince, il se fit apporter le viatique, après avoir purifié ses dérèglements passés par les larmes de la pénitence. Il édifia tous les chevaliers dont son lit était environné, par les dernières paroles qu'ils entendirent prononcer à ce grand homme : car après avoir demandé le pardon de ses péchés à son Dieu, d'un air fort contrit, il lui recommanda la personne auguste de Charles le Sage, son bon maître, celle des ducs d'Anjou, de Bourgogne et de Berri, celle aussi de sa chère femme, qui avait pris un si grand soin de lui, et pour laquelle

---

(1) De là. (N. E.)

il avait toujours eu une tendresse singulière. Il se souvint aussi de faire des vœux et des prières pour la conservation du royaume de France, priant le Seigneur de lui donner un connétable qui le sut encore mieux défendre que lui. La douleur que son mal lui faisait souffrir ne l'empêcha pas de songer à couronner la fin de sa vie par un dernier service qu'il pouvait encore rendre à son maître. Ce fut dans cet esprit qu'il fit appeler le maréchal de Sancerre, et le pria d'aller dire au gouverneur de Randan, que s'il prétendait arrêter plus longtemps une armée royale devant la place, il le ferait pendre à l'une de ses portes, après l'avoir prise d'assaut. Le commandant qui ne savait pas que ce général était à l'extrémité, lui répondit que ni lui ni les siens ne la rendraient qu'à Bertrand seul, quand il leur viendrait parler en personne. Le maréchal eut la présence d'esprit de les assurer qu'il avait juré de ne plus faire aucune tentative auprès d'eux pour les engager à se rendre, ni de leur en dire une seule parole. Il eut par là l'adresse de leur cacher sa maladie, qui était incurable. La seule crainte de son nom leur fit ouvrir leurs portes ; et le commandant, qui s'imaginait trouver Bertrand dans sa tente plein de vie, fut bien étonné de rendre les clés de sa place à un agonisant, qui pourtant eut encore assez de connaissance pour recevoir les soumissions et les hommages de ce gouverneur : l'effort que cette cérémonie lui fit faire, lui fit rendre le dernier soupir. Sa mort fut également regrettée de ses amis et de ses ennemis. Il n'y eut personne qui ne pleurât la perte d'un si grand capitaine qui s'était signalé durant sa vie par tant de conquêtes, et qui l'avait finie par le gain d'une place fort importante ; comme si le Ciel eût voulu que ce dernier succès eût été le couronnement de tous les autres.

On dit qu'avant d'expirer, il demanda son épée de connétable, et pria le seigneur de Clisson de la prendre pour la remettre entre les mains du roi, conjurant tous les seigneurs qui se trouvèrent là présents, de le bien servir, et de lui témoigner de sa part qu'il avait trouvé le seigneur de Clisson fort capable de lui succéder. En effet, Charles le Sage lui laissa dans les mains l'épée de connétable qu'il lui voulut rendre. Ce grand prince fut si touché de la mort de Bertrand, qu'il lui avait, pour ainsi dire, remis la couronne sur la tête, qu'ayant appris que ses parents avaient dessein de transporter son corps en Bretagne pour y faire ses funérailles, il voulut lui donner un sépulcre plus glorieux, en commandant qu'il fut inhumé dans l'abbaye royale de Saint-Denis, auprès du tombeau qu'il avait déjà fait ouvrir et creuser pour lui-même, afin que la postérité sût qu'un si fidèle sujet ne devait être jamais séparé de son souverain, pas même après son trépas.

TABLE DES MATIÈRES.

	Pages.
INTRODUCTION	1

CHAPITRE I. Où le lecteur admirera le penchant que Bertrand avait pour la guerre dès son enfance.................... 5

CHAPITRE II. Bertrand remporte le prix dans un tournoi à Rennes. 13

CHAPITRE III. Où l'on verra l'artifice et le courage avec lequel Bertrand s'empara de la citadelle de Fougerais pour Charles de Blois contre Simon de Montfort, lorsque ces deux princes se faisaient la guerre pour soutenir l'un contre l'autre leurs droits prétendus sur le duché de Bretagne................. 16

CHAPITRE IV. Où l'on admirera le stratagème dont se servit Bertrand pour faire lever le siége de Rennes assiégé par le duc de Lancastre, et comme il se jeta dans la place pour la secourir.. 18

CHAPITRE V. De l'avantage que Bertrand remporta dans le combat qu'il eut avec Guillaume de Brambroc, chevalier anglais, en présence du duc de Lancastre, et de plusieurs artifices qu'il mit en usage pour faire lever à ce prince le siége de Rennes.. 27

CHAPITRE VI. De l'avantage que Bertrand remporta dans un combat singulier contre Thomas de Cantorbéry pendant le siége que le duc de Lancastre mit devant Dinan................. 35

CHAPITRE VII. Siége mis devant Bécherel par le comte de Montfort et levé dans la suite par composition. L'on y verra l'adresse avec laquelle Bertrand se tira des prisons de ce prince, et les conquêtes qu'il fit depuis 45

CHAPITRE VIII. De l'attaque que Bertrand fit contre le château de Melun qu'il enleva d'assaut, sous les yeux de Charles, dauphin régent de France............................... 52

TABLE DES MATIÈRES.

Pages.

Chapitre IX. Du siége, assaut, prise et destruction du fort de Rouleboise, et de la prise de Mantes et de Meulan, dont les murailles furent abattues............................ 56

Chapitre X. De la célèbre victoire que Bertrand remporta sur les Anglais devant Cocherel, où le chaptal de Buch leur général fut pris, et toute son armée défaite..................... 72

Chapitre XI. De la prise de Valognes et de Carentan par Bertrand, et de la victoire qu'il remporta sur les Anglais dans le même pays... 79

Chapitre XII. Du siége que Jean de Montfort mit devant la citadelle d'Auray qui tenait pour Charles de Blois, et comment Bertrand mena de fort belles troupes à dessein de secourir la place.. 85

Chapitre XIII. Bataille que Charles de Blois perdit avec la vie devant Auray, contre Jean de Montfort, qui devint maître de la Bretagne par cette victoire......................... 92

Chapitre XIV. De l'origine de la guerre qui se fit en Espagne entre le roi Pierre, dit le Cruel, et son frère naturel Henri, comte de Transtamare............................... 100

Chapitre XV. De la mort tragique de la reine Blanche de Bourbon, commandée par Pierre le Cruel, son propre mari....... 104

Chapitre XVI. Comment Bertrand fit un corps d'armée de tous les vagabonds de France, et les mena en Espagne contre Pierre le Cruel, pour venger la mort de la reine Blanche et faire monter Henri sur le trône............................ 110

Chapitre XVII. Bertrand prend Maguelon et autres fortes villes d'Espagne, en faveur de Henri contre Pierre.............. 119

Chapitre XVIII. De la reddition volontaire que ceux de Burgos et de Tolède firent de leurs villes, aussitôt qu'ils apprirent que Bertrand et la compagnie blanche étaient en marche pour les assiéger... 127

Chapitre XIX. De la vaine tentative que fit Pierre auprès du roi de Portugal pour en obtenir du secours; et du prix que Mathieu de Gournay, chevalier anglais, remporta dans un tournoi contre des Portugais................................. 143

Chapitre XX. Comment le feu du ciel tomba miraculeusement sur Daniot et Turquant, ces deux scélérats accusés du meurtre de la reine Blanche, et comment ils voulurent se purger de ce crime... 151

Chapitre XXI. Du secours que le roi Pierre alla demander au prince de Galles, qu'il trouva dans Angoulême, et du présent qu'il lui fit de sa table d'or pour l'engager dans ses intérêts.. 154

TABLE DES MATIÈRES.

Pages.

Chapitre XXII. Du cartel que le prince de Galles envoya à Henri, avec menaces aux Anglais qui servaient sous lui, de confisquer leurs biens, et de les punir comme criminels de haute trahison s'ils ne le quittaient...................... 159

Chapitre XXIII. De la victoire que le prince de Galles remporta près de Navarrette en faveur de Pierre sur Henri et Bertrand qui fut pris dans cette journée......................... 166

Chapitre XXIV. De la reddition volontaire de Burgos, Tolède et Séville entre les mains de Pierre, et de l'ingratitude qu'il commit à l'égard du prince de Galles........................ 175

Chapitre XXV. De l'artifice dont se servit Henri pour parler au roi d'Aragon, qu'il alla trouver déguisé sous l'habit d'un pèlerin de Saint-Jacques.................................. 181

Chapitre XXVI. De la délivrance du maréchal d'Andreghem et du Bègue de Vilaines accordée par le prince de Galles et de la reddition de Salamanque entre les mains de Henri.......... 188

Chapitre XXVII. De la rançon que paya Bertrand au prince de Galles, et du voyage qu'il fit en Espagne, pour se rendre avec tout son monde au siége de Tolède, qui tenait encore contre Henri.. 205

Chapitre XXVIII. De la grande bataille que Bertrand gagna sur le roi Pierre, qui, cherchant du secours chez les Sarrasins, tomba malheureusement entre les mains d'un Juif, auquel il fut vendu comme esclave...................................... 215

Chapitre XXIX. De la dernière bataille que gagna Bertrand sur le roi Pierre, qui perdit dans cette journée plus de cinquante mille hommes, et qui fut ensuite assiégé dans le château de Montiel, où il se retira.................................. 226

Chapitre XXX. De la prise du roi Pierre, par le Bègue de Vilaines, comme il sortait furtivement du château de Montiel pour se sauver... 235

Chapitre XXXI. De la cérémonie qui se fit en l'hôtel de Saint-Paul à Paris, par Charles le Sage, roi de France, en donnant l'épée de connétable à Bertrand, qui sous cette qualité donna le rendez-vous à toutes ses troupes dans la ville de Caen, pour combattre les Anglais... 250

Chapitre XXXII. De la prise du fort de Baux et de la ville de Bressière, et de la sortie que les Anglais firent de Saint-Maur-sur-Loire, après y avoir mis le feu : ils sont battus par Bertrand devant Bressière.................................... 265

Chapitre XXXIII. De la défaite et de la prise du comte de Pembroc devant La Rochelle, par les flottes de France et d'Espagne, dont la première était commandée par Ivain de Galles. 279

TABLE DES MATIÈRES.

Pages.

CHAPITRE XXXIV. De plusieurs places conquises par Bertrand sur les Anglais, et de la reddition qui lui fut faite de celle de Randan, devant laquelle il mourut, après qu'on lui en eut porté les clés 288

FIN DE LA TABLE DES MATIÈRES.

BAR-LE-DUC, IMPRIMERIE CONTANT-LAGUERRE.

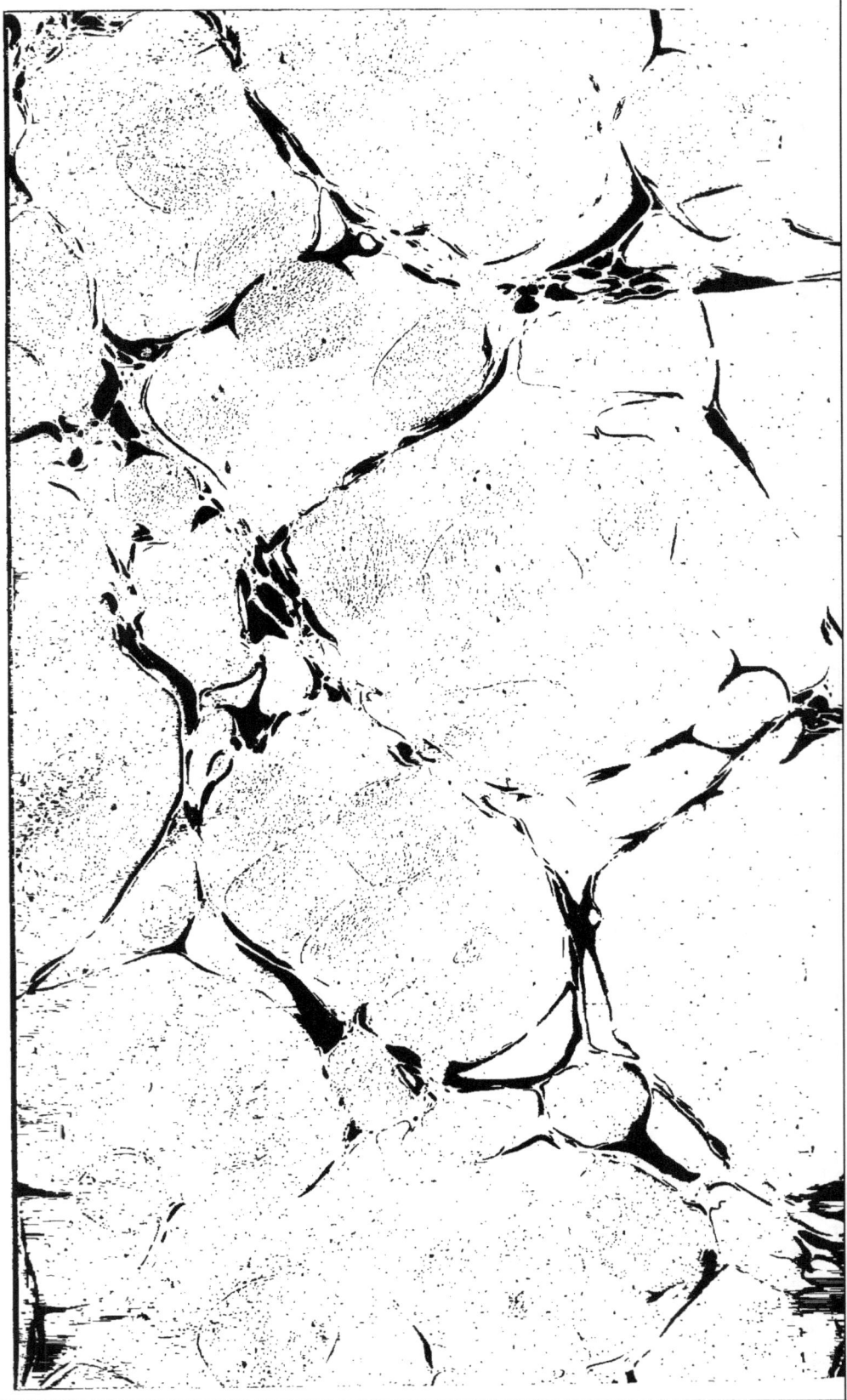

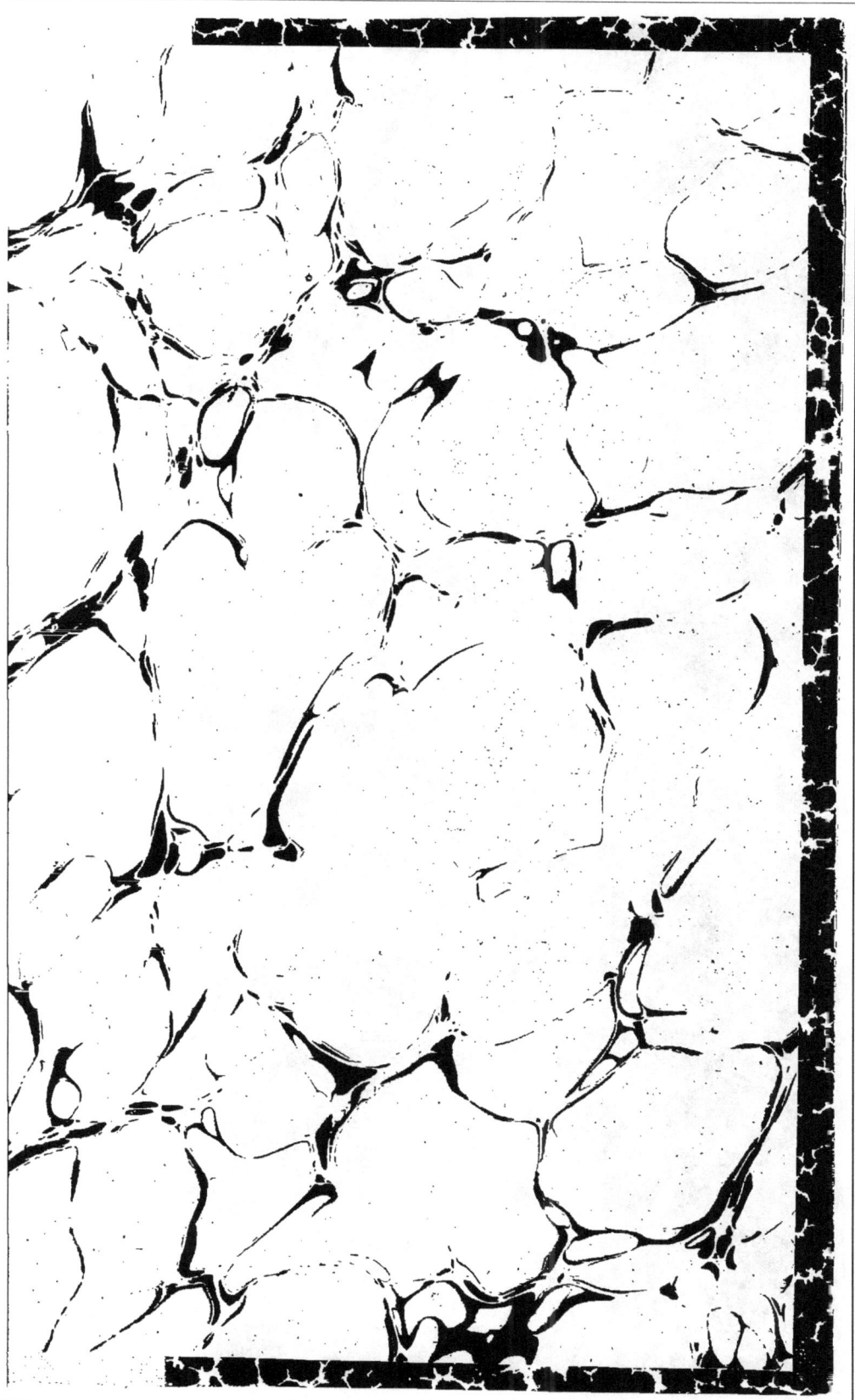

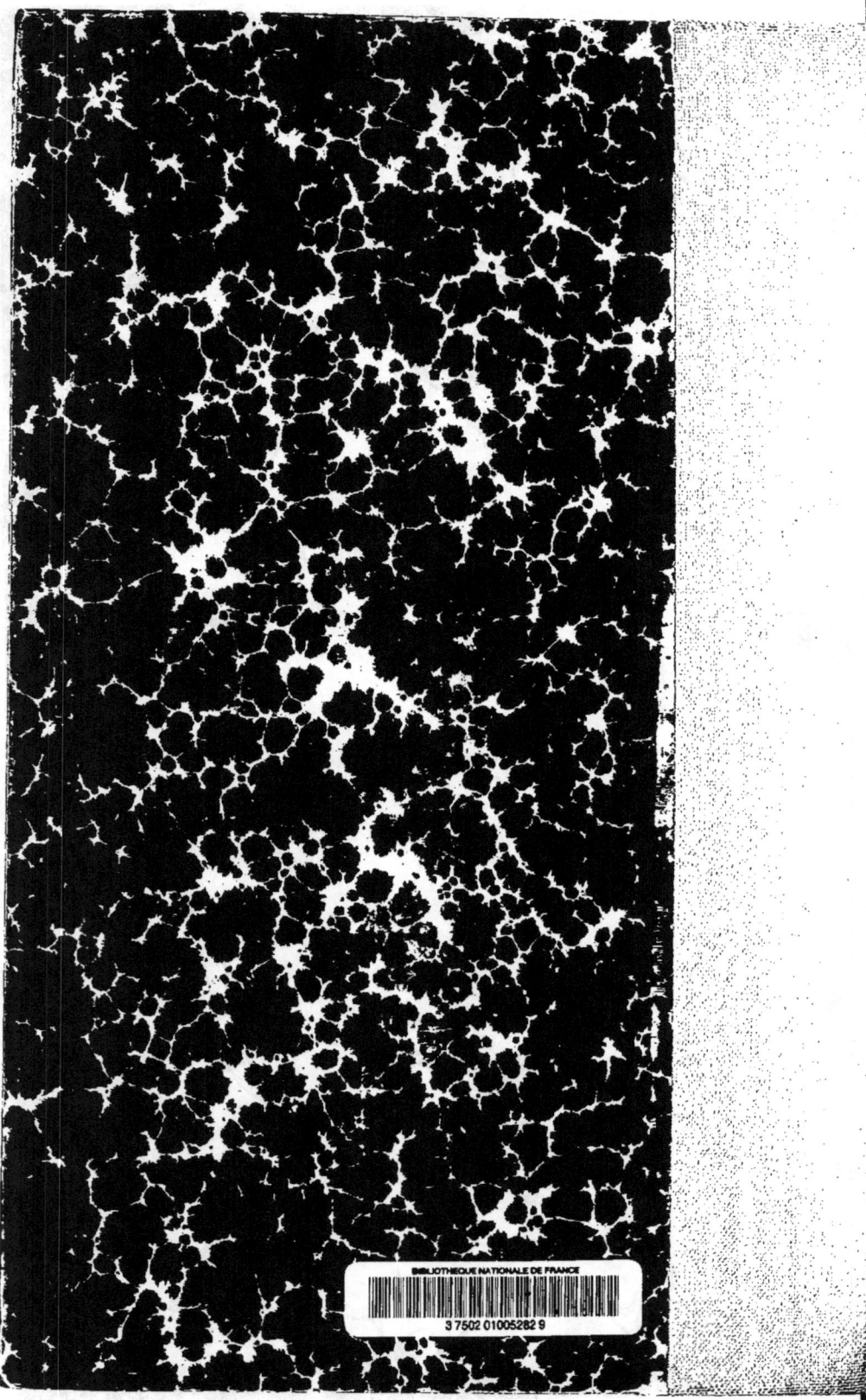

www.ingramcontent.com/pod-product-compliance
Lightning Source LLC
Chambersburg PA
CBHW071330150426
43191CB00007B/684